土石方工程施工技术

主　编　赵秀玲　张　贺
副主编　赵津霆　李东艳
主　审　张　莺

中国水利水电出版社
www.waterpub.com.cn
·北京·

内 容 提 要

本书是水利水电工程技术专业课程改革系列教材之一。本书引用最新的标准、规范及规程，强化应用实践教学与职业能力培养，围绕工程实际分为9章：建筑施工测量、土石方地形数据采集及量算方法、土的性质与分类、施工排水、土方施工、爆破工程、基坑工程、地基处理技术及桩基工程施工、绿色施工。按照土方工程的施工过程编写本书，重点突出土方工程施工中实际问题的探讨，提高学生解决实际问题的能力。

本书可作为高职院校水利水电工程技术、水利水电建筑工程、建筑工程、道路与桥梁等土木工程类专业的教材，也可作为建筑生产一线施工专业技术人员的培训用书和参考书。

图书在版编目（CIP）数据

土石方工程施工技术 / 赵秀玲，张贺主编. -- 北京：中国水利水电出版社，2025.6
ISBN 978-7-5226-2005-3

Ⅰ. ①土… Ⅱ. ①赵… ②张… Ⅲ. ①土方工程－工程施工－教材②石方工程－工程施工－教材 Ⅳ. ①TU751

中国国家版本馆CIP数据核字(2024)第001085号

书　　名	**土石方工程施工技术** TUSHIFANG GONGCHENG SHIGONG JISHU
作　　者	主　编　赵秀玲　张　贺 副主编　赵津霆　李东艳 主　审　张　莺
出版发行	中国水利水电出版社 （北京市海淀区玉渊潭南路1号D座　100038） 网址：www.waterpub.com.cn E-mail：sales@mwr.gov.cn 电话：（010）68545888（营销中心）
经　　售	北京科水图书销售有限公司 电话：（010）68545874、63202643 全国各地新华书店和相关出版物销售网点
排　　版	中国水利水电出版社微机排版中心
印　　刷	天津嘉恒印务有限公司
规　　格	185mm×260mm　16开本　13.75印张　335千字
版　　次	2025年6月第1版　2025年6月第1次印刷
印　　数	001—400册
定　　价	**52.00**元

前言

土石方工程施工技术是水利水电工程技术专业课改课程，是水利工程施工技术的重要组成部分。通过该课程的学习，学生可以掌握土石方工程施工的内容及注意事项，培养学生土石方工程施工技能，也为将来走上施工员、检测员等相关工作岗位打下良好的基础。本书着重介绍工程中土石方施工涉及的内容。

本书以工程项目为载体，实施任务驱动，对接新标准、新材料，严格按照施工规范科学系统地编排模块化内容。每个模块前设置学习目标、学习任务、学习内容、任务描述、职业活动训练等内容，使学习者明确模块的知识要求和学习目标，激发学习者的兴趣。

本书以立德树人为中心、全方位融入课程思政。党的二十大报告指出："育人的根本在于立德。全面贯彻党的教育方针，落实立德树人根本任务，培养德智体美劳全面发展的社会主义建设者和接班人。"本书将课程思政融入教材，通过职业活动训练，提升职业精神，培养法律意识，贯彻新发展理念，实现人与自然和谐共生。

本书由辽宁生态工程职业学院赵秀玲、张贺担任主编，辽宁生态工程职业学院赵津霆、李东艳担任副主编，辽宁省大伙房水库管理局有限责任公司田伊池、辽宁省水利事务服务中心裴志涛、辽宁有色勘察研究院有限责任公司范启鹏、沈阳农业大学王慧参与了本书编写工作。具体分工为第 3 章由赵秀玲编写，第 1 章、第 5 章由张贺编写，第 2 章、4.1 节、4.2 节、6.2 节、6.4 节～6.7 节由赵津霆编写，第 8 章、第 9 章由李东艳编写，6.1 节由田伊池编写，6.3 节由裴志涛编写，4.3 节～4.5 节、7.1 节～7.3 节由范启鹏编写，7.4 节、7.5 节由王慧编写。

由于编者水平有限，书中不足之处恳请广大师生和读者批评指正，编者不胜感谢。

编者

2024 年 2 月

目 录

第1章

建筑施工测量

【学习目标】

（1）能理解建筑设计图（含总平面图）对测量的要求，并据此在施工现场布设测量控制网（点）。

（2）能进行民用建筑和工业厂房的定位、基础施工及主体结构（墙体、柱列轴线）的测量工作。

（3）能进行工业厂房构件与设备的安装测量，以及高层建筑施工控制网的布设。

（4）能实施高层建筑的平面与高程位移观测，并整理分析变形监测资料。

【学习任务】

（1）能识读各类施工图对测量的要求，布设并测定施工控制网（点），评估其精度。

（2）能进行民用建筑和工业厂房的定位放线及基础施工测量。

（3）能实施建筑物墙体（民用）、柱列轴线及构件安装（厂房）测量，完成高层建筑轴线测设与高程传递。

（4）能布设高层变形监测网，进行位移观测并整理分析资料。

【学习内容】

（1）整合所有关于建立施工测量基准的核心知识，是后续测量的基础。

（2）聚焦民用建筑从定位到主体结构施工的关键测量内容。

（3）涵盖工业厂房从控制网、基础到主要预制构件安装的全过程测量内容。

（4）整合高层建筑特有的施工测量技术（定位、高程传递）以及核心的变形监测内容（布网、观测、分析）。

【任务描述】

需要了解建筑施工总图、民用建筑施工图、厂房总平面图以及高层建筑施工测量的特点与要求；掌握施工控制网（点）的布设、测量方法、坐标计算与精度评定；掌握民用建筑的定位（平面与高程）、基础及墙体施工测量；掌握工业厂房的基础定位与施工测量、柱列轴线测设以及构件（如杯口、柱子、屋架、吊车梁）和设备安装测量；掌握高层建筑的轴线投测、高程传递、平面与高程位移观测方法及相关精度要求，以及变形监测资料的整理方法。

1.1 建筑施工控制测量

1.1.1 建筑施工测量概述

建筑施工测量主要讲述民用建筑、工业建筑和高层建筑施工测量的基本实施步骤。要求掌握建筑施工控制网的布设、建筑施工控制网的测量方法；掌握民用建筑及工业建筑放样数据的确定；掌握利用基本测量仪器进行建筑平面位置放样的方法；掌握高层建筑施工测量方法。

建筑工程测量是依据设计图中建筑物的设计尺寸，计算出建筑物各轴线点与施工控制点之间的角度（或方位角）、水平距离、高差等数据，并将这些轴线特征点逐一标定在施工现场，以指导施工人员施工，其属于测设的范畴，又称施工放样。它的主要工作方法有测设已知水平距离、测设已知水平角和测设已知高程等几种。

施工测量的目的是按照设计和施工的要求将设计的建（构）筑物的平面位置在地面标定出来作为施工的依据，并在施工过程中进行一系列的测设工作，以衔接和指导工程建设阶段各工序的施工。

为了避免放样误差的累积，保证各种建筑物、构筑物、管线等的相对位置满足设计要求，以便分期分批地进行测设和施工，施工测量必须遵循“由整体到局部、先控制后细部”的测量组织原则，即首先在现场以原勘测设计阶段所建立的测图控制网为基础，建立统一的施工测量控制网，用以测设出建筑物的主轴线，然后再定出建筑物的各个部分（基础、墙体等）。采取这样一种放样的程序，可以免除因建筑物众多而引起放样工作的紊乱，并且能严格保持所放样各元素之间存在的几何关系。例如，要放样工业建筑物时，首先应放出厂房主轴线，再确定机械设备轴线，然后根据机械设备轴线，确定设备安装的位置。

施工测量应贯穿于整个施工过程中，从场地平整、建筑物定位、基础施工，到建筑物构件的安装等工序，都必须进行施工测量，才能使建筑物、构筑物各部分的尺寸、位置符合设计要求。其主要内容如下。

(1) 建立施工测量控制网。

(2) 建筑物、构筑物的细部放样。

(3) 检查、验收。每道施工工序完工之后，都要测量检查工程各部位的实际位置及高程是否与设计要求相符合。

(4) 变形观测。伴随着施工的进行，测定建筑物在水平和竖直方向产生的位移，收集整理各变形观测资料，作为鉴定工程质量和验证工程设计、施工是否合理的依据。

施工测量与工程施工的工序密切相关。测量人员应了解设计的内容及其对测量工作精度上的要求，熟悉图上尺寸数据，了解施工的全过程，并掌握施工现场的情况，使施工测量工作与工程施工密切配合。

放样工作是多种多样的，而放样的方法也是很多的。故在实际工作中，必须根据施工场地的具体情况，灵活选用放样方法。而且，定线放样是整个施工活动的一个组成部分，必须与施工组织计划相协调，在精度和进度方面满足施工的需要，尽可能地避开施工的干扰，并确保成果的质量。

1.1.2 建筑场地上的施工控制测量

在工程建设勘测设计阶段已建有测图控制网，但因其是为测图而建的，不可能考虑建筑物的总体布置（当建筑物的总体布置尚未确定时），更无从考虑到施工的具体要求，所以其控制点的分布、密度、精度都难以满足施工建设要求。此外，平整场地时控制点大多受到破坏，因此在施工之前，必须建立专门的施工控制网。

1. 施工控制网的特点及布设要求

（1）施工控制网的特点。布设施工控制网，应根据建筑总平面设计图和施工地区的地形条件来确定。在大中型建筑施工场地上，施工控制网多由正方形或矩形网格组成，称为建筑方格网。在面积不大又不十分复杂的建筑场地上，常布设成一条或几条基线作为施工控制。

一般说来，施工阶段的测量控制网具有以下特点。

1）控制的范围小，控制点的密度大，精度要求高。工程施工场区范围相对较小，则控制网所控制的范围就比较小。一般的工业建筑场地通常都在 $1km^2$ 以内，大的场地也在 $10km^2$ 以内，在这样一个相对狭小的范围内，各种建筑物的分布错综复杂，若没有较为密集的控制点，是无法满足施工期间的放样工作的。

施工测量的主要任务是放样建筑物的轴线。这些轴线的位置，其偏差都有一定的限值，其精度要求是相当高的，故施工控制网的精度就较高。

2）控制网点使用频繁。在施工过程中，控制点常直接用于放样。随着施工层面逐层升高，需经常进行轴线点位的监测。由此，控制点的使用是相当频繁的。从施工初期到工程竣工乃至投入使用，这些控制点可能要用几十次。这样一来，对控制点的稳定性、使用时的方便性及点位在施工期间保存的可能性等就提出了比较高的要求。

3）易受施工干扰。现代工程的施工，常采用交叉作业的施工方法，使得工地上各建筑物的施工高度相差很大，而妨碍了控制点间的相互通视。因此，施工控制点的位置应分布恰当，密度应比较大，以便在放样时有所选择。

（2）施工控制网的布设要求。依据控制网的特点，它的布设应作为整个工程施工设计的一部分。布网时，必须考虑到施工程序、方法，以及施工场地的布置情况。为了防止控制点的标桩被破坏，所布设的点位应画在施工设计的总平面图上。

在建筑总平面图上，建筑物的平面位置一般用施工坐标系统来表示。所谓施工坐标系，就是以建筑物的主要轴线作为坐标轴而建立起来的局部坐标系统。如工业建设场地通常采用主要车间或主要生产设备的轴线作为坐标轴来建立施工坐标系统。故在布设施工控制网时，应尽可能将这些轴线包括在控制网内，使它们成为控制网的一条边。

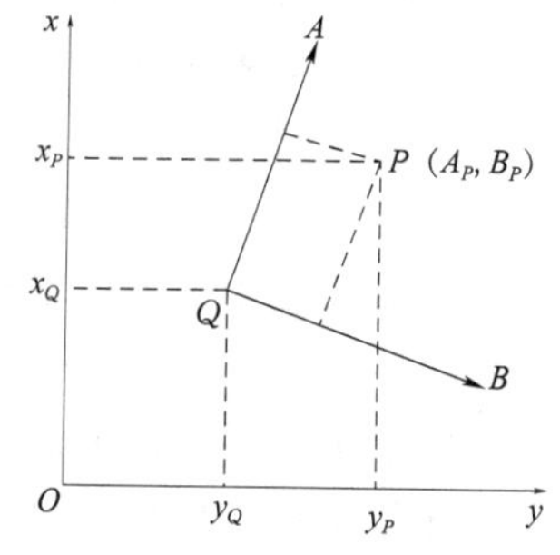

图 1.1 施工与测量坐标系的关系

当施工控制网与测图控制网的坐标系统不一致时（因为建筑总平面图是在地形图上设计的，所以施工场地上的已有高等级控制点的坐标是测图坐标系下的坐标），应进行两种坐标系间的数据换算，以使坐标统一，其换算方法为：在图 1.1 中，设 $x-O-y$ 为测图坐标系，$A-Q-B$ 为施工坐标

系，则 P 点在两个系统内的坐标 x_P、y_P 和 A_P、B_P 的关系式为

$$x_P = x_Q + A_P\cos\alpha - B_P\sin\alpha \tag{1.1}$$

$$y_P = y_Q + A_P\sin\alpha + B_P\cos\alpha \tag{1.2}$$

或在已知 x_P、y_P 时，求 A_P、B_P 的关系式为

$$A_P = (x_P - x_Q)\cos\alpha + (y_P - y_Q)\sin\alpha \tag{1.3}$$

$$B_P = -(x_P - x_Q)\sin\alpha + (y_P - y_Q)\cos\alpha \tag{1.4}$$

以上各式中的 x_Q、y_Q 和 α 由设计文件给出或在总平面图上用图解法量取（α 为施工坐标系的纵轴与测图坐标系纵轴的夹角）。

2. 建筑方格网

建筑方格网是建筑场地中常用的一种控制网形式，适用于按正方形或矩形布置的建筑群或大型建筑场地。该网使用方便，且精度较高，但建筑方格网必须按照建筑总平面图进行设计，其点位易被破坏，因而自身的测设工作量较大，且测设的精度要求高，难度相应较大。

设计和施工部门为了工作上的方便，常采用施工坐标系。施工坐标系的纵轴通常用 A 表示，横轴用 B 表示。施工坐标系的 A 轴和 B 轴应与施工场区主要建筑物或主要道路平行或垂直。坐标原点应设在总平面图的西南角，使所有建筑物和构筑物的设计坐标均为正。施工坐标系与国家测量坐标系之间的关系，可用施工坐标系原点在测量系下的坐标以及两坐标系纵轴间的夹角来确定（图 1.1）。在进行施工测量时，上述数据由勘测设计单位给出。

建筑方格网的布置，应根据建筑设计总平面图上各建筑物、构筑物、道路及各种管线的布设情况，结合现场的地形情况拟定。布置时应先选定方格网主轴线，再布置方格网。其布设形式多为正方形或矩形。当场区面积较大时，常分两级布设。首级可采用“十”字形、“口”字形或“田”字形，然后再加密方格网。当场区面积不大时，尽量布置成全面方格网。

布网时，方格网的主轴线应布设在厂区的中部，并与主要建筑物的基本轴线平行，方格网点之间应能长期通视。方格网的折角应呈 90°。方格网的边长一般为 100～200m；矩形方格网的边长可视建筑物的大小和分布而定，为了便于使用，边长尽可能为 50m 或其整数倍。方格网的各边应保证通视、便于测距和测角，桩标应能长期保存。图 1.2 为某建筑场区建筑方格网的布设，其中 MON 和 COD 为方格网的主轴线。

3. 施工场区控制网的测设

建筑方格网的主轴线是建筑方格网扩展的基础。当场区很大时，主轴线很长，一般只测设其中的一段，主轴线的定位点，称为主点。主点的施工坐标一般由设计单位给出，也可在总平面图上用图解法求得一点的施工坐标后，再按主轴线的长度推算其他主点的施工坐标。

当施工坐标系与国家测量坐标系不统一时，在方格网测设之前，应把主点的施工坐标换算为测量坐标，以便求算测设数据。然后利用原勘测设计阶段所建立的高等级测图控制点将建筑方格网测设在施工场区上，建立施工控制网的第一级施工场区控制网。

其具体步骤的测设方法如下。

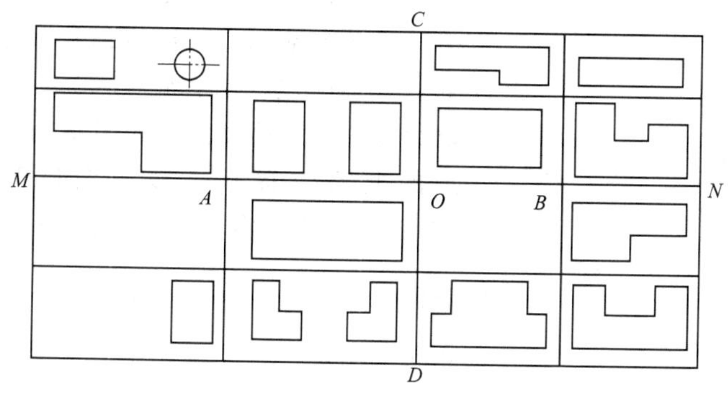

图 1.2 某建筑场区建筑方格网的布设

(1) 建筑方格网主轴线点的测设。如图 1.3 所示，MN、CD 为建筑方格网的主轴线，它是建筑方格网扩展的基础，其中 A、B 是主轴线 MN 上的两主点，一般先在实地测设主轴线中的一段 AOB，其测设方法如图 1.4 所示。根据测量控制点的分布情况，采用极坐标法测设方格网各主点。

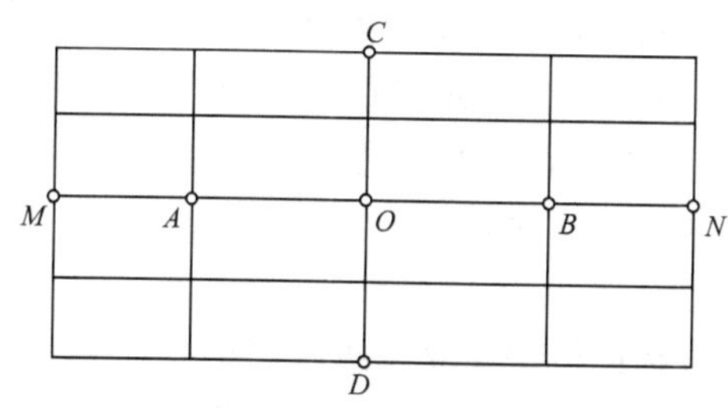

图 1.3 建筑方格网主轴线点

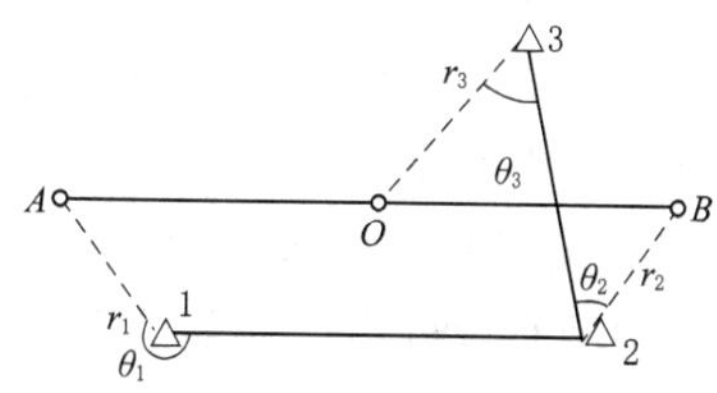

图 1.4 建筑方格网主轴线点测设

1) 计算测设数据。根据勘测阶段的测量控制点 1、2、3 的坐标及设计的方格网主点 A、O、B 的坐标，反算测设数据 r_1、r_2、r_3 和 θ_1、θ_2、θ_3。

2) 测设主点。分别在控制点 1、2、3 上安置经纬 4 仪，按极坐标法测设出三个主点的定位点 A'、O'、B'，并用大木桩标定，如图 1.5 所示。

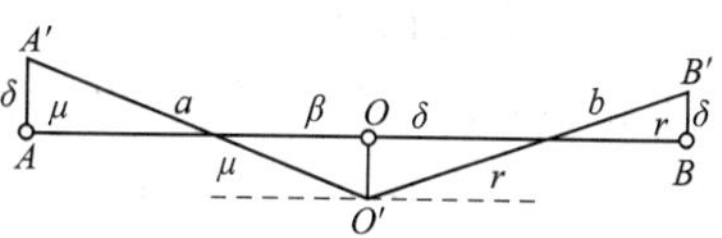

图 1.5 方格网主轴线调整

3) 检查三个定位点的直线性。安置经纬仪于 O'，测量$\angle A'O'B'$，若观测角值 β 与 180°之差大于 24″，则应调整。

4) 调整三个定位点的位置。先根据三个主点之间的距离 a、b 按下式计算出点位改正数 δ，即 $\delta=\frac{ab}{a+b}\left(90°-\frac{\beta}{2}\right)''\frac{1}{\rho''}$。若 $a=b$，则得 $\delta=\frac{a}{2}\left(90°-\frac{\beta}{2}\right)''\frac{1}{\rho''}$。

式中，$\rho''=206265''$。然后将定位点按 δ 值移动调整到 A、O、B，再检查再调整，直至误差在允许范围内为止。

5) 调整三个定位点之间的距离。先检查 A、O 及 O、B 间的距离，若检查结果与设计长度之差的相对误差大于 1/10000，则以 O 点为准，按设计长度调整 A、B 两点，最终

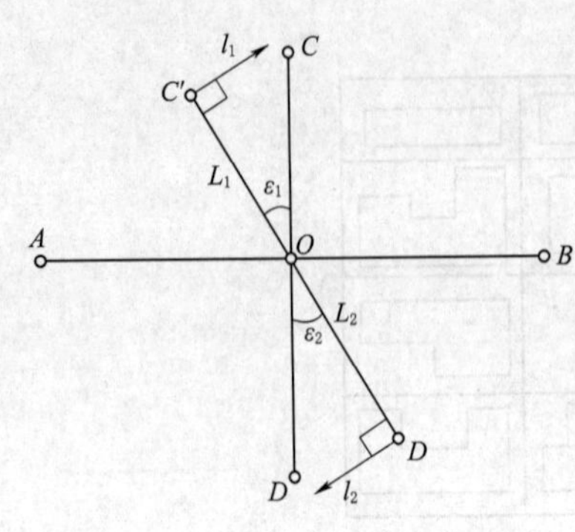

图 1.6 方格网短主轴线的测设

定出三主点 A、O、B 的位置。然后，按图 1.6 所示方法，测设主轴线 COD。在 O 点安置经纬仪，照准 A 点，分别向左、向右转 90°，定出轴线方向，并根据设计的 C、O 及 O、D 的距离用标桩在地上定出两主点的概略位置 C'、D'。精确测量出 $\angle AOC'$ 和 $\angle AOD'$，分别算出其与 90°的差值 ε_1、ε_2，并计算出调整值 l_1、l_2，计算式为 $l=L\dfrac{\varepsilon}{\rho}$，其中，L 为 $C'O$ 或 OD' 的距离。

将 C' 沿垂直于 $C'O$ 方向移动 l_1 距离得 C 点，将 D' 沿垂直于 OD' 方向移动 l_2 距离得 D 点。点位改正后，应检查两主轴线的交角及主点间的距离，均应在规定限差之内。

实际上建筑方格网主轴线点的测设也可以用全站仪按极坐标法进行测设，具体测设步骤参照点的平面位置的测设中的相关内容。

（2）方格网各交点的测设。主轴线测设好后，分别在各主点上安置经纬仪，均以 O 点为后视方向，向左、向右精确地测设出 90°方向线，即形成“田”字形方格网。然后在各交点上安置经纬仪，进行角度测量，看其是否为 90°，并测量各相邻点间的距离，看其是否等于设计边长，进行检核，其误差均应在允许范围内。最后再以基本方格网点为基础，加密方格网中其余各点，完成第一级场区控制网的布设。

4. 建筑物或厂房控制网的测设

场区控制网布设好后，还需为每一个建筑物或厂房建立二级网厂房控制网。厂房控制网是厂房施工的基本控制，厂房骨架及其内部独立设备的关系尺寸，都是根据它放样到实地上的。建立厂房控制网时，必须先依据各厂房的尺寸在总平面图上设计出网形和各主点，然后图解出厂房控制点的坐标，最后再选用适当的平面位置测设方法将其放样在施工场地上。其网型一般有基线法和轴线法两种。

基线法是先根据场区控制网定出矩形网的一条边作为基线，如图 1.7（a）中的 S_1S_2 边，再在基线的两端测设直角，定出矩形的两条短边，并沿着各边测设距离，埋设距离指标桩。该网格布设简单，只适用于一般的中小型厂房或小型建（构）筑物。

轴线法是先根据场区控制网定出厂房控制网的长轴线，由长轴线测设短轴线，再根据十字轴线测设出矩形的四边，并沿着矩形的四边测设距离，埋设距离指标桩，如图 1.7（b）所示。该网格布设灵活，但测设工序多，适用于大型厂房或建（构）筑物。

5. 建筑基线

建筑基线的布置也是根据建筑物的分布、场地的地形和原有控制点的状况而选定的。建筑基线应靠近主要建筑物，并与其轴线平行或垂直，以便采用直角坐标法或极坐标法进行测设，建筑基线主点间应相互通视，边长为 100～300m，其测设精度应满足施工放样的要求，通常可在总平面图上设计，其形式一般有 3 点“一”字形、3 点“L”形，4 点“T”形和 5 点“十”字形等几种形式，如图 1.8 所示。为了便于检查建筑基线点有无变动，布置的基线点数不应少于 3 个。

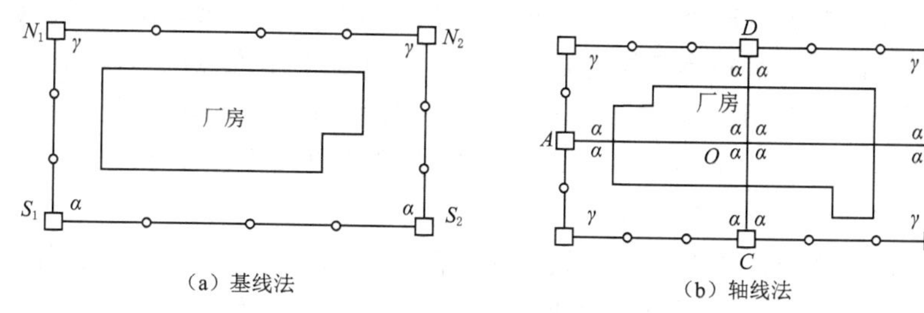

图 1.7　厂房（建筑物）控制网的网型

□—矩形网角桩；α—实测角；γ—矩形闭合角（非实测角）

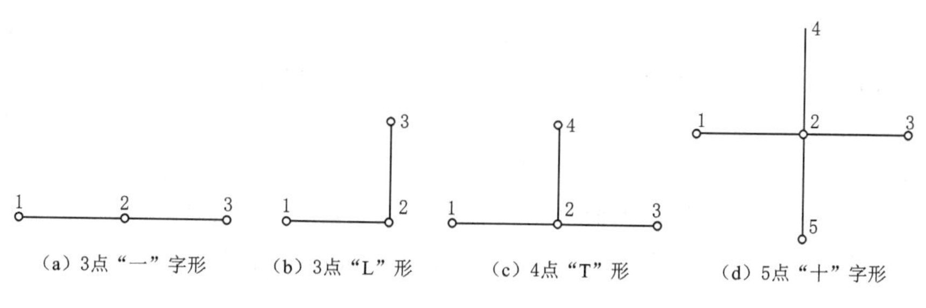

图 1.8　建筑基线布设形式

建筑基线的测设有以下几种方法。

(1) 根据已有的测量控制点测设基线主点。其测设与建筑方格网主轴线的主点测设相同。在建筑总平面图上依据施工坐标系及建筑物的分布情况，设计好建筑基线后，便可在图纸上利用图解方法计算出各主点的施工坐标，然后将其转化为各自对应的测量坐标，再根据附近已有的勘测控制点，选用适当的放样方法进行测设数据的计算。一般用极坐标法完成实地测设，最后对其测设结果进行检校，定出建筑基线的主点位置。具体测设时，也可用全站仪进行。

(2) 根据建筑红线测设建筑基线。在城市建筑区，建筑用地的边界一般由城市规划部门在现场直接标定，如图 1.9 中的 1、2、3 点即为地面标定的边界点，其连线 12 和 23 通常是正交的直线，称为“建筑红线”。通常，所设计的建筑基线与建筑红线平行或垂直，因而可根据红线用平行推移法测设建筑基线 OA、OB。在地面用木桩标定出基线主点 A、O、B 后，应安置仪器于 O 点，测量角度 $\angle AOB$，看其是否为 90°，其差值不应超过 ±24″。若未超限，再测量 OA、OB 的距离，看其是否等于设计数据，其差值的相对误差不应大于 1/10000。若误差超限，需检查推移平行线时的测设数据。若误差在允许范围内，则可适当调整 A、B 点的位置，测设好基线主点。

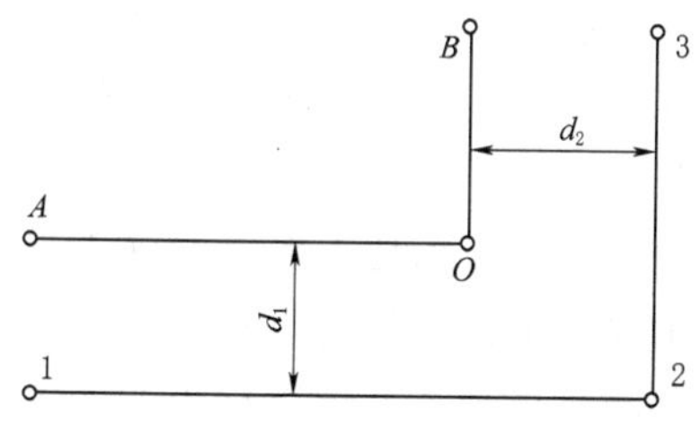

图 1.9　根据建筑红线测设建筑基线

6. 施工场地高程控制

施工场地的高程施工控制网，在点位分布和密度方面应完全满足施工时的需要。在施工期间，要求在建筑物近旁的不同高度都必须布设临时水准点，其密度应保证放样时只设一个测站，便可将高程传递到建筑物的施工层面。场地上的水准点应布设在土质坚硬、不受施工干扰且便于长期使用的地方。施工场地上相邻水准点的间距，应小于 1km。各水准点距离建筑物、构筑物不应小于 25m；距离基坑回填边线不应小于 15m，以保证各水准点的稳定，方便进行高程放样工作。

高程控制网通常也分两级布设：一级网为布满整个施工场地的基本高程控制网；二级网为根据各施工阶段放样需要而布设的加密网。对其中基本高程控制网的布设，中小型建筑场地可按照四等水准测量要求进行；连续生产的厂房或下水管道等工程施工场地则采用三等水准测量要求进行施测，一般应布设成附合路线或是闭合环线网，在施工场区应布设不少于 3 个基本高程水准点；加密网可用图根水准测量或四等水准测量要求进行布设，其水准点应分布合理且具有足够的密度，以满足建筑施工中高程测设的需要。一般在施工场地上，平面控制点均应连接在高程控制网中，同时兼作高程控制点使用。

为了施工高程引测的方便，可在建筑场地内每隔一段距离（如 50m）测设以建筑物底层室内地坪 ±0.000 为标高的水准点，测设时应注意，不同建（构）筑物设计的 ±0.000 不一定是相同的高程，因而必须按施工建筑物设计数据具体测设。另外，在施工中，若某些水准点标桩不能长期保存时，应将其引测到附近的建（构）筑物上，引测的精度不得低于原有水准测量的等级要求。

1.1.3　职业活动训练

（1）参观建筑工地测量控制网（点）的布设情况。

（2）组织学生布设并观测建筑施工控制方格网。

1.2　一般民用建筑施工测量

1.2.1　民用建筑施工测量概述

民用建筑一般指住宅、学校用房、办公楼、医院、商店、宾馆饭店等建筑物。有单层、低层、多层和高层建筑之分。由于类型不同，其测量方法和精度要求也就不同，但放样程序基本相同，一般可分为建筑物定位、放线、基础工程施工测量、墙体工程施工测量等几个步骤。

当在施工场地上布设好施工控制网后，即可按照施工组织设计所确定的施工工序进行施工放样工作，将建筑物的位置、基础、墙、柱、门、窗、楼板、顶盖等基本结构的位置依次测设出来，并设置标志，作为施工的依据。施工放样的主要过程如下。

（1）准备资料，如总平面图、基础图平面图、轴线平面图及建筑物的设计与说明等。

（2）对图纸及资料进行识读，结合施工场地情况及施工组织设计方案制定施工测设方案，掌握各项测设工作的限差要求，满足工程测量技术规范（表 1.1）。

（3）按照测设方案进行实地放样，检测及调整等。

设计资料和各种图纸是施工测设工作的依据，在放样前必须熟悉。通过查看建筑总平面图可以了解拟建的建筑物与测量控制点及相邻地物的关系，从而制定出合理的建筑物平面位置的测设方案和相应的测设数据。由图 1.10 可知，拟建的建筑物与左侧已有建筑物是对

表 1.1 建筑物施工放样的主要技术要求

建筑物结构特征	测距相对中误差	测角中误差/(″)	在测站上测定高差中误差/mm	根据起始水平面在施工水平面上测定高程中误差/mm	竖向传递轴线点中误差/mm
金属结构、装配式钢筋混凝土结构、建筑物高度 100～120m 或跨度 30～36m	1/20000	5	1	6	4
15 层房屋，建筑物高度 60～100m 或跨度 18～30m	1/10000	10	2	5	3
5～15 层房屋、建筑物高度 15～60m 或跨度 6～18m	1/5000	20	2.5	4	2.5
高层房屋、建筑物高度 15m 以下或跨度 6m 以下	1/3000	30	3	3	2
木结构、工业管线或公路快路专用线	1/2000	30	5	—	—
土工竖向整平	1/1000	45	10	—	—

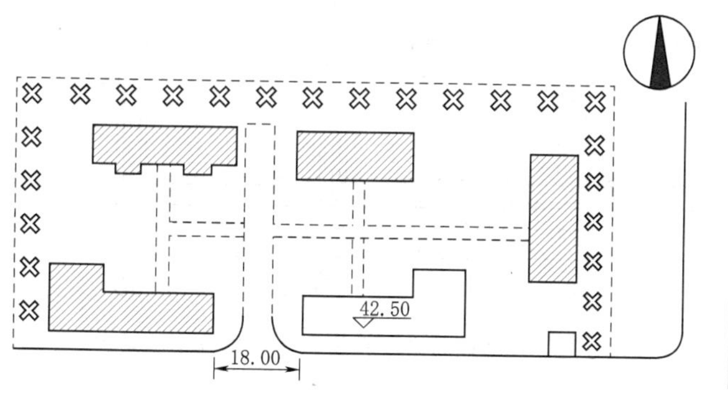

图 1.10 建筑总平面图（单位：m）

称的，且两建筑物的相应轴线相互平行、尺寸相同，两建筑物外墙皮间距为 18.00m，拟建的建筑物的底层室内地坪±0.000 的绝对高程为 42.50m，据此可确定出拟建的建筑物的测设定位方案，并可相应计算出此平面定位方法的各点的测设数据。

1. 测设前的准备工作

首先，在建筑平面图中查取拟建建筑物的总尺寸及内部各定位轴线间的关系。图 1.11 为该拟建建筑物底层平面图，从中可查得建筑物的总长、总宽尺寸和内部各定位轴线尺寸，据此可得到建筑物细部放样的基础数据。

基础平面图给出了建筑物的整个平面尺寸及细部结构与各定位轴线之间的关系，以此可确定基础轴线的测设数据。图 1.12 为该建筑物基础布置平面图。

基础剖面图给出了基础剖面的尺寸（边线至中轴线的距离）及其设计标高（基础与设计底层室内地坪±0.000 的高差），从而可确定基坑开挖边线的位置及基坑底面的高度位置。它是基础开挖与施工的依据，如图 1.13 所示。

另外，还可以通过其他各种立面图、剖面图、结构图、设备基础图及土方开挖图等，

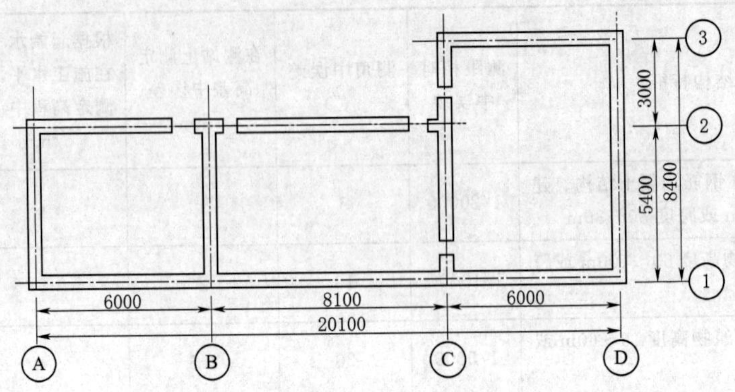

图 1.11 建筑物底层平面图（单位：mm）

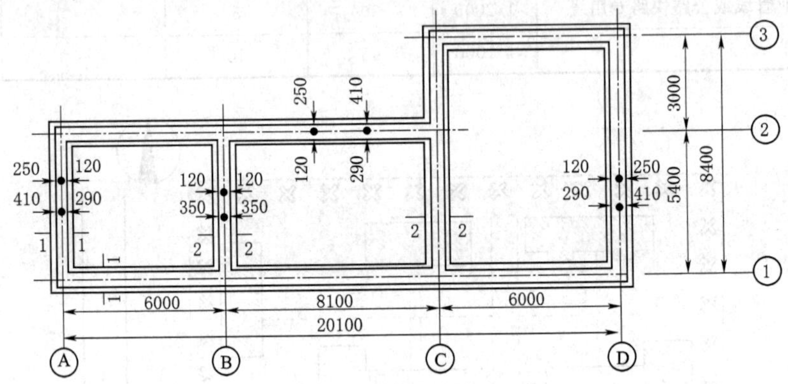

图 1.12 建筑物基础布置平面图（单位：mm）

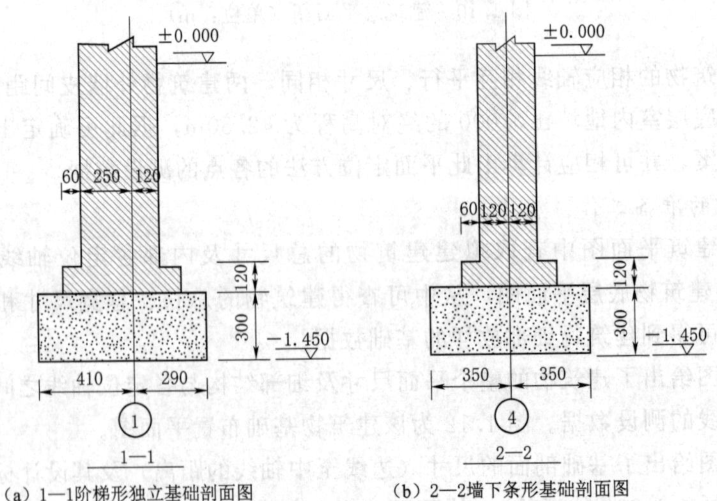

(a) 1—1阶梯形独立基础剖面图 (b) 2—2墙下条形基础剖面图

图 1.13 基础剖面图（单位：mm）

查取基础、地坪、楼板、楼梯等的设计高程，获得在施工建设中所需的测设高程数据资料。

2. 实地现场踏勘

实地现场踏勘，主要是为了弄清现场上地物、地貌和测量控制点分布情况，以及与施工测设相关的一些问题。踏勘后，应对场地上的控制点进行校核，以确定控制点的现场位置。

3. 制定测设方案

资料弄清楚后，即可依据施工进度计划，结合现场地形和施工控制网布置情况，编制详细的施工测设方案，在方案中应依据建筑限高的要求，确定出建筑测设的精度标准。

4. 计算测设数据并绘制测设草图

编制出测设方案后，即可计算出各测设数据，并绘制测设草图且将计算数据标注在图中（图 1.14）。从图 1.12 可知，拟建的建筑物的外墙面距定位轴线为 0.250m，故④—④轴距离现有建筑物外墙的尺寸为 18.250m，①—①轴距离测设的基线 mn 的间距为 3.250m，按此数据进行实地测设方可满足施工后两建筑物南墙面平齐的设计要求。

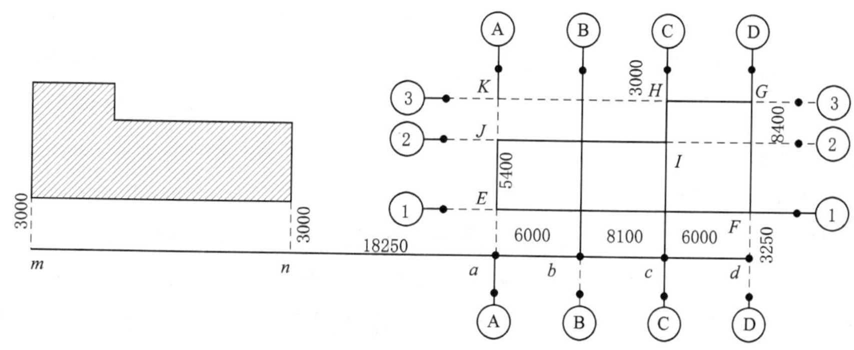

图 1.14 建筑物测设草图（单位：mm）

1.2.2 民用建筑的定位

民用建筑的定位是指将建筑物外轮廓线的交点（如图 1.14 中的 E、F、G 等点）测设在施工场地上。它是进行建筑物基础测设和细部放线的依据。建筑定位方法主要有根据与现有建筑的关系定位、根据建筑物或道路规划红线定位、根据建筑方格网定位、根据测量控制点定位等几种。

1. 根据与现有建筑物的关系定位

对图 1.10 的拟建房屋，通过查找资料，编制出拟建的建筑物的施工放样方案，得到相应的测设草图 1.14，即可按以下步骤在现场进行建筑物的定位。

（1）沿已有建筑物的东、西两墙面各向外测设距离 3.000m，定出 m、n 两点作为拟建建筑物的建筑基线。然后，在 m 点安置经纬仪，后视 n 点，按照测设已知水平距离的方法，在此方向上依据图中标注的尺寸，依次测设出 a、b、c、d 4 个基线点，相应打上木桩，桩上钉小钉以表示测设点的中心位置。

（2）在 a、c、d 三点分别安置经纬仪，采用直角坐标放样方法，在实地依次测设出 E、F、G、H、I、J 等建筑物各轴线的交点，并打木桩，钉小钉以表示各点中心位置。

(3) 用钢尺测量各轴线间的距离，进行校验，其相对误差一般不应超过 1/3000；若建筑物的规模较大，则一般不应超过 1/5000。同时，在 E、F、G、K 四角点安置经纬仪，检测各个直角，其测量值与 90°之差不应超过±30″。若超限，则必须调整，直至达到规定要求。

2. 根据建筑物或道路规划红线定位

建筑物或道路的规划红线点是城市规划部门所测设的城市规划用地与建设单位用地的界址线，新建建筑物的设计位置与红线的关系应得到城市规划部门的批准。因此，建筑物的设计位置应以规划红线为依据，这样在建筑物定位时，便可根据规划红线进行。

如图 1.15 所示，A、BC、MC、EC、D 为城市规划道路红线点，其中 A—BC、EC—D 为直线段，BC 为圆曲线起点，MC 为圆曲线中点，EC 为圆曲线终点，IP 为两直线段的交点，该交角为 90°，M、N、P、Q 为所设计的高层建筑的轴线（外墙中心线）的交点，规定 MN 轴应离红线 A—BC 为 12m，且与红线平行；NP 轴离红线 EC—D 为 15m。

实地定位时，在红线上从 IP 点得 N'点，再测设一点 M'点，使其与 N'的距离等于建筑物的设计长度 MN。然后在这两点上分别安置经纬仪，用直角坐标法测设轴线交点 M、N，使其与红线的距离等于 12m；同时在各自的直角方向上依据建筑物的设计宽度测设 Q、P 点。最终，再对 M、N、P、Q 点进行校核调整，直至定位点在限差范围内（具体技术要求见表 1.1）。

3. 根据建筑方格网定位

建筑场地上若有建筑方格控制网，则可根据拟建建筑物和方格网点坐标，用直角坐标法进行建筑物的定位工作。如图 1.16 所示，拟建建筑物 $PQRS$ 的施工场地上布设有建筑方格网，依据图纸设计好测设草图，然后在方格控制网点 E、F 上各建立站点，用直角坐标法进行测设，完成建筑物的定位。测设好后，必须进行校核，测设精度要求包括：距离相对误差小于 1/3000，与 90°的偏差不超过±30″。

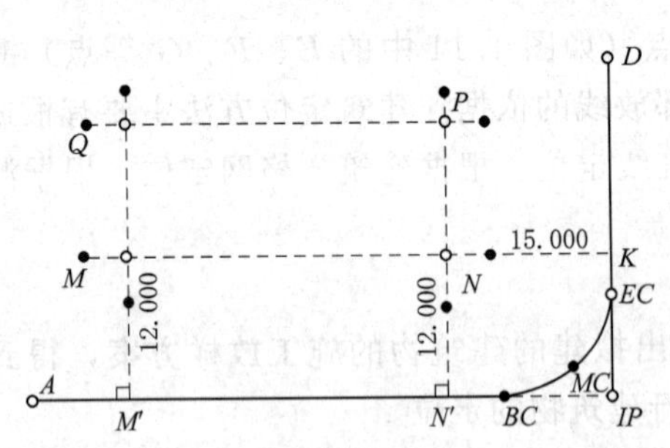

图 1.15 根据规划红线定位（单位：m）

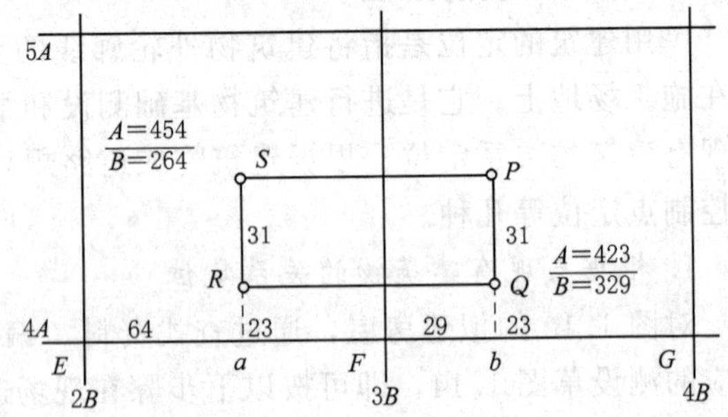

图 1.16 根据建筑方格网定位

4. 根据测量控制点定位

若在建筑施工场地上有测量控制点可用，应根据控制点坐标及建筑物轴线定位点的设计坐标，反算出轴线定位点的测设数据，然后在控制点上建站，用全站仪或经纬仪测设出各轴线定位点，完成建筑物的实地定位。测设完后，务必校核。

1.2.3 建筑物细部放线

完成建筑物的定位之后，即可依据定位桩来测设建筑物的其他各轴线交点的位置，以完成民用建筑的细部放线。当各细部放线点测设好后，应在测设位置打木桩（桩上中心处钉小钉），这种桩称为中心桩。据此即可在地面上撒出白灰线以确定基槽开挖边界线。由于基槽开挖后，定位的轴线角桩和中心桩将被挖掉，为了便于在后期施工中恢复建筑中心轴线位置，必须把各轴线桩点引测到基槽外的安全地方，并做好相应标志，主要有龙门桩和龙门板的设置、轴线控制桩的设置两种方法。

1. 龙门桩和龙门板的设置

在一般民用建筑中，为了施工方便，在基槽外一定距离（距离槽边大约 2m 以外）设置龙门桩、龙门板。如图 1.17 所示，其测设步骤具体如下。

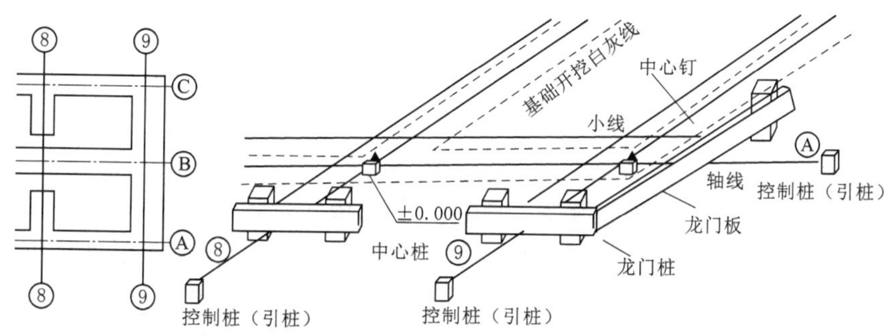

图 1.17 龙门桩和龙门板的钉设

（1）在建筑物四角与内纵、横墙两端基槽开挖边线以外大约 2m（根据土质情况和挖槽深度确定）的位置钉龙门桩，要求桩钉得竖直、牢固，且其侧面与基槽平行。

（2）在每个龙门桩上测设 ±0.000 标高线；若遇现场条件不许可，也可测设比 ±0.000 高（或低）一定数值的标高线。但同一建筑物最好只选一个标高。若地形起伏较大必须选两个标高时，一定要标注详细、清楚，以免在施工中使用时发生错误。

（3）依据桩上测设的标高线来钉龙门板，使龙门板顶面标高与 ±0.000 标高线平齐。龙门板顶面标高的测设的允许误差为 ±5mm。

（4）根据轴线角桩，用经纬仪将墙、柱的轴线投到龙门板顶面上，并钉上小钉，称为轴线钉。其投点允许误差为 ±5mm。

（5）检查龙门板顶面轴线钉的间距，其相对误差不应超过 1/3000。经校核合格后，以轴线钉为准，将墙宽、基槽宽度标在龙门板上，最后根据基槽上口宽度，拉线撒基坑开挖白灰线，如图 1.17 所示。

2. 轴线控制桩的设置

在基槽外各轴线的延长线上测设引桩（图 1.18），作为开槽后各阶段施工中确定轴线位置的依据。在多层建筑的施工中，引桩是向上各楼层投测轴线的依据。

引桩一般钉在基槽开挖边线 2～4m 的地方，在多层建筑施工中，为便于向上投点，应在较远的地方测定，如附近有固定建筑物，最好把轴线引测到建筑物上。

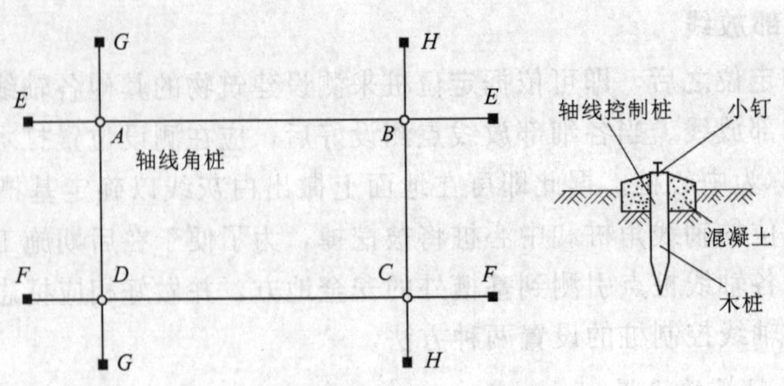

图 1.18 轴线控制桩的设置

1.2.4 建筑物基础工程施工测量

当完成建筑物轴线的定位和放线后，便可按照基础平面图上的设计尺寸，利用龙门板上所表示的基槽宽度，在地面上凿出白灰线，由施工者进行基础开挖，并实施基础测量工作。

1. 基槽与基坑抄平

基槽开挖到接近基底设计标高时，为了控制开挖深度，可用水准仪根据地面上 ±0.000 标志点（或龙门板）在基槽壁上测设一些比槽底设计高程高 0.03～0.50m 的水平小木桩，如图 1.19 所示，作为控制挖槽深度、修平槽底和打基础垫层的依据。一般应在各槽壁拐角处、深度变化处和基槽壁上每间隔 3～4m 测设水平桩。

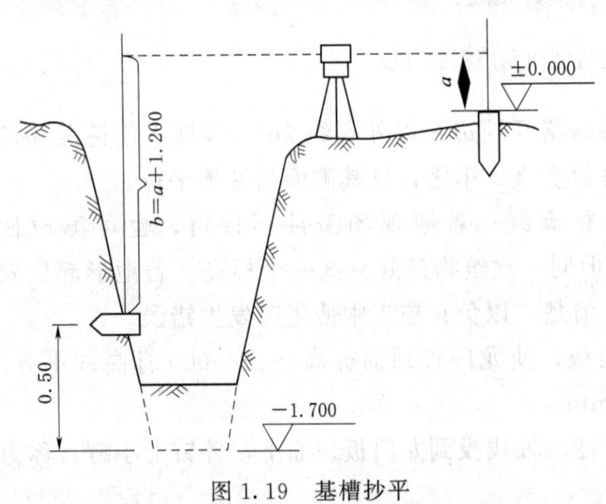

图 1.19 基槽抄平

图 1.19 中，槽底设计标高为 −1.700m，现要求测设出比槽底设计标高高 0.500m 的水平桩，首先安置好水准仪，立水准尺于龙门板顶面（或 ±0.000 的标志桩上），读取后视读数 a 为 0.546m，则可求得测设水平桩的前视读数 b 为 1.746m。然后将尺立于基槽壁并上下移动，直至水准仪视线读数为 1.746m 时，即可沿尺底部在基槽壁上打小木桩，同法施测其他水平桩，完成基槽抄平工作。水平桩测设的允许误差为 ±10mm。清槽后，即可依据水平桩在槽底测设出顶面高程恰为垫层设计标高的木桩，用以控制垫层的施工高度。

所挖基槽呈深坑状的称为基坑。若基坑过深，用一般方法不能直接测定坑底位置时，可用悬挂的钢尺代替水准尺，用两次传递的方法来测设基坑设计标高，以监控基坑抄平。

2. 基础垫层上墙体中心线的测设

基础垫层打好后，可根据龙门板上的轴线钉或轴线控制桩，用全站仪或经纬仪或拉绳挂垂球的方法，把轴线投测到垫层上，如图 1.20 所示。然后用墨线弹出墙中心线和基础边线（俗称撂底），以作为砌筑基础的依据。最终，务必严格校核后方可进行基础的砌筑施工。

3. 基础标高的控制

房屋基础墙（±0.000 以下部分）的高度是用皮数杆来控制的。基础皮数杆是一根木（或铝合金）制的直杆，如图 1.21 所示，事先在杆上按照设计尺寸，将砖缝、灰缝厚度画出线条，并标明±0.000 和防潮层等的位置。设立皮数杆时，先在立杆处打木桩，并在木桩侧面定出一条高于垫层标高某一数值的水平线，然后将皮数杆上高度与其相同的水平线与其对齐，且将皮数杆与木桩钉在一起，作为基础墙高度施工的依据。

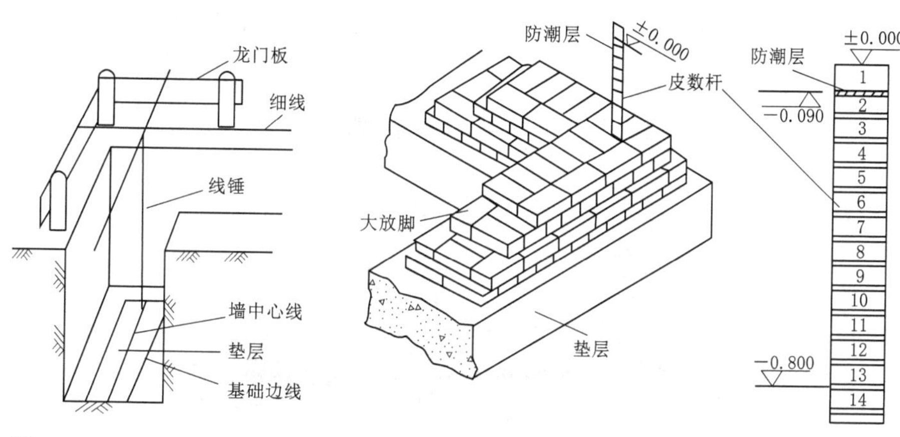

图 1.20　基础热层轴线投测　　　图 1.21　基础墙标高测设

基础施工完成后，应检查基础面的标高是否符合设计要求（也可检查防潮层）。一般用水准仪测出基础面上若干点的高程与设计高程相比较，允许误差为±10mm。

1.2.5　建筑物墙体施工测量

房屋墙体施工中的测设工作，主要是墙体定位和墙体各部位标高控制。

1. 墙体定位

基础工程完工后，应检查龙门板（或轴线控制桩），以防碰动移位。检查无误后，便可利用龙门板或引桩将建筑物轴线测设到基础或防潮层等部位的侧面，并用红三角“▲”标示，如图 1.22 所示。以此确定建筑物上部墙体的轴线位置，施工人员可照此进行墙体的砌筑，也可作为向上投测轴线的依据。然后在基础顶面上投测轴线，并据此轴线弹出纵、横墙边线，定出门、窗和其他洞口的位置，并将这些线均弹设到基础的侧面。

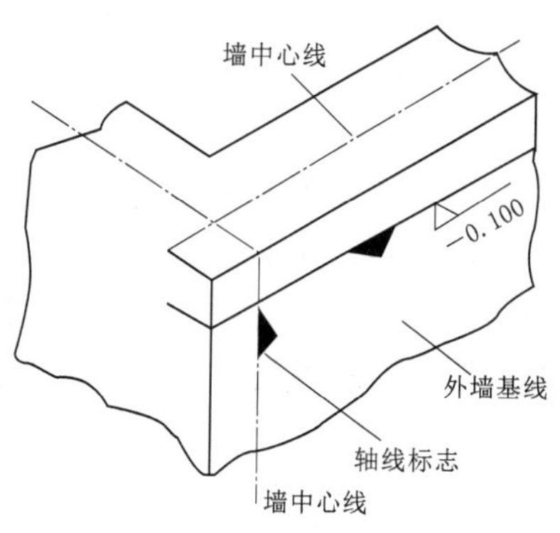

图 1.22　基础侧面轴线标志

2. 墙体皮数杆的设置

皮数杆是根据建筑物剖面图画有每皮砖和灰缝墙中心线的厚度，并标有墙体上窗台、门窗洞口、过梁、雨篷、圈梁、楼板等构件高度位置的专用杆，如图 1.23 所示，在施工中，用皮数杆可以控制墙身各部件的高度位置，并保证每皮砖和灰缝厚度均匀，且都处于同一水平面上。

皮数杆一般立在建筑物拐角处和隔墙处，如图 1.23 所示，立皮数杆时，应先在地面

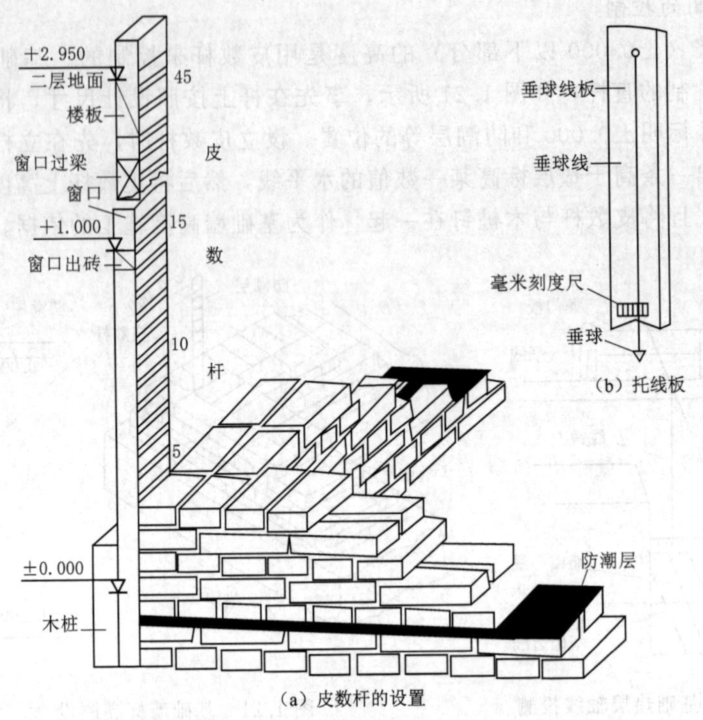

图 1.23 墙体各部件标高的控制

上打一木桩，并测出±0.000标高位置，画一水平线作为标记；然后把皮数杆上的±0.000线与木桩上的该水平线对齐、钉牢。钉好后，应用水准仪对其进行检测，并用垂球来校正其竖直。

为了施工方便，采用里脚手架砌砖时，皮数杆立在墙外侧；若采用外脚手架，皮数杆应立在墙内侧。若是砌筑框架或钢筋混凝土柱子之间的间隔墙，每层皮数杆可直接画在构件上，而不必另立皮数杆。

3. 墙体各部位标高控制

当墙体砌筑到1.2m时，应在墙体上测设出高于室内地坪线0.500m的标高线，用来控制层高，并作为设置门、窗、过梁高度的依据；同时也是进行室内装饰施工时控制地面标高、墙裙、踢脚线、窗台等的依据。在楼板施工时，还应在墙体上测设出比楼板底标高低10cm的标高线，以作为吊装楼板（或现浇楼板）板面平整及楼板板底抹面施工找平的依据，同时在抹好找平层的墙顶面上弹出墙中心线及楼板安装的位置线，以作为楼板吊装的依据。

楼板安装完毕后，应将底层轴线引测到上层楼面上，作为上层楼的墙体轴线。还应测设出控制墙体其他部位标高的标高线，以指导施工。

1.2.6 职业活动训练

（1）参观民用建筑施工工地，了解工地的施工测量。

（2）阅读建筑施工图，进行建筑物定位实训。

（3）选择性地进行民用建筑基础、墙体施工测量实训。

1.3 工业厂房施工测量

1.3.1 工业厂房控制网和柱列轴线测设

工业建筑主要指工业企业的生产性建筑，如厂房、运输设施、动力设施、仓库等，其主体是生产厂房。一般厂房多是金属结构及装配式钢筋混凝土结构单层厂房。其放样的工作内容与民用建筑大致相似，主要包括厂房矩形控制网的测设、柱列轴线测设、基础施工测量、构件安装测量及设备安装测量等。

1. 编制厂房矩形控制网测设方案

工业建筑同民用建筑一样，在施工测量之前，首先必须做好测设前的准备工作，如熟悉设计图纸、现场踏勘等，然后结合施工进度计划，制定出测设方案，并绘制测设草图。

厂房矩形控制网的放样方案，是根据厂区平面图、厂区控制网和现场地形情况等资料制定的。在确定主轴线点及矩形控制网的位置时，必须保证控制点长期保存，且要避开地上和地下管线，并与建筑物基础开挖边线保持 1.5～4m 的距离。距离指示桩的间距一般等于柱子间距的整数倍，但应不超过所用钢尺的长度。图 1.24 为某工业建筑厂区平面图

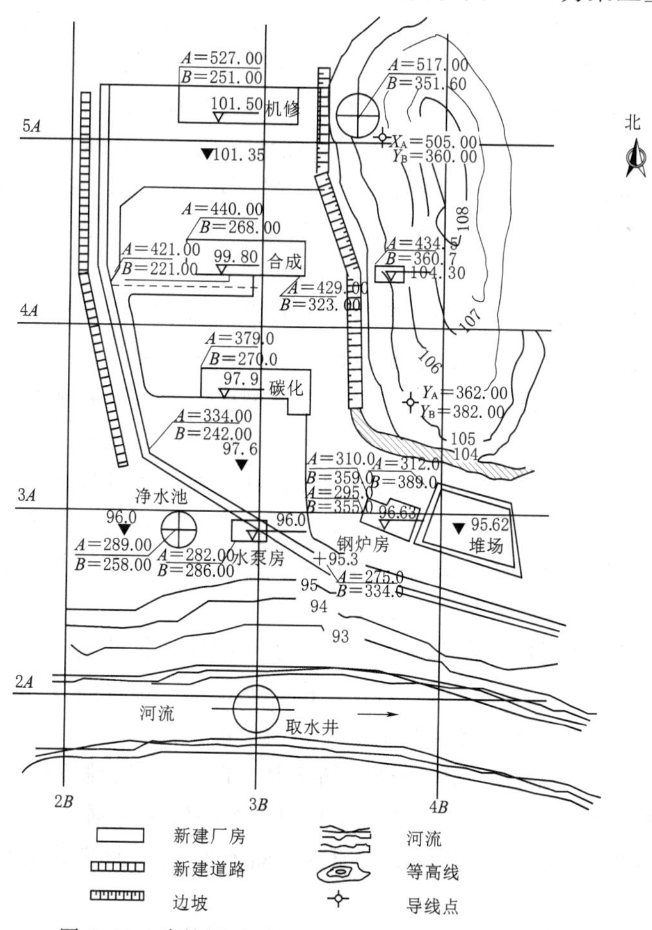

图 1.24 建筑厂区平面图及厂区方格网（单位：m）

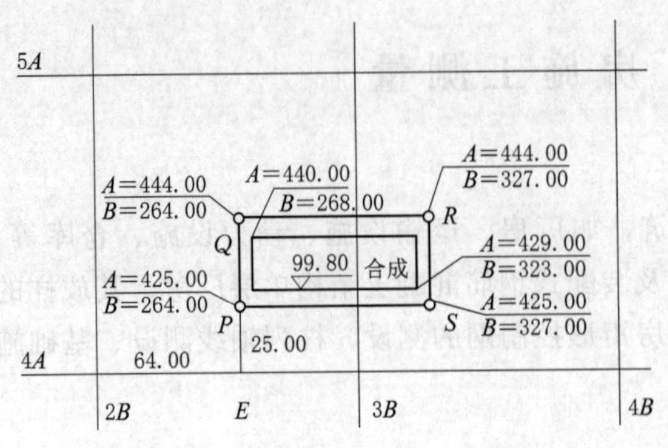

图 1.25　合成车间矩形控制网测设草图（单位：m）

及厂区方格网。为进行厂区内合成车间的施工，可布设如图 1.25 所示的厂房矩形控制网 P、Q、R、S 的测设草图，其 4 个角点的设计位置距离厂房轴线向外 4m，由此可计算出 4 个控制点的设计坐标，并计算出各点测设数据且标注于测设草图 1.25 上。

2. 厂房控制网的测设

(1) 单一厂房控制网的测设。对于中小型厂房而言，一般直接设计建立一个由四边围成的矩形控制网即可满足后期测设需要，如图 1.25 所示。

实地测设时，可依据厂区建筑方格网，按照直角坐标法进行。P、Q、R、S 是布设在基坑开挖边线以外 4m 的厂房矩形控制网的 4 个角桩，控制网的边与厂房轴线相平行。根据放样数据，从建筑方格网的（4A，2B）点起，按照测设已知水平距离的方法，在方格轴线上定出 E 点，使其与方格点的距离为 64.00m，然后将经纬仪安置在 E 点，后视方格点（4A，2B），按照测设已知水平角度的方法，测设出直角方向边，并在此方向上按照测设已知水平距离的方法，定出 P 点，使其与 E 点的距离为 25.00m，继续在此方向上定出 Q 点，使 Q 点与 P 点的距离为 19.00m，在地面用大木桩标定；同法测设出 R、S 点，完成厂房控制网的测设。最后校核，先实测 $\angle P$ 和 $\angle S$，其与 90°的差不应超过 ±10″；精密测量 PS 的距离，其相对误差不应超过 1/20000～1/10000（中型厂房应不超过 1/20000，角度偏差不应超过 ±7″）。

厂房控制网的角桩测设好后，即可测设各矩形边上的距离指示桩，均应打上木桩，并用小钉标示出桩的中心位置。测设距离指示桩的容许偏差一般为 ±5mm。

(2) 大型工业厂房矩形控制网的测设。对于大型或设备基础复杂的厂房，由于施测精度要求较高，为了保证后期测设的精度，其矩形厂房控制网的建立一般分两步进行。应先依据厂区建筑方格网精确测设出厂房控制网的主、辅轴线，当校核达到精度要求后，再根据主轴线测设厂房矩形控制网，并测设各边上的距离指示桩，一般距离指标桩位于厂房柱列轴线或主要设备中心线方向上。最终应检核大型厂房的主轴线的测设精度，边长的相对误差不应超过 1/30000，角度偏差不应超过 ±5″。

(3) 厂房改建或扩建时的控制测量。旧厂房进行改建或扩建前，最好能找到原有厂房施工时的控制点，作为扩建与改建时进行控制测量的依据，但原有控制点必须与已有的吊车轨道及主要设备中心线联测，将实测结果提交设计部门。

若原厂房控制点已不存在，应按下列不同情况，恢复厂房控制网。

1) 厂房内有吊车轨道时，应以原有吊车轨道的中心线为依据。

2) 扩建与改建的厂房内的主要设备与原有设备有联动或衔接关系时，应以原有设备中心线为依据。

3) 厂房内无重要设备及吊车轨道，以原有厂房柱中心线为依据。

3. 厂房外轮廓轴线和柱列轴线的测设

厂房矩形控制网测设好后，应根据控制桩和距离指示桩，用钢尺沿矩形控制网各边按照柱列轴线间距或跨距逐段放样出厂房外轮廓轴线端点及各柱列轴线端点（即各柱中心线与矩形边的交点）的位置，并设置轴线控制桩且在桩顶钉小钉，作为厂房轴线及柱基放样和厂房构件安装的依据。如图 1.26 所示，A、C、1、6 点即为外轮廓轴线端点，B、2、3、4、5 点即为柱列轴线端点。然后用两台经纬仪分别安置于外轮廓轴线端点（如 A、1 点）上，分别后视对应端点（A、1 点）即可交会出厂房的外轮廓轴线角桩点 E、F、G、H，厂房轴线及柱列轴线测设时应打上角桩标志。

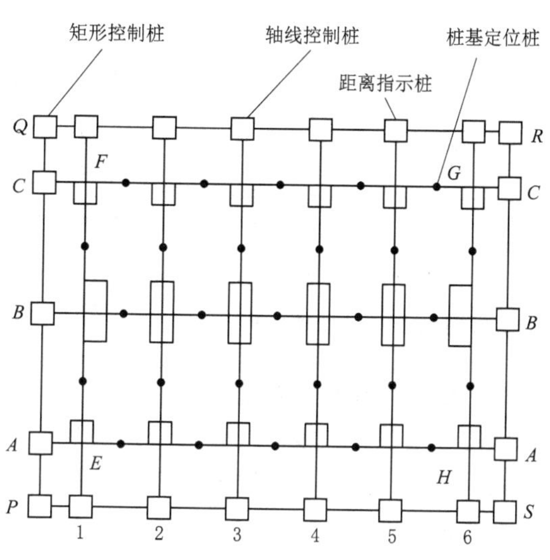

图 1.26　柱基详图级柱基定位桩

1.3.2　厂房基础施工测量

1. 混凝土杯形基础施工测量

(1) 柱基定位放线。采用与测设外轮廓轴线角点桩相同的方法，依据轴线控制桩交会出各柱列轴线上柱基的中心位置。然后在离柱基开挖边线约 0.5～1.0m 处的轴线方向上定出 4 个柱基定位桩，钉上小钉标示柱轴线的中心线，供修坑立模之用，如图 1.27 所示；在桩上拉细线绳，并用特制的“T”形尺，按基础详图的尺寸和基坑放坡宽度 a，进行柱基及开挖边线的放线，用灰线标示出基坑开挖边线的实地位置，如图 1.28 所示。同法可放出全部柱基。

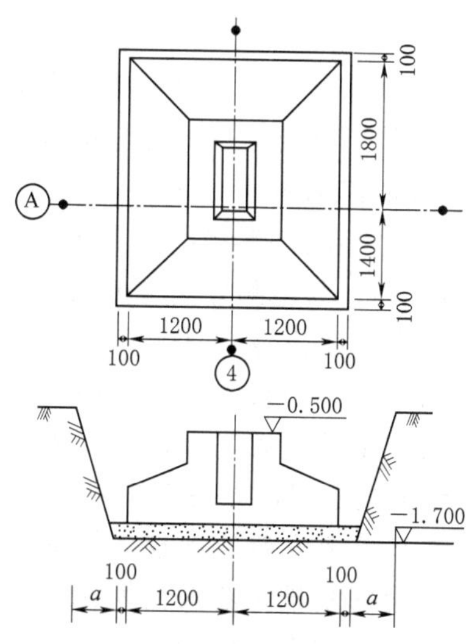

图 1.27　柱基定位（单位：mm）

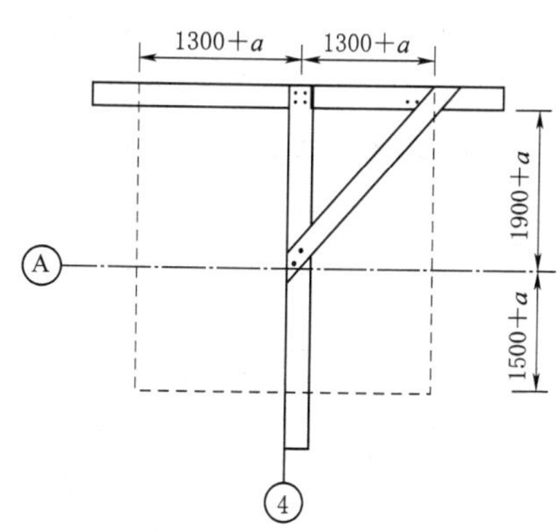

图 1.28　柱基及开挖边线的放线（单位：mm）

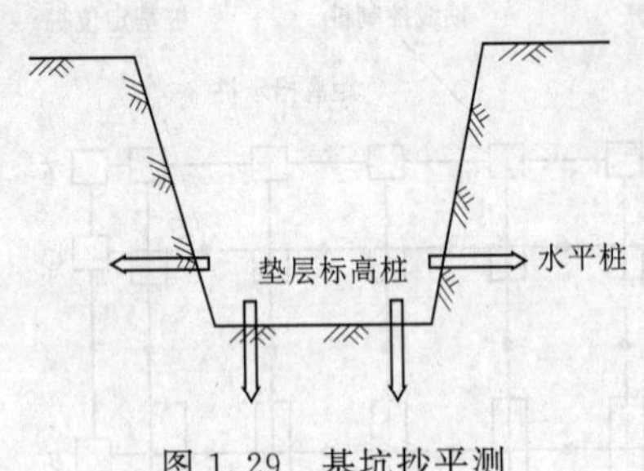

图 1.29 基坑抄平测

(2) 基坑抄平。当基坑开挖到一定深度，快要挖到柱基设计标高（一般距基地 0.3～0.5m）时，应在基坑的四壁或者坑底边沿及中央打入小木桩，如图 1.29 所示，并在木桩上引测同一高程的标高，以便根据标点拉线修整坑底和打垫层。其标高容许误差为±5mm。

(3) 基础模板的定位测量。垫层打好后，根据柱基定位桩，用拉线、吊垂球的方法在垫层上放出基础中心线，并按照柱基的设计尺寸弹墨线标出柱基位置，作为柱基立模和布置钢筋的依据。立模时其模板上口还可由坑边定位桩直接拉线，用吊垂球的方法检查模板的位置是否正确竖直。然后在模板的内壁引测基础面的设计标高，并画线标明，作为浇筑混凝土的依据。在立杯底模板时，应注意使实际浇筑的杯底顶面比原设计的标高略低 3～5cm，以便拆模后填高、修平杯底。

(4) 杯口中心线投点与抄平。在柱基拆模之后，根据矩形控制网上柱中心线端点桩，在杯口顶面投测柱中心线，并绘“▲”标志标明，以备吊装柱子时使用（图 1.30）。中心线投点一般有两种方法：一种是将仪器安置在柱中心线的一个端点，照准另一个端点而将中心线投到杯口上；另一种是将仪器置于中心线上的适当位置，照准控制网上柱基中心线两端点，采用正倒镜法进行投点。

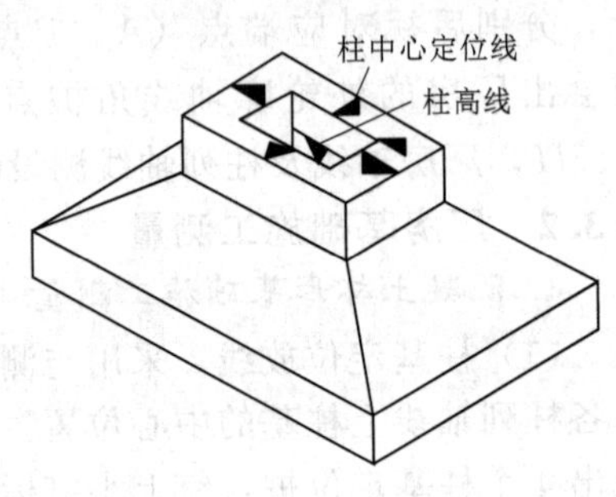

图 1.30 杯口中心线及标高线测设

同时，为了修平杯底，还须在杯口内壁测设某一标高线，用“▲”标志标明，其一般比杯形基础顶面略低 10cm，且与杯底设计标高的距离为整分数，以此来修平杯底。

2. 钢柱基础施工测量

对于钢结构柱子基础，顶面通常设计为一平面，通过锚栓将钢柱与基础连成整体。施工时应注意保证基础顶面标高及锚栓位置的准确。钢结构下面支撑面的容许偏差，高度为±2cm，倾斜度为 1/1000，锚栓位置的容许偏差，在支座范围内为±5mm。

钢柱基础定位和基坑底层抄平方法与混凝土杯形基础相同，其特点是基坑较深且基础下面有垫层，以及埋设与混凝土形成基础整体的地脚螺栓。其施测方法与步骤如下。

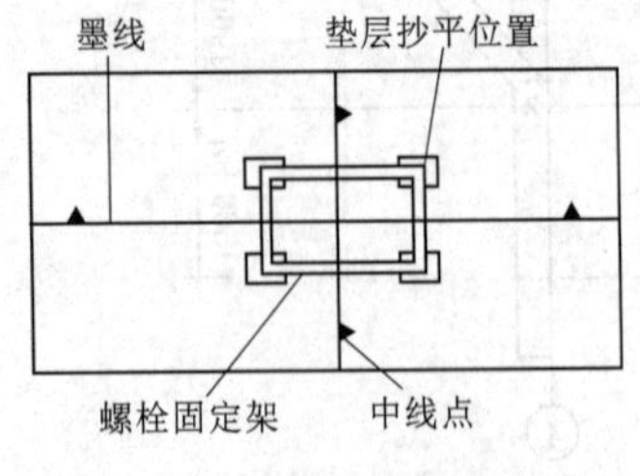

图 1.31 地脚螺栓固定架放线

(1) 钢柱基础垫层中心线投点和抄平。垫层混凝土凝结后，应在垫层上投测柱基中心线，并根据中心线点弹出墨线，绘出地脚螺栓固定架的位置，以作为安置螺栓固定架及根据中心线支立模板的依据，如图 1.31 所示。

投测中心线时，在基坑旁安置经纬仪，保证视线看到坑底，然后照准矩形控制网基础中心线的两端点，用正倒镜法，将仪器中心导入中心线内，而后进行中心线点的投点，并在垫层面上做标志。

螺栓固定架位置在垫层上绘出后，即可在固定架外框 4 个角落测设标高，以便用来检查并修平垫层混凝土面，使其符合设计标高，便于固定架的安装。如基础过深，从地面上直接引测基础地面标高，标尺不够长时，可采用悬吊钢尺的方法测设。

（2）地脚螺栓固定架中心线投点与抄平。

1）固定架的安置。固定架一般是用钢材制作，用以锚定地脚螺栓及其他埋设件。如图 1.32 所示，根据垫层上的中心线和所画的位置将其安置在垫层上，然后依据垫层上测定的标高点，进行地脚抄平，将高的地方的混凝土打去一些，低的地方垫以小块钢板并与底层钢网焊牢，使其符合设计标高。

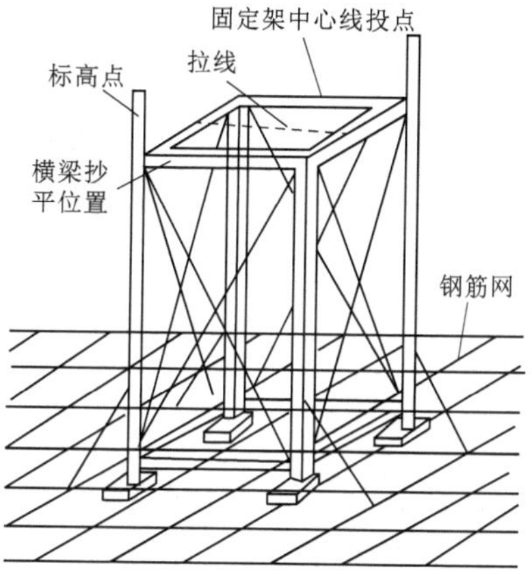

2）固定架抄平。固定架安置好后，测出 4 根横梁的标高，以检查固定架高度是否符合要求，其容许偏差为－5mm，但应不高于设计标高。满足要求后，将固定架与底层钢筋焊牢且加焊支撑钢筋。

固定架中心线投点
拉线
标高点
横梁抄平位置
钢筋网

图 1.32　固定架的安置

3）中心线投点。投点前，应对矩形控制边上的中心端点进行检查，然后根据相应两端点，将中心线投测在固定架横梁上，并刻绘标志。其中心线投点偏差（相对于中心线端点）为±(1～2) mm。

（3）地脚螺栓的安装与标高测量。根据垫层上和固定架上投测的中心点，把地脚螺栓安放在设计位置。为了测定地脚螺栓的标高，在固定架的斜对角处焊两根小角钢（图 1.32），在其上引测同一数值的标高点，并刻绘标志，其高度应比地脚螺栓的设计标高稍低一些；然后在角钢上两标点处拉一细钢丝，以定出螺栓的安装高度；待螺栓安装好后，测出螺栓第一丝扣的标高，地脚螺栓的高度不应低于其设计标高，容许偏高 5～25mm。

（4）支立模板与浇筑混凝土时的测量工作。钢柱基础支模阶段的测量工作与混凝土杯形基础相同。特别之处在于，在浇灌基础混凝土时，为了保证地脚螺栓位置及高度的正确，应进行看守观测，若发现其变动，应立即通知施工人员处理。

1.3.3　混凝土柱子基础及柱身、平台施工测量

当基础、柱身及其上面的各层平台采用现场捣制混凝土的方法进行施工时，为了配合施工，一般应进行以下测量工作。

1. 基础中心线投点及标高测设

当基础混凝土凝固拆模后，即可根据矩形控制网边线上的柱中心线端点桩，将中心线投测在靠近杯底的基础面上，并在露出的钢筋上测设出标高点，以供进行柱身支立模板时确定柱高及对正中心之用，如图 1.33 所示。

2. 柱身垂直度测量

柱身模板支好后，必须检查柱子的垂直度。若现场通视困难，可采用平行线投点法来检查柱子的垂直度，并将柱身模板校正。其施测过程为：先在柱子模板上端根据外框量出柱子中心点，然后将其与柱身下端中心点相连，并在模板上弹出墨线（图 1.34）。其次根据柱中心线控制点 A、B 测设 AB 的平行线 $A'B'$，其间距一般为 1～1.5m。将仪器安置于 B'，照准 A'并在柱上由一人水平横放木尺，使其零点对正模板中心线，纵转望远镜仰视木尺，若十字丝正好对准 1m 或 1.5m 处，则柱子模板垂直，否则应将模板向左或向右

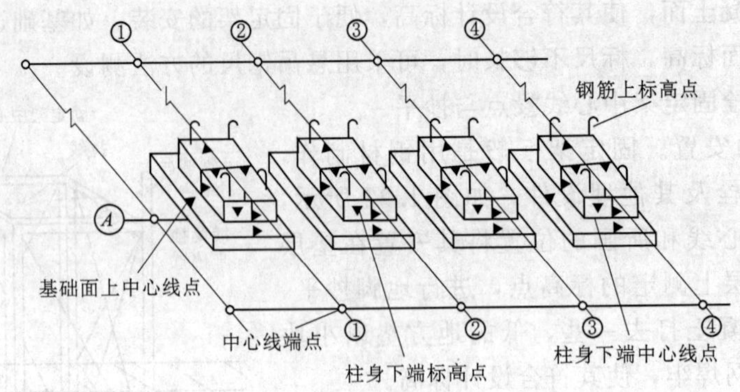

图 1.33 柱基础投点及标高测量

移动，直至十字丝正好对准 1m 或 1.5m 处为止。

3. 柱顶及平台模板抄平

柱子模板校正好后，应选择不同行、列的两三根柱子，从柱子下面已测好的标高点，用钢尺沿柱身向上量距，引测一个高程数据相同的点在柱子上端模板上。然后在平台模板上安置水准仪，用柱上引测的任一标高点做后视，施测柱顶模板的标高，再闭合于另一引测的标高点以资校核。平台模板支好后，必须检查平台模板的标高和水平情况，方法与柱顶模板抄平相同，如图 1.35 所示。

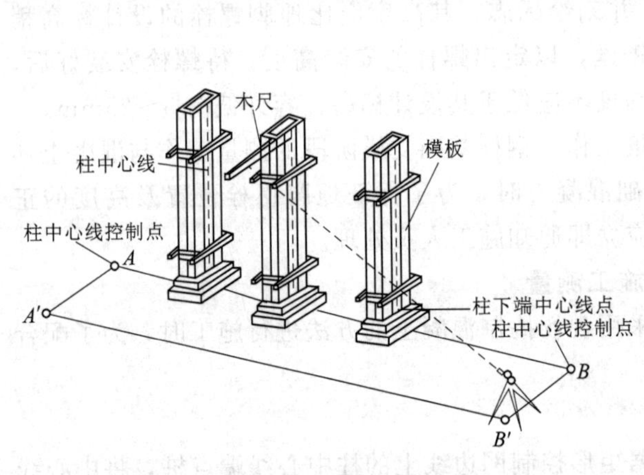

图 1.34 柱身模板校正

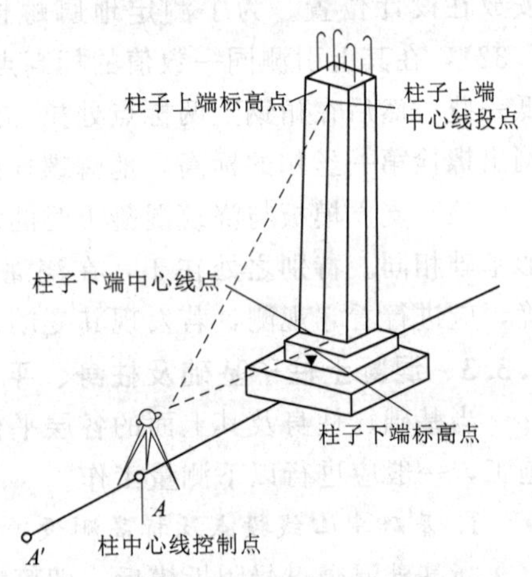

图 1.35 柱中心线及标高引测

4. 上层标高的引测及柱中心线投点

在第一层柱子与平台混凝土浇筑好后，需将柱中心线及标高引测到第一层平台上，以作为支立第二层柱身模板和第二层平台模板的依据，以此类推。其上层标高的引测可根据柱子下端标高点用钢尺沿柱身向上量距标点得到。而上层柱顶中心线的引测，可用经纬仪轴线投测方法进行，其方法一般是将仪器安置于柱中心线控制点上，照准柱子下端的中心线点，仰视向柱子上端投点，并做标记（图 1.35）。若安置位置与柱子间距过短，不便于投点，可将中心线端点 A 用正倒镜法延长至远端的 A' 点，然后安置仪器于 A' 在投点。其标高的引测偏差为 ±5mm；纵横中心线投点偏差，投点高度在 5m 以内时为 ±3mm，在

5m 以外时为±5mm。

1.3.4 厂房预制构件安装测量

装配式单层厂房主要由柱子、梁、吊车轨道、屋架、天窗和屋面板等构件组成。一般工业厂房都采用预制构件在现场安装的方法进行施工。其一般要进行以下测设工作。

1. 柱子的安装测量

（1）柱子安装前的准备工作。

1）对基础中心线及其间距，基础顶面和杯底标高进行复核，符合设计要求后，才可以进行安装工作。

2）把每根柱子按轴线位置进行编号，并检查柱子的尺寸是否符合图纸的尺寸要求，如柱长、断面尺寸、柱底到牛腿面的尺寸、牛腿面到柱顶的尺寸等，无误后，才可进行弹线。

3）在柱身的三面，用墨线弹出柱中心线，每个面在中心线上画出上、中、下三点水平标记，并精密测量出各标记间距离。

4）调整杯底标高、检查牛腿面到柱底的长度，看其是否符合设计要求，如不相符，就要根据实际柱长修整杯底标高，以使柱子吊装后，牛腿面的标高基本符合设计要求。其具体做法是：在杯口内壁测设某一标高线（如一般杯口顶面标高为－0.500m，则在杯口内抄上－0.600m 的标高线，图 1.30）。然后根据牛腿面设计标高，用钢尺在柱身上量出±0.00 和某一标高线（如－0.600m 的标高线）的位置，并涂画红三角“▼”标志。分别量出杯口内某一标高线至杯底高度、柱身上某一标高线至柱底高度，并进行比较，以修整杯底，高的地方凿去一些，低的地方用水泥砂浆填平，使柱底与杯底吻合。

（2）柱子安装时的测量。为保证柱子的平面和高程位置均符合设计要求，且柱身垂直，在预制钢筋混凝土柱吊起插入杯口后，应使柱底三面的中心线与杯口中心线对齐，并用硬木楔或钢楔做临时固定，如有偏差，可用锤敲打楔子拨正。其偏差限值为±5mm。

钢柱吊装时要求：基础面设计标高加上柱底到牛腿面的高度，应等于牛腿面的设计标高。安放垫板时须用水准仪抄平予以配合，使其符合设计标高。

钢柱在基础上就位以后，应使柱中心线与基础面上的中心线对齐。

柱子立稳后，即应观测±0.000 点标高是否符合设计要求，其允许误差规定如下：一般的预制钢筋混凝土柱应不超过±3mm；钢柱应不超过±2mm。

（3）柱子垂直校正测量。进行柱子垂直校正测量时，应将两架经纬仪安置在柱子纵、横中心轴线上，且距离柱子约为柱高的 1.5 倍的地方，如图 1.36 所示，先照准柱底中心线，固定照准部，再逐渐仰视到柱顶，若中心线偏离竖丝，表示柱子不垂直，可指挥施工人员用调节拉绳、支撑或敲打楔子等方法使柱子垂直。经校正后，柱的中心线与轴线偏差不得大于±5mm；柱子垂直度容许误差为 $H/1000$，当柱高在 10m 以上时，其最大偏差不得超过±20mm；柱高在 10m 以内时，其最大偏差不得超过±10mm。满足要求后，要立

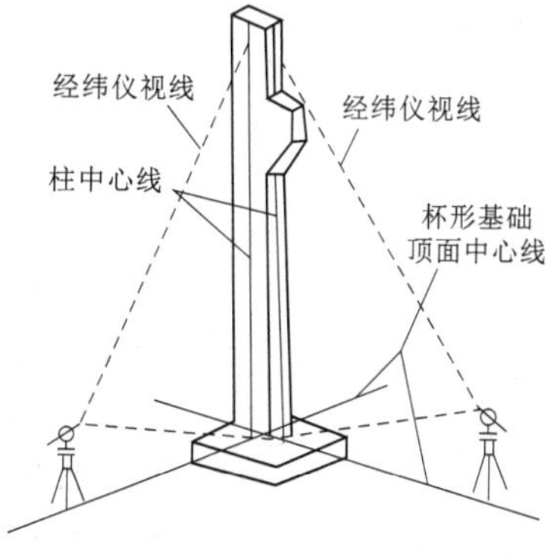

图 1.36 柱子垂直校正测量

即灌浆，以固定柱子位置。

在实际工作中，一般是一次把成排的柱子都竖起来，然后再进行垂直校正。这时可把两台经纬仪分别安置在纵、横轴线一侧，偏离中心线不得大于3m，安置一次仪器即可校正几根柱子。但在这种情况下，柱子上的中心标点或中心墨线必须在同一平面上，否则仪器必须安置在中心线上。

2. 吊车梁的安装测量

吊车梁的安装，其测量工作主要是测设吊车梁的中心线位置和标高位置，以满足设计要求。

(1) 吊车梁安装时的中心线测设。根据厂房矩形控制网或柱中心轴线端点，在地面上定出吊车梁中心线（亦即吊车轨道中心线）控制桩，然后用经纬仪将吊车梁中心线投测在每根柱子牛腿上，并弹以墨线，投点误差为±3mm。吊装时使吊车梁中心线与牛腿上中心线对齐。

(2) 吊车梁安装时的标高测设。吊车梁顶面标高，应符合设计要求。根据±0.000标高线，沿柱子侧面向上量取一段距离，在柱身上定出牛腿面的设计标高点，作为修平牛腿面及加垫板的依据。同时在柱子的上端比梁顶面高5～10cm处测设一标高点，据此修平梁顶面。梁顶面置平以后，应安置水准仪于吊车梁上，以柱子牛腿上测设的标高点为依据，检测梁面的标高是否符合设计要求，其容许误差应不超过±(3～5)mm。

3. 吊车轨道的安装测量

吊车轨道的安装，其测设工作主要是进行轨道中心线和轨顶标高的测量，以符合要求。

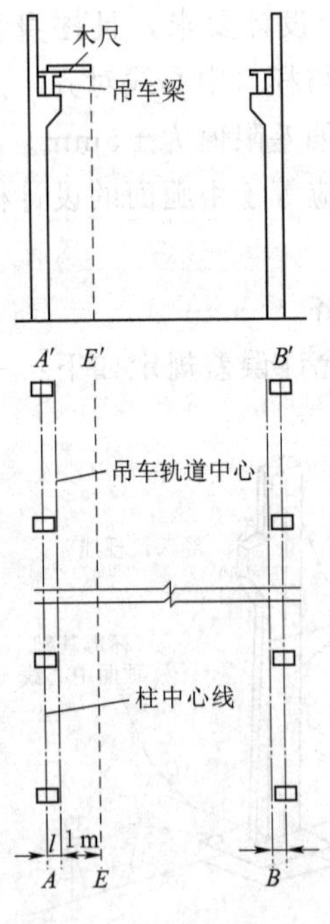

图1.37 轨道中心线测设

(1) 在吊车梁上测设轨道中心线。

1) 用平行线法测定轨道中心线。吊车梁在牛腿上安放好后，第一次投在牛腿上的中心线已被吊车梁所掩盖，所以在梁面上须投测轨道中心线，以便安装吊车轨道。

具体测设方法是：先在地面上沿垂直于柱中心线的方向AB和$A'B'$各量一段距离AE和$A'E'$，令$AE=A'E'=l+1$（I为柱列中心线到吊车轨道中心线的距离），则EE'为与吊车轨道中心线相距1m的平行线（图1.37）。然后将经纬仪安置在E点，照准E点，固定照准部，将望远镜逐渐仰视以向上投点。这时指挥一人在吊车梁上横放一支1m长的木尺，并使木尺一端在视线上，则另一端即为轨道中心线位置，同时在梁面上画线标记此点位。同法定出轨道中心线的其他各点。用同样方法测设吊车轨道的另一条中心线位置，也可以按照轨道中心线的间距，根据已定好的一条轨道中心线，用悬空量距的方法定出来。

2) 根据吊车梁两端投测的中心线点测定轨道中心线。根据地面上柱中心线控制点或厂房矩形控制网点，测设出吊车梁（吊车轨道）中心线点。然后根据此点用经纬仪在厂房两端的吊车梁面上各投一点，两条吊车梁共投测4点，其投点容许误差为±2mm。

再用钢尺丈量两端所投中心线点的跨距，看其是否符合设计要求，如超过±5mm，则以实测长度为准予以调整。将仪器安置于吊车梁一端中心线点上，照准另一端点，在梁面上进行中心线投点加密，一般每隔 18～24m 加密一点。若梁面过窄，不能安置三脚架，应采用特殊仪器架来安置仪器。

轨道中心线最好在屋面安装后测设，否则当屋面安装完毕后，应重新检查中心线。在测设吊车梁中心线时，应将其方向引测在墙上或屋架上。

（2）吊车轨道安装时的标高测设。在吊车轨道面上投测好中心线点后，应根据中心线点弹出墨线，以便安放轨道垫板。在安装轨道垫板时，应根据柱子上端测设的标高点。测设出垫板标高，使其符合设计要求，以便安装轨道。梁面垫板标高测设时的容许误差为±2mm。

（3）吊车轨道的校核。在吊车梁上安装好吊车轨道以后，必须进行轨道中心线检查测量，以校核其是否成一直线；还应进行轨道跨距及轨顶标高的测量，看其是否符合设计要求。检测结果要做出记录，作为竣工验收资料。轨道安装竣工校核测量容许误差应满足以下各检查要求。

1）轨道中心线的检查。安置经纬仪于吊车梁上，照准预先在墙上或屋架上引测的中心线两端点，用正倒镜法将仪器中心移至轨道中心线上，而后每隔 18m 投测一点，检查轨道的中心是否在一直线上，容许偏差为±2mm，若超限，则应重新调整轨道，直至达到要求。

2）跨距检查。在两条轨道对称点上，用钢尺精密丈量其跨距尺寸，其实测值与设计值相差不得超过±(3～5)mm，否则应予以调整。

轨道安装中心线调整后，应保证轨道安装中心线与吊车梁实际中心线偏差小于±10mm。

（4）轨顶标高检查。吊车轨道安装好后，必须根据柱子上端测设的标高点（水准点）检查轨顶标高。且在每两轨接头之处各测一点，中间每隔 6m 测量一点，其容许误差为±2mm，

1.3.5 屋架安装测量

1. 柱顶护平测量

屋架是搁在柱顶上的，安装之前，必须根据各柱面上的±0.000 标高线，利用水准仪或钢尺，在各柱顶部测设相同高程数据的标高点，作为柱顶抄平的依据，以保证屋架安装平齐。

2. 屋架定位测量

安装前，用经纬仪或其他方法在柱顶上测设出屋架的定位轴线，并弹出屋架两端的中心线，作为屋架定位的依据。屋架吊装就位时，应使屋架的中心线与柱顶上的定位线对准，其允许偏差为±5mm。

3. 屋架垂直拉制测量

在厂房矩形控制网边线上的轴线控制桩上安置经纬仪，照准柱中心线，固定照准部，然后将望远镜逐渐抬高，观测屋架的中心线是否在同一竖直面内，以此进行屋架的竖直校正。当观测屋架顶有困难时，也可在屋架上横放三把 1m 长的小木尺进行观测，其中一把

安放在屋架上弦中点附近，另外两把分别安放在屋架的两端，使木尺的零刻画正对屋架的几何中心，然后在地面上距屋架中心线为1m处安置经纬仪，观测三把尺子的1m刻画是否都在仪器的竖丝上，以此即可判断屋架的垂直度。

此外，也可用悬吊垂球的方法进行屋架垂直度的校正。屋架校至垂直后，即可将屋架用电焊固定。屋架安装的竖直容许误差为屋架高度的1/250，但不得超过±15mm。

1.3.6 职业活动训练

(1) 参观工业厂房建筑施工工地，了解工地的施工测量。

(2) 阅读建筑施工图，进行柱列轴线测设实训。

1.4 高层建筑施工测量和变形监测

1.4.1 高层建筑施工测量概述

由于高层建筑的层数多、高度高、结构复杂、设备及装修标准高，特别是高速电梯的安装要求最高，因此，在施工过程中对建筑各部位的水平位置、垂直度及轴线位置尺寸、标高等的测设精度要求均十分严格。总体的建筑限差有严格的规定，对质量检测的允许偏差也有严格要求。如：层间标高测量偏差和竖向测量偏差均要求不超过±3mm，建筑全高（H）测量偏差和竖向偏差不应超过$3H/10000$，且$30\text{m}<H\leqslant 60\text{m}$时，不应超过±10mm；$60\text{m}<H\leqslant 90\text{m}$时，不应超过±15mm；$H>90\text{m}$时，不应超过±20mm。

另外，由于高层建筑工程量大，多设地下工程，且分期施工，工期长，施工现场变化大，因而，为保证工程的整体性和局部性施工的精度，在进行高层建筑施工测量之前，必须谨慎地制定测设方案，选用适当的仪器，并拟出各种控制和检测的措施以确保放样精度。

高层建筑一般用桩基础，主体结构为现浇框架结构工程，而且平面、立面造型新颖又复杂多变，因而其测设方法与一般建筑既有相似之处，又有独特的地方，按测设方案实施时，务必精密计算，严格操作、校核，方可保证测设质量达到规定的建筑限差要求。

1.4.2 高层建筑施工测量的实施步骤

在高层建筑施工过程中有大量的施工测量工作，具体如下。

1. 施工控制网的布设

高层建筑施工必须建立施工控制网。其平面控制一般布设建筑方格网较为实用、方便，精度可以保证，自检也方便。布设方格网，须从整个施工过程考虑，以应用于打桩、挖土、浇筑基础垫层及其他施工工序中的轴线测设等施工活动。由于打桩、挖土对控制网的影响较大，除了经常进行控制网点的复测校核之外，最好随着施工的进行，将控制网延伸到施工影响区之外。而且，须及时将控制轴线投测到相应的建筑面层上，这样便可根据投测的控制轴线，进行柱列轴线等细部放样，以备绑扎钢筋、立模板和浇筑混凝土之用。为了高层建筑的空间位置测设到实地，同时简化设计点位的坐标计算，便于在现场进行细部放样，布设的控制网轴系应严格平行于建筑物的主轴线或道路的中心线，且必须与建筑总平面图相配合，以便在施工过程中保存最多数量的方格控制点。

建筑方格网的实施流程，与一般建筑场地上控制网的实施过程一样，首先在建筑总平面图上设计，然后依据高等级测图点将其测设到现场，最后进行校核调整，以确保精度。

高层建筑施工中，高程的测设工作量在整个测量工作中占的比例很大，且是施工测量中的重要部分。正确而周密地在现场布置好水准高程控制点，能在很大程度上使立面布置、管道敷设和建筑施工顺利进行，施工场地上的高程控制须达到施工的质量要求。

其高程控制点，必须与国家水准点上或城市水准点联测。场区的外部水准点高程系统应与城市水准点的高程系统统一，因为要由城市向建筑场区敷设许多管道和电缆等。

一般施工场区的高程控制用三、四等水准测量方法进行施测，且应把建筑方格网的方格点纳入高程系统中，以保证高程控制点密度，满足工程建设高程测设工作所需。所建网型要附合水准或闭合水准。

2. 高层建（构）筑物主要轴线的定位和放线

在软土地基区的高层建筑其基础常用桩基，桩基础的作用在于将上部建筑结构的荷载传递到深处承载力较大的持力层中，分为预制桩和灌注桩两种，一般采用钢管桩或钢筋混凝土方桩。特点是：基坑较深，且位于市区，施工场地不宽敞；建筑定位大都是根据建筑方格网或建筑红线进行。由于高层建筑的上部荷载主要由桩承受，所以对桩位的定位精度要求较高。一般规定，根据建筑物主轴线测设桩基和板桩轴线位置的允许偏差为20mm，对单排桩则为10mm。沿轴线测设桩位时，纵向（沿轴线方向）偏差不宜大于3cm，横向偏差不宜大于2cm。位于群桩外周边上的桩，测设偏差不得大于桩径或桩边长（方形桩）的1/10；群桩中间的桩不大于桩径或边长的1/5。故在定桩位时须依据建筑施工控制网，先定出控制轴线，再按设计的桩位图标示尺寸逐一定出桩位，实地控制轴线测设好后，务必进行校核，检查无误后，方可进行桩位的测设工作。

施工控制网一般都确定一条或两条主轴线。因此，在建筑物放样时，按照建筑物柱列线或轮廓线与主控制轴线的关系，依据场地上的控制轴线逐一定出建筑物的轮廓线。对于目前一些几何图形复杂的建筑物，可以使用全站仪进行建筑物的定位。其具体做法是：通过图纸将设计要素如轮廓坐标、曲线半径、圆心坐标及施工控制网点的坐标等识读清楚，并计算各自的测设元素，然后在控制点上安置全站仪建立测站，按极坐标法完成各点的实地测设。将所有建筑物轮廓点定出后，再进行检查是否满足设计要求。

总之，根据施工场地的具体条件和建筑物几何图形的繁简情况，可以选择最合适的方法完成高层建筑物的轴线定位。

轴线定位之后，即可依据轴线来测设各桩位或柱列轴线上的桩位。桩的排列随着建筑物形状、基础结构的不同而异。最简单的排列是格网形状，此时只要根据轴线，精确地测设出格网的4个角点进行加密即可测设出其他各桩位。有的基础则是由若干个承台和基础梁连接而成。承台下面是群桩；基础梁下面有的是单排桩，有的是双排桩。承台下群桩的排列，有时也会不同。测设时一般是按照“先整体、后局部，先外廓、后内部”的顺序进行。

测设出的桩位均用小木桩表示其位置，且应在木桩上用中心钉标表示桩的中心位置，以供校核。其校核方法一般是；根据轴线，重新在桩顶上测设出桩的设计位置，并用油漆标明，然后量出桩中心与设计位置的纵、横向两个偏差分量 δ_x、δ_y，若其偏差值在允许范围内，即可进行下一道工序的施工。

桩的平面位置测设好后，即可进行桩的灌注施工，此时需进行桩的灌入深度的测设。一般是根据施工场地上已测设的±0.000标高，测定桩位的地面标高，依据桩顶设计标高、设计桩长，计算出各桩相应灌入的深度，进行测设。同时可用经纬仪控制桩的铅直度。

3. 高层建筑物的轴线投测

当完成建筑物的基础工程后，为保证在后期各层的施工中其相应轴线处于同一竖直面内，应进行建筑物各轴线的投测。进行轴线投测前，为保证投测精度，首先须向基础平面引测各轴线控制点。因为在采用流水作业法施工中，当第一层柱子施工好后，马上开始围护墙的砌筑，这样原有建立的轴线控制标桩与基础之间的通视即被阻断，因而，为了轴线投测的需要，必须在基础面上直接标定出各轴线标志。

当施工场地比较宽阔时，可采用经纬仪引桩投测法（又称外控法）进行轴线的投测，按此方法分别在建筑物纵轴、横轴线控制桩（或轴线引桩）上安置经纬仪（或全站仪），就可将建筑物的主轴线点投测到同一层楼面上，各轴线投测点的连线就是该层楼面上的主轴线，同时再依据该楼层的平面图中的尺寸测设出层面上的其他轴线。最后进行检测，确保投测精度。

当在建筑物密集的建筑区，施工场地狭小，无法在建筑物轴线以外位置安置仪器时，多采用内控法。施测时必须先在建筑物基础面上测设室内轴线控制点，然后用垂准线原理将各轴线点向建筑物上部各层进行投测，作为各层轴线测设的依据。

首先，在基础平面上利用地面上测设的轴线控制桩测设主轴线，然后选择适当位置测设出与建筑物主轴线平行的辅助轴线，并建立室内辅助轴线的控制点。室内轴线控制点的布置视建筑物的平面形状而定，对一般平面形状不复杂的建筑物，可布设成“L”形或矩形。内控点应设在角点的柱子附近，各控点连线与柱子设计轴线平行，间距约为0.5～0.8m，且应选择在能保持垂直通视（不受梁等构件的影响）和水平通视（不受柱子等影响）的位置。内控点的测设，应在基础工程完成后进行，先根据建筑物施工控制网点校测建筑轴线控制桩的桩位，看其是否移位变动，若无变化，依据轴线控制桩点，将轴线内控点测设到基础平面上，并埋设标志，一般是预埋一块小铁皮，上面划十字丝，交点上冲一小孔，作为轴线投测的依据。为了将基础层上的轴线点投测到各层楼面上，在内控点的垂直方向上的各层楼面预留约300mm×300mm的传递孔（又称垂准孔），并在孔周围用砂浆做成20mm高的防水斜坡，以防投点时施工用水通过此孔流落到下方的仪器上。其投测仪器现在为激光铅垂仪。

激光铅垂仪是一种供铅直定位的专用仪器，图1.38为苏州一光仪器有限公司生产的DZJ激光铅垂仪，适用于高层建筑、水塔、烟囱等工程施工中的铅直定位测量，主要进行铅垂线的轴线点位传递。仪器使用方便、铅直定位精度高、速度快。仪器上装置有上、下两只半导体激光器，可用来上、下对点进行点位传递，其中下激光器利用下对点系统用激光束对准底面基准点，快速直观，然后利用上激光器通过上垂准望远镜发射激光以向上投点，完成点位的向上传递（也可以向下投点完成轴线点的向下传递）。如图1.39所示，投测时，安置仪器于测站点（底层轴线内控点上），进行对中、整平，在对中时，打开对点激光开关，使激光束聚焦在测站基准点上，然后调整三脚架的高度，使圆水准气泡居中，以完成仪器对中操作，再利用脚螺旋调置水准管，使其在任何方向都居中，以完成仪器的整平，最终进行检查以确认仪器严格对中、整平，此时可将对点激光器关闭；同时在上层传递孔处放置网格激光靶，对其照准，打开垂准激光开关，会有一束激光从望远镜物镜中射出，并聚焦在靶上，激光光斑中心处的读数即为投测的观测值。这样即将基础底层内控点的位置投测到上层楼面，然后依据内控点与轴线点的间距，在楼层面上测设出轴线点，并将各轴线点依次相连即为建筑物主轴线，再根据主轴线在楼面上测设其他轴线，完成轴线的传递工作。按同法逐层上传，但应注意，轴线投测时，要控制并检校轴线向上投测的竖直偏差值在本层内不得超过±5mm，整栋楼的累积偏差不超过±20mm。同时还应用钢尺精确丈量投测的轴线点之间的距离，并与设计的轴线间距相比较，其相对误差对高层建筑而言不得低于 1/10000。否则，必须重新投测，直至达到精度要求。图 1.39 (a)、(b) 为向上投点，图 1.39 (c) 为向下投点。

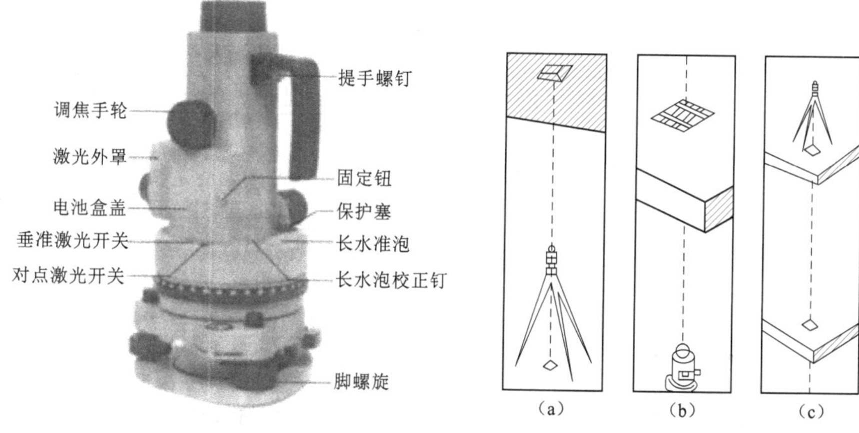

图 1.38 DZJ 激光铅垂仪

图 1.39 内控法轴线投测

4. 高层建筑物的高程传递

高层建筑施工中，要由下层楼面向上层传递高程，以使上层楼板、门窗、室内装修等工程的标高符合设计要求。楼面标高误差不得超过±10mm。传递高程的方法有以下几种。

(1) 利用皮数杆传递高程。皮数杆上自±0.000 标高线起，门窗、楼板、过梁等构件的标高都已标明。一层楼砌筑好后，则可从一层皮数杆一层一层往上接，就可以把标高传递到各楼层。在接杆时要注意检查下层杆位置是否正确。

(2) 利用钢尺直接丈量。若标高精度要求较高，可用钢尺沿某一墙角自±0.000 标高处起直接丈量，把高程传递上去。然后根据下面传递上来的高程立皮数杆，作为该层墙身砌筑和安装门窗、过梁及室内装修、地坪抹灰时控制标高的依据。

(3) 悬吊钢尺法（水准仪高程传递法）。根据高层建筑物的具体情况也可用水准仪高程传递法进行高程传递，不过此时需用钢尺代替水准尺作为数据读取的工具，从下向上传递高程。如图 1.40 所示，由地面已知高程点 A 向建筑物楼面 B 传递高程，先从楼面上（或楼梯间）悬挂一把钢尺，钢尺下端挂重锤。观测时，为了使钢尺稳定，可将重锤浸于一盛满油的容器中。然后在地面及楼面上各安置一台水准仪，按水准测量方法同时读取 a_1、b_1 及 a_2 读数，则可计算出楼面 B 上设计标高为 H 的测设数据 $b_2=H_A+a_1-b_1+a_2-H_B$，据此可按照测设已知高程的测设方法测设出楼面 B 的标高位置。

(4) 全站仪天顶测高法。如图 1.41 所示，利用高层建筑中的传递孔（或电梯井等），在底层高程控制点上安置全站仪，置平望远镜（显示屏上显示竖直角为 0°或天顶距为 90°），然后将望远镜指向天顶方向（天顶距为 0°或竖直角为 90°），在需要传递高程的层面传递孔上安置反射棱镜，即可测得仪器横轴至棱镜横轴的垂直距离，加仪器高，减棱镜常数（棱镜面至棱镜横轴的间距），就可以算出两层面间的高差，据此即可计算出测量层面的标高，最后与设计标高相比较，进行调整即可。

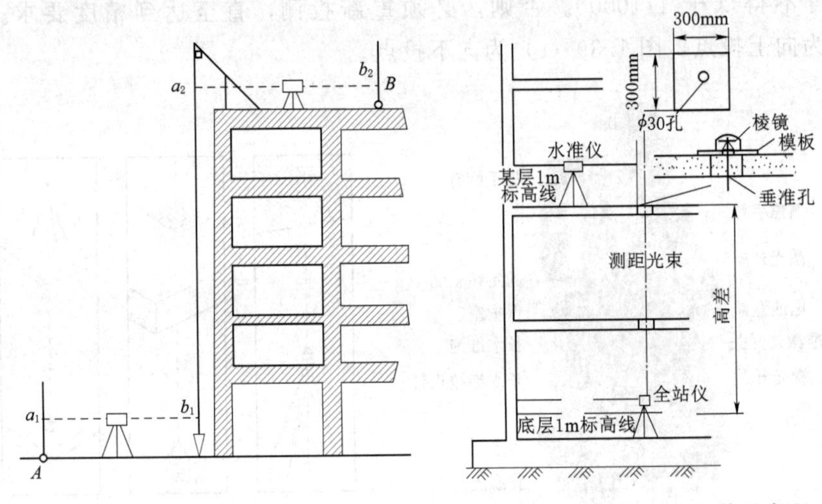

图 1.40 水准仪高程传递法　　图 1.41 全站仪测距法传递高程

1.4.3 建筑物变形监测

1. 变形监测的意义和特点

建筑物在施工过程和使用期间，因受地基的工程地质条件、地基处理方法、建（构）筑物上部结构的荷载等多种因素的综合影响，将引起基础及其四周地层发生变形，而建筑物本身因基础变形及其外部荷载与内部应力的作用，也要发生变形。这种变形在一定的范围内，可视为正常现象，但超出某一限度就会影响建筑物的正常使用，会对建筑物的安全产生严重影响，或使建筑物发生不均匀沉降而导致倾斜，或造成建筑物开裂，甚至造成建筑物整体坍塌。因此，为了建筑物的安全使用，研究变形的原因和规律，在建筑物的设计、施工和运营管理期间需要进行建筑物的变形监测。

另外，在建筑物密集的城市修建高层建筑、地下车库时，往往要在狭窄的场地进行深基坑的垂直开挖，这就需要采用支护结构对基坑边坡土体进行支护。由于施工中许多难以预料因素的影响，在深基坑开挖及施工过程中，可能产生边坡土体较大变形，造成支护结构失稳或边坡坍塌的严重事故。因此，在深基坑开挖和施工中，也应对支护结构和周边环境进行变形监测。

通过对支护结构及周边环境、建筑物实施变形监测，便可得到相对应的变形数据，因而可分析和监视基坑及周围环境的变形情况，才能对基坑工程的安全性和对周围环境的影响程度有全面的了解，以确保工程的顺利进行，当发现有异常变形时，可以及时分析原因，采取有效措施，以保证工程质量和安全生产，同时也为以后进行建筑物结构和地基基础合理设计积累资料。

所谓变形监测，是用测量仪器或专用仪器测定建（构）筑物及其地基或一定范围内岩石和土体在建筑物荷载和外力作用下随时间变形（包括垂直位移、水平位移、倾斜、裂缝、挠度等）的工作。进行变形监测时，一般在建筑物或基础支护结构的特征部位埋设变形监测标志，在变形影响范围之外埋设测量基准点，定期测量监测标志相对于基准点的变形量。从历次监测结果的比较中了解变形随时间变化的情况。其特点是：通过对变形体的动态监测，获得精确的观测数据，并对观测数据进行综合分析，及时对基坑或建筑物施工过程中的异常变形可能造成的危害做出预报，以便采取必要的技术措施，避免造成严重后果。

2. 建筑物变形监测的内容及技术要求

（1）变形监测的内容。深基坑施工中，变形监测的内容包括：支护结构顶部的水平位移观测；支护结构的垂直位移观测；支护结构倾斜观测；邻近建筑物、道路、地下管网设施的垂直位移、倾斜、裂缝观测等。

在建筑物主体结构施工中，监测的主要内容是建筑物的垂直位移、倾斜、挠度和裂缝观测。

变形监测要求及时对观测数据进行分析判断，对深基坑和建筑物的变形趋势做出评价，起到指导安全施工和实现信息施工的重要作用。

（2）变形监测等级及精度要求。变形监测的精度要求，取决于该建筑物设计的允许变形值的大小和进行变形监测的目的。若观测的目的是使变形值不超过某一允许值从而确保建筑物的安全，则观测的中误差应小于允许变形值的 1/20～1/10；若观测的目的是研究其变形过程及规律，则中误差应比允许变形值小得多。依据规范，对建筑物进行变形监测应能反映 1～2mm 的沉降量。建筑变形测量的等级划分及其精度要求见表 1.2。

表 1.2　建筑变形测量的等级及其精度要求

变形测量等级	沉降观测（垂直位移）	水平位移观测	适用范围
	观测点测站高差中误差/mm	观测点坐标中误差/mm	
特级	≤0.05	≤0.3	特高精度要求的特种精密工程和重要科研项目变形检测
一级	≤0.15	≤1.0	高精度要求的大型建筑物和科研项目变形监测
二级	≤0.50	≤3.0	中等精度要求的建筑物和科研项目变形监测；重要建筑物主体倾斜观测，场地滑坡观测
三级	≤1.05	≤11.0	低精度要求的建筑物变形监测：一般建筑物主体倾斜观测、场地滑坡观测

观测的周期取决于变形值的大小和变形速度，以及观测的目的。通常观测的次数应既反映出变化的过程，又不遗漏变化的时刻。在施工阶段，观测频率应大些，一般有 3 天、

7天、半个月三种周期，到了竣工营运阶段，频率可小一些，一般有1个月、2个月、3个月、半年及一年等不同的周期。除了系统的周期观测以外，有时还应进行紧急观测。

3. 建筑物及深基坑垂直位移观测

建筑物及深基坑的垂直位移监测是采用精密水准测量的方法进行的，为此应建立高精度的水准测量控制网。其具体做法是：在建筑物的外围布设一条闭合水准环形路线，再由水准环中的固定点测定各测点的标高，这样每隔一定周期进行一次精密水准测量，将测量的外业成果进行严密平差，求出各水准点和沉降监测点的高程（最或然值）。某一沉降监测点的沉降量即为首次监测求得的高程与该次复测后求得的高程之差。

（1）水准基点的布设及高精度水准网的建立。水准基点是固定不动且作为沉降观测高程基点的水准点。它是监测建筑物地基及深基坑变形的基准，一般设置3个水准点构成一组，在每组3个水准点的中心位置设置固定测站，测定三点间的高差，用以判断水准基点的高程本身有无变动。在布设时必须考虑下列因素。

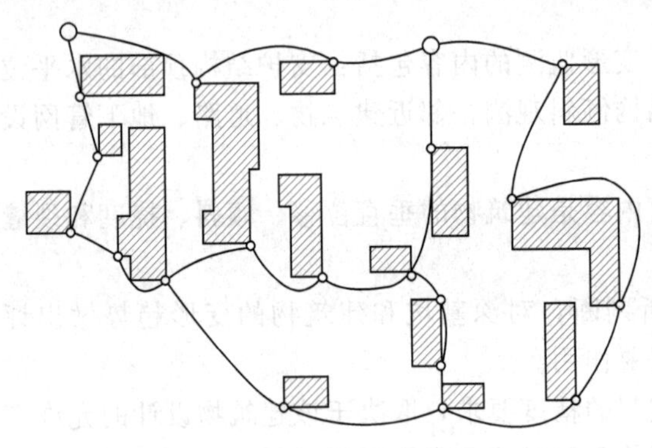

图1.42 水准网的布设

○—水准点；∘—沉降点

1）根据监测精度的要求，应布置成网形最合理、测站数最少的监测环路。图1.42为某建筑场区布设的水准基点及水准监测网。

2）在整个水准网里，应有4个埋设深度足够的水准基点作为高程起算点，其余的可埋设一般地下水准点或墙上水准点。施测时可选择一些稳定性较好的沉降点，作为水准线路基点与水准网统一监测和平差。因为施测时不可能将所有的沉降点均纳入水准线路内，大部分沉降点只能采用安置一次仪器直接测定，因为转站会影响成果精度，所以选择一些沉降点作为水准点极为重要。

3）水准基点应根据建筑场区的现场情况，设置在较明显而且通视良好、安全的地方，且要求便于进行联测。

4）水准基点应布设在拟监测的建筑物之间，距离一般为20～40m，一般工业与民用建筑物应不小于15m，较大型且有震动的工业建筑物不宜小于25m，高层建筑物应不小于30m。总之，应埋设在建筑物变形影响范围之外、不受施工影响的地方。

5）监测单独建筑物时，至少布设3个水准基点，对建筑面积大于5000m^2或高层建筑，则应适当增加水准基点的个数。

6）一般水准点应埋设在冻土线以下0.5m处，设在墙上的水准点应埋在永久性建筑物上，且离开地面高度约为0.5m。

7）水准基点的标志构造，必须根据埋设地区的地质条件、气候情况及工程的重要程度进行设计。对于一般建筑物及深基坑沉降监测，可参照水准测量规范中二等、三等水准的规定进行标志设计与埋设；对于高精度的变形监测，需设计和选择专门的水准基点标志。

(2) 沉降监测点的布设。沉降监测点是设立在变形体上、能反映其变形特征的点。沉降监测布设的监测点的位置及数量，应根据建（构）筑物荷载大小、基础形式、结构特征、地质条件以及支护结构形式、基坑周边环境等因素确定。一般可根据下列几方面布设。

1) 监测点应布置在深基坑及建筑物本身沉降变化较显著的地方，并要考虑到在施工期间和竣工后，能顺利进行监测的地方。

2) 深基坑支护结构的沉降观测点应埋设在锁口梁上，一般间距 10～15m 埋设一点，在支护结构的阳角处和原有建筑物离基坑很近处应加密设置监测点。

3) 在建筑物四周角点、中点及内部承重墙（柱）上均需埋设监测点，并应沿房屋周长每间隔 10～12m 设置一个监测点，但工业厂房的每根柱子均应埋设监测点。

4) 由于相邻建筑及深基坑与周边环境之间相互影响的关系，在高层和低层建筑物、新老建筑物连接处，以及在相接处的两边都应布设监测点。

5) 在人工加固地基与天然地基交接和基础砌筑深度悬殊处，以及在相接处的两边都应布设监测点。

6) 当基础形式不同时需在结构变化位置埋设监测点。当地基土质不均匀，可压缩性土层的厚度变化不一或有暗浜等情况时需适当埋设监测点。

7) 在震动中心基础上也要布设监测点，对烟囱等刚性整体基础，应不少于 3 个监测点。

8) 当宽度大于 15m 的建筑物在设置内墙体的监测标志时，应设在承重墙上，并且要尽可能布置在建筑物的纵横轴线上，监测标志上方应有一定的空间，以保证测尺直立。

9) 重型设备基础的四周及邻近堆置重物之处，有大面积堆荷的地方，也应布设监测点。

沉降监测点应埋设在稳固、不易被破坏、能长期保存的地方。其埋设点的标高位置，一般在室外地坪+0.500m 较为适宜，但在布置时应根据建筑物层高、管道标高、室内走廊、平顶标高等情况来综合考虑。点的高度、朝向等要便于立尺和观测。同时还应注意所埋设的监测点避开柱子间的横隔墙、外墙上的雨水管等，以免所埋设的监测点无法监测而影响监测资料的完整性。

设备基础、支护结构锁口梁上的监测点，可将直径 20mm 的铆钉或钢筋头（上部镗成半球状）埋设于混凝土中作为标志（图 1.43）。墙体上或柱子上的监测点，可将直径 20～22mm 的钢筋按图 1.44 的形式设置。

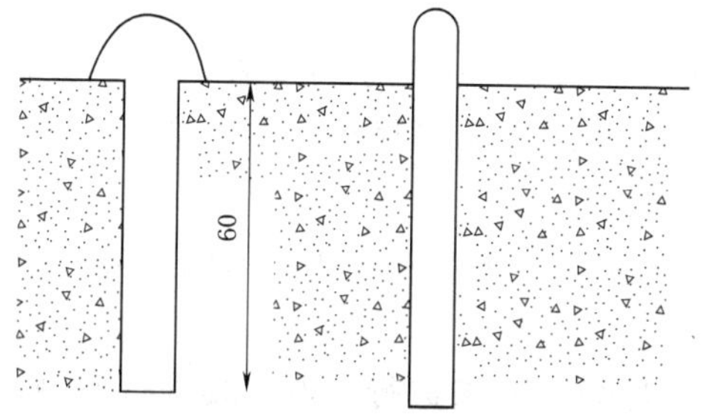

图 1.43 设备基础沉降观测点的埋设（单位：mm）

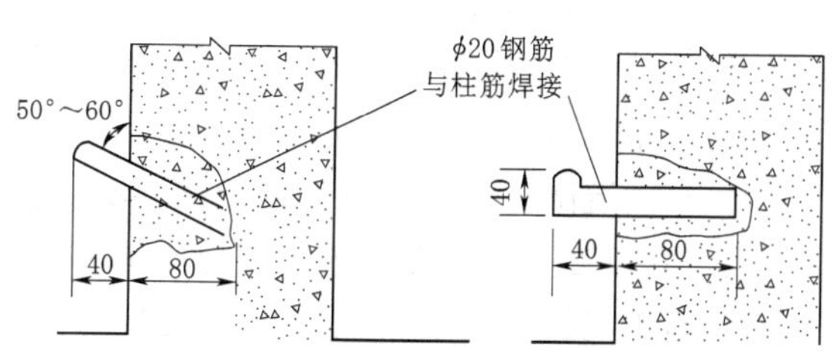

图 1.44 墙体沉降观测点的埋设（单位：mm）

在浇筑基础时，应根据沉降监测点的相应位置，埋设临时的基础监测点。若基础本身荷载很大，可能在基础施工时产生一定的沉降，即应埋设临时的垫层监测点或基础杯口上的临时监测点，待永久监测点埋设完毕后，立即将高程引测到永久监测点上。

(3) 沉降观测的周期确定。沉降观测的周期应根据建（构）筑物的特征、变形速率、观测精度和工程地质条件等因素综合考虑，并根据沉降量的变化情况适当调整。对沉降监测时间安排，施工期间的沉降监测次数，不得少于4次，以得出荷载与沉降量的关系，一般可参照下面几点进行确定。

1) 深基坑开挖时，锁口梁会产生较大的水平位移，沉降观测周期应较短，一般每隔1～2天观测一次；浇筑地下室底板后，可每隔3～4天观测一次，直至支护结构变形稳定。当出现暴雨、管涌、变形急剧增大时，要加密观测。

2) 工业建筑物包括装配式钢筋混凝土结构、砖砌外墙的单层或多层的工业厂房。

a. 各柱上的沉降监测点在柱子安装就位固定后进行第一次监测。

b. 屋架、屋面板吊装完毕后监测一次。

c. 外墙高度在10m以下者，砌到顶时监测一次，外墙高度大于10m者当砌到10m时监测一次，以后每砌5m监测一次。

d. 土建工程完工时监测一次。

e. 吊车试运转前后各监测一次，吊车试运转时，应按最大设计负荷情形进行，最好将吊车满载后，在每一柱边停留一段时间，再进行监测。

3) 民用建筑物及其他工业建筑物主体结构施工时，每安装完毕一层楼后，应进行一次监测，结构封顶后每两个月左右观测一次，房屋完工交付使用前再监测一次。

4) 楼层荷载较大的建筑物如仓库或多层工业厂房，应在每加一次荷重前后各监测一次。

5) 水塔等构筑物应在试水前后各监测一次，必要时在试水过程中根据要求进行监测。

建（构）筑物竣工投入使用后，观测周期视沉降量大小而定，一般可每3个月左右观测一次，至沉降稳定为止。若遇停工时间过长，停工期间也要适当观测。遇特殊情况，使基础工作条件剧变时，应立即进行沉降监测工作，以便掌握沉降变化，采取必要的预防措施。

(4) 沉降监测的技术要求及观测方法。

1) 仪器和标尺要按照规范要求进行检查。水准基点要联测检查，以便保证沉降监测成果的正确性。

2) 每次沉降监测工作，均需采用环形闭合方法或往返闭合方法进行检查，闭合差大小应根据不同的建筑物的检测要求确定。当用精密水准仪往返监测时，闭合差为$\pm 0.3\sqrt{n}$(mm)（n为测站数），若精度不能满足要求，则需重新监测。

3) 每次沉降监测应尽可能使用同一类型的仪器和标尺，人员分工为：监测1人，记录1人，立尺2人，照明2人，安全1人。

4) 施工场区内各水准点应严格按照二等水准测量规范要求进行。须连续进行监测，且全部测点需连续一次测完。并须按规定的日期、方法和既定的路线、测站进行观测。

5) 在建筑施工或安装重型设备期间、仓库进货阶段进行沉降监测时，必须将监测时的施工进展、进货数量、分布情况等详细记录在附注栏内，以算出各阶段作用在地基上的压力。

（5）沉降观测的成果整理。

1）整理原始观测数据记录。每次观测结束后，应检查记录中的数据和计算是否正确，精度是否合格，如果误差超限，则需重新观测。然后调整闭合差，推算各观测点的高程，列入成果表中。

2）计算沉降量。根据各观测点本次所观测高程与上次所观测高程之差，计算各观测点本次沉降量和累计沉降量，并将观测日期和荷载情况记入观测成果表（表 1.3）。

3）绘制沉降曲线。为了更清楚地表示沉降量、荷载、时间三者之间的关系，还需绘制各观测点的时间与沉降量关系曲线图以及时间与荷载关系曲线图，如图 1.45 所示。

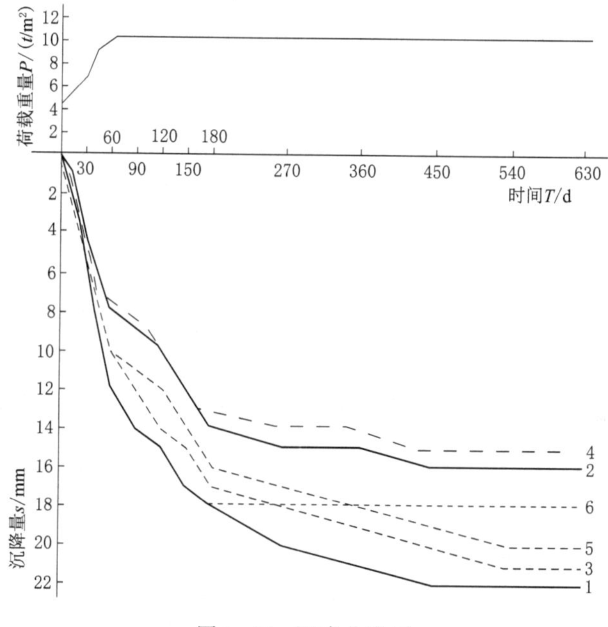

图 1.45　沉降曲线图

时间与沉降量的关系曲线是以沉降量 s 为纵轴、时间 T 为横轴，按每次观测日期和相应的沉降量的比例画出各点，再将各点依次连接起来，并在曲线一端注明观测点号码。

时间与荷载的关系曲线是以荷载重量 P 为纵轴、时间 T 为横轴，根据每次观测日期和相应的荷载画出各点，然后将各点依次连接起来所形成的曲线图。

4）沉降观测提交的资料。

a. 沉降观测（水准测量）记录手簿。

b. 沉降观测成果表。

c. 观测点位置图。

d. 沉降量、地基荷载与延续时间三者的关系曲线图。

e. 编写沉降观测分析报告。

（6）沉降观测中常遇到的问题及其处理。

表 1.3　　某建筑物 6 个观测点的沉降观测结果

观测日期	荷重/(t/m²)	观测点																	
		1			2			3			4			5			6		
		高程/m	本次下沉/mm	累计下沉/mm	高程/m	本次下沉/mm	累计下沉/mm	高程/m	本次下沉/mm	累计下沉/mm	高程/m	本次下沉/mm	累计下沉/mm	高程/m	本次下沉/mm	累计下沉/mm	高程/m	本次下沉/mm	累计下沉/mm
1997-04-20	4.5	50.157	±0	±0	50.154	±0	±0	50.155	±0	±0	50.155	±0	±0	50.156	±0	±0	50.154	±0	±0
1997-05-05	5.5	50.155	−2	−2	50.153	−1	−1	50.153	−2	−2	50.154	−1	−1	50.155	−1	−1	50.152	−2	−2
1997-05-20	7.0	50.152	−3	−5	50.150	−3	−4	51.151	−2	−4	50.153	−1	−2	50.151	−4	−5	50.148	−4	−6
1997-06-05	9.5	50.148	−4	−9	50.148	−2	−6	50.147	−4	−8	50.150	−3	−5	50.148	−3	−8	50.146	−2	−8
1997-06-20	10.5	50.145	−3	−12	50.146	−2	−8	50.143	−4	−12	50.148	−2	−7	50.146	−2	−10	50.144	−2	−10
1997-07-20	10.5	50.143	−2	−14	50.145	−1	−9	50.141	−2	−14	50.147	−1	−8	50.145	−1	−11	50.142	−2	−12
1997-08-20	10.5	50.142	−1	−15	50.144	−1	−10	50.140	−1	−15	50.145	−2	−10	50.144	−1	−12	50.140	−2	−14
1997-09-20	10.5	50.140	−2	−17	50.142	−2	−12	50.138	−2	−17	50.143	−2	−12	50.142	−2	−14	50.139	−1	−15
1997-10-20	10.5	50.139	−1	−18	50.140	−2	−14	50.137	−1	−18	50.142	−1	−13	50.140	−2	−16	50.137	−2	−17
1998-01-20	10.5	50.137	−2	−20	50.139	−1	−15	50.137	±0	−18	50.142	±0	−13	50.139	−1	−17	50.136	−1	−18
1998-04-20	10.5	50.136	−1	−21	50.139	±0	−15	50.136	−1	−19	50.141	−1	−14	50.138	−1	−18	50.136	±0	−18
1998-07-20	10.5	50.135	−1	−22	50.138	−1	−16	50.135	−1	−20	50.140	−1	−15	50.137	−1	−19	50.136	±0	−18
1998-10-20	10.5	50.135	±0	−22	50.138	±0	−16	50.134	−1	−21	50.140	±0	−15	50.136	−1	−20	50.136	±0	−18
1999-01-20	10.5	50.135	±0	−22	50.138	±0	−16	50.134	±0	−21	50.140	±0	−15	50.136	±0	−20	50.136	±0	−18

1）曲线在首次观测后即出现回升现象。在第二次观测时即发现曲线上升，至第三次后，曲线又逐渐下降。出现此种现象，一般都是由于首次观测成果存在较大误差所引起的。此时，应将首次观测成果作废，而采用第二次观测成果作为首次测量成果。

2）曲线在中间某点突然回升。出现此种现象，其原因多半是水准基点或沉降观测点被碰所致，如水准基点被压低或沉降观测点被撬高，此时，应仔细检查水准基点和沉降观测点的外形有无损伤。如果多数沉降观测点均出现此种现象，则水准基点被压低的可能性很大，此时可改用其他水准点作为水准基点来继续观测，并另外埋设新的水准点以替代此被压低的水准基点。如果只有一个沉降观测点出现此现象，则多半是该点被撬高，此时则需另外埋设新点以替代之。

3）曲线自某点起逐渐回升。出现此种现象一般是水准基点下沉所致。此时，应根据水准点之间的高差来判断最稳定的水准点，并以其作为新的水准基点，将原来下沉的水准基点废除。但是需注意埋在裙楼上的沉降观测点，由于受主楼的影响，也可能出现属于正常的逐渐回升的现象。

4）曲线的波浪起伏现象。曲线在观测后期呈现微小波浪起伏现象，其一般是观测误差所致。曲线在前期波浪起伏之所以不突出，是因为各观测点的下沉量大于测量误差之故。但到后期，由于建筑物下沉极微或已接近稳定，因此在曲线上就出现测量误差比较突出的现象。此时，可将波浪曲线改成水平线，并适当地延长监测的间隔时间。

4. 建筑物及深基坑水平位移测量

进行深基坑及建筑物主体的水平位移监测时，可根据施工现场的地形条件，一般选用基准线法、视准线小角法、变形监测点设站法、导线法和前方交会等方法。

实施水平位移监测工作，首先应建立高精度的变形监测平面控制网，其基准点通常埋设在稳定的基岩上或基坑及建筑物变形影响范围之外且能长期保存的地方。同时还应布设工作点（是基准点与变形监测点之间的联系点）。工作点与基准点构成变形监测的首级网，用来测量工作点相对于基准点的变形量，由于该变形量一般较小，要求进行高精度监测。其次，应在监测对象上埋设变形监测点，与监测对象构成一个整体。变形监测点与工作点构成变形监测的次级网，该网用来测量变形监测点相对于工作点的变形量。水平位移同沉降观测一样，也必须进行周期性的观测工作。一般来说，首级网的复测间隔时间长，但次级网复测间隔时间短，因为后者的变形量较大，经常对变形监测点进行监测，便可依据其坐标的变化量，反映出基坑或建筑物主体的空间位置的变化。

（1）基准线法。在基坑开挖或打桩过程中，常常需要对施工区周边进行水平位移监测。基准线法的原理是在与水平位移相垂直的方向上建立一个固定不动的铅垂面，测定各变形监测点相对该铅垂面的距离变化，从而求得水平位移量。

进行深基坑监测，如图 1.46 所示，可在支护结构的锁口梁轴线两端基坑的外侧分别设立两个稳定的工作点 A 和 B，两工作点的连线即为基准线方向。锁口梁上的变形监测点应埋设在基准线的铅垂面上，偏离的距离不大于 2cm。观测点标志可埋设 16～18mm 的钢筋头，顶部锉平后，画上“+”字标志，一般每 8～10m 设置一个变形监测点。观测时，将精密经纬仪安置于一端工作点 A 上，瞄准另一端工作点 B（即后视点），此视线方向即为基准线方向，通过量测观测点 P 偏离视线的距离，即可得到观测点水平位移偏距，通过两次偏距的比较来发现该点的水平位移量。

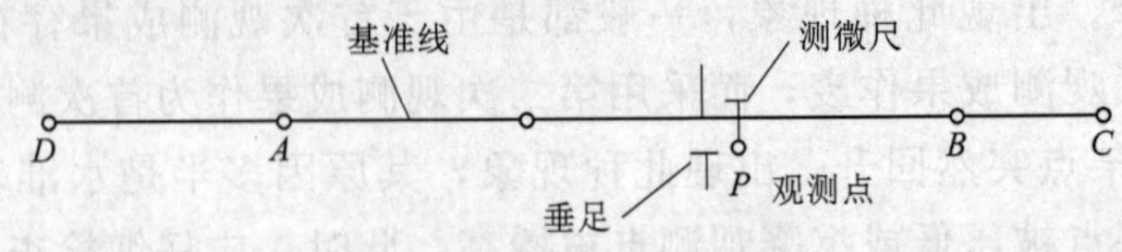

图 1.46 基准线法测位移

该方法方便直观，但要求仪器架设在变形区外，并且测站与变形监测点距离不宜太远。

(2) 视准线小角法。用小角法测量水平位移同基准线法相类似，也是沿基坑周边建立一条轴线（即一个固定方向），通过测量固定方向与测站至变形监测点方向的小角变化 $\Delta\beta_i$，并测得测站至变形位移点的距离 D，从而计算出监测点的位移量 $\Delta_i=\frac{\Delta\beta_i}{\rho}D$（式中 $\rho=206265''$）。如图 1.47 所示，将精密经纬仪安置于工作点 A，在后视点 B 和变形监测点 P 上分别安置观测觇牌，用测回法测出 $\angle BAP$。设第一次观测值为 β_1，后一次为 β_2，计算出两次角度的变化量 $\Delta\beta=\beta_2-\beta_1$，即可计算出 P 点的水平位移量 Δp。其位移方向根据 $\Delta\beta_i$ 的符号确定。

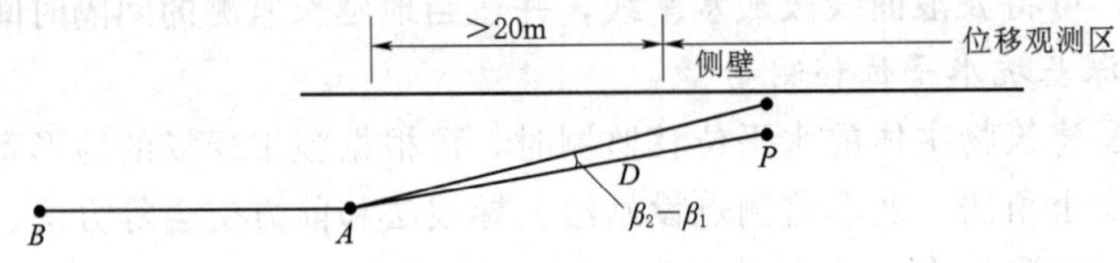

图 1.47 视准线小角法测位移

此法也要求仪器架设在变形区外，并且测站与位移监测点距离不宜太远。

(3) 变形监测点设站法。此法将仪器架设在变形监测点上，通过测得测站上两端固定目标的夹角变化，就可计算出变形监测点的水平位移量 $\Delta_i=\frac{S_1S_2}{S_1+S_2}\frac{\Delta\beta_i}{\rho}$。

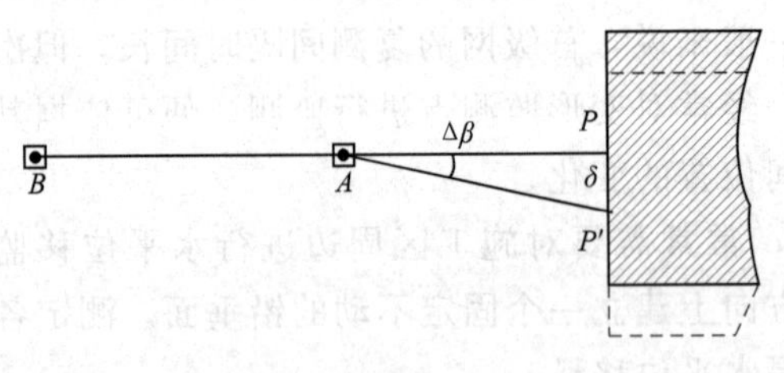

图 1.48 建筑物位移观测

该法虽然克服了视准线小角法的缺陷，但监测时每设一站，只能测得该站本身的位移量，在有较多变形监测点时，就需架设许多站，这样就增加了外业的工作量。

建筑物水平位移观测方法与深基坑水平位移的观测方法基本相同，只是受通视条件限制，工作点、后视点和校核点一般都应设在建筑物主体的同一侧（图 1.48）。变形监测点设在建筑物上，可在墙体上用红油漆做标记“▼”然后按前面两种方法监测。

5. 建筑物倾斜观测

建筑物产生倾斜的原因主要是地基承载力的不均匀、建筑物体形复杂形成不同荷载及受外力风荷、地震等影响引起建筑物基础的不均匀沉降。测定建筑物倾斜度随时间而变化的工作称为倾斜观测。倾斜观测一般是用水准仪、经纬仪、垂球或其他专用仪器来测量建筑物的倾斜度 α。

(1) 水准仪观测法。建筑物的倾斜观测可采用精密水准仪进行监测，其原理是通过测量建筑物基础的沉降量来确定建筑物的倾斜度，是一种间接测量建筑物倾斜的方法。

如图 1.49 所示，定期测出基础两端点的沉降量，并计算出沉降量的差 Δh，再根据两点间的距离 L，即可计算出建筑物基础的倾斜度 $\alpha=\dfrac{\Delta h}{L}$。

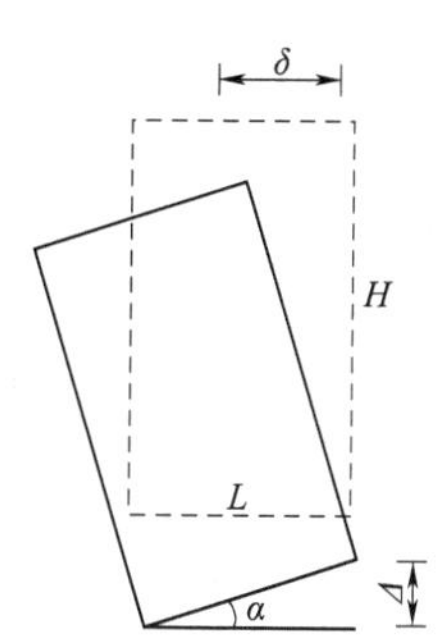

图 1.49 基础倾斜观测

若知道建筑物的高度 H，同时可计算出建筑物顶部的倾斜位移值 Δ：

$$\Delta=\alpha H=\frac{\Delta h}{L}H \tag{1.5}$$

(2) 经纬仪观测法。利用经纬仪可以直接测出建筑物的倾斜度，其原理是用经纬仪测量出建筑物顶部的倾斜位移值 Δ，则可计算出建筑物的倾斜度 α：

$$\alpha=\frac{\Delta}{H} \tag{1.6}$$

式中：H 为建筑物的高度。

该方法是一种直接测量建筑物倾斜的方法。

(3) 悬挂垂球法。此方法是直接测量建筑物倾斜的最简单的方法，适用于内部有垂直通道的建筑物。从建筑物的上部悬挂垂球，根据上下应在同一位置上的点，直接量出建筑物的倾斜位移值 Δ，最后计算出倾斜度：

$$\alpha=\frac{\Delta}{H}$$

6. 挠度和裂缝观测

(1) 挠度观测。建筑物在应力的作用下产生弯曲和扭曲时，应进行挠度监测。对于平置的构件，至少在两端及中间设置 3 个沉降点进行沉降监测，可以测得在某时间段内 3 个点的沉降量，分别为 h_a、h_b、h_c，则该构件的挠度值为

$$\tau=\frac{1}{2}(h_a+h_c-2h_b)\frac{1}{S_{ac}} \tag{1.7}$$

式中：h_a、h_c 为构件两端点的沉降量；h_b 为构件中间点的沉降量；S_{ac} 为两端点间的平距。

对于直立的构件，至少要设置上、中、下 3 个位移监测点进行位移监测，利用 3 点的位移量求出挠度大小。在这种情况下，把在建筑物垂直面内各不同高程点相对于底点的水平位移称为挠度。

挠度监测的方法常采用正垂线法，即从建筑物顶部悬挂一根铅垂线，直通至底部，在铅垂线的不同高程上设置测点，借助坐标仪表量测出各点与铅垂线最低点之间的相对位移。如图 1.50 所示，任意点 N 的挠度 S_N 按式 (1.8) 计算：

$$S_N=S_0-S_N(\text{平均值}) \tag{1.8}$$

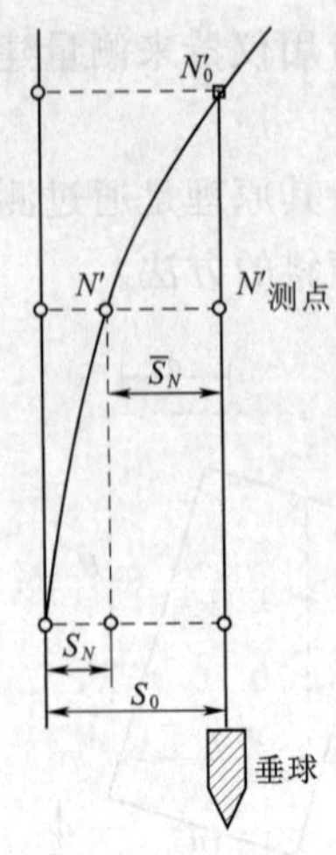

图1.50 直立构件挠度监测

式中：S_0为铅垂线最低点与顶点之间的相对位移；S_N为任一测点N与顶点之间的相对位移。

(2) 裂缝观测。当基础挠度过大时，建筑物就会出现剪切破坏而产生裂缝。建筑物出现裂缝时，除了要增加沉降观测的次数外，还应立即进行裂缝观测，以掌握裂缝发展趋势。同时，要根据沉降观测、倾斜观测和裂缝观测的数据资料，研究和查明变形的特性及原因，用以判定该建筑物是否安全。

当建筑物多处发生裂缝时，应先对裂缝进行编号，然后分别监测裂缝的位置、走向、长度及宽度等。

对于混凝土建筑物上裂缝的位置、走向及长度的监测，应在裂缝的两端用红色油漆画线做标志或在混凝土表面绘制方格坐标，用钢尺丈量。

根据裂缝分布情况，在裂缝观测时，应在有代表性的裂缝两侧各设置一个固定的观测标志，然后定期量取两标志的间距，即可得出裂缝变化的尺寸（长度、宽度和深度）。如图1.51所示，埋设的观测标志是用直径为20mm、长约80mm的金属棒，埋入混凝土内60mm，外露部分为标志点，其上各有一个保护盖。两标志点的距离不得少于150mm，用游标卡尺定期测量两个标志点之间距离变化值，以此来掌握裂缝的发展情况。

墙面上的裂缝，可采取在裂缝两端设置石膏薄片，使其与裂缝两侧固联牢靠，当裂缝裂开或加大时石膏片亦裂开，监测时可测定其裂口的大小和变化。还可以采用两铁片，平行固定在裂缝两侧，使一片搭在另一片上，保持密贴。其密贴部分涂红色油漆，露出部分涂白色油漆，如图1.52所示。这样即可定期测定两铁片错开的距离，以监视裂缝的变化。

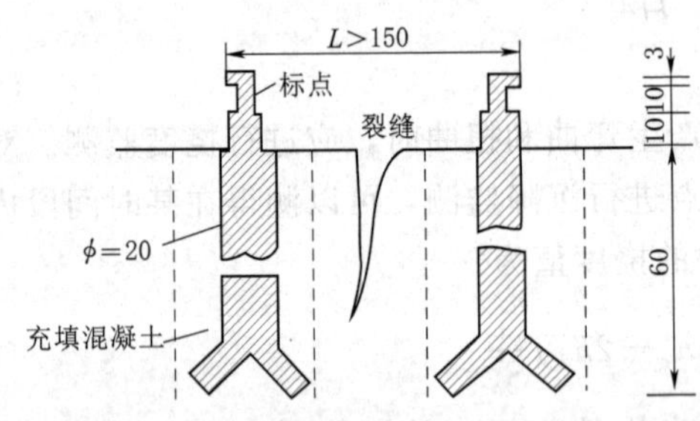

图1.51 埋设标志测裂缝图（单位：mm）

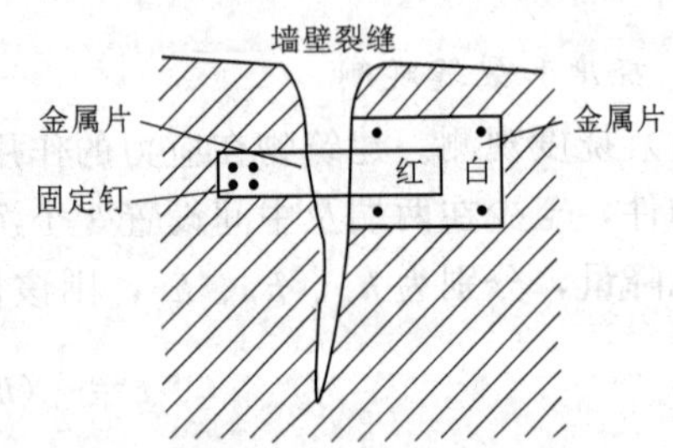

图1.52 设置两金属片测裂缝

对于比较整齐的裂缝（如伸缩缝），则可用千分尺直接量取裂缝的变化。

7. 竣工测量及竣工总平面图的编绘

(1) 概述。竣工测量指工程建设竣工、验收时所进行的测量工作。它主要是对施工过程中设计有所更改的部分、直接在现场指定施工的部分，以及资料不完整无法查对的部分，根据施工控制网进行现场实测或加以补测。其提交的成果主要包括：竣工测量成果表，竣工总平面图（简称总图，单位：mm）、专业图、断面图，以及细部点坐标和细部点高程坐标明细表等。

总图是设计总平面图在施工后实际情况的全面反映，所以设计总平面图不能完全代替竣工总平面图。编绘竣工总平面图的目的在于：在施工过程中可能由于设计时没有考虑到的问题而使设计有所变更，这种临时变更设计的情况必须通过测量反映到竣工总平面图上；便于日后进行各种设施的维修工作，特别是地下管道等隐蔽工程的检查和维修工作；为建筑场区的扩建提供了原有各项建筑物、构筑物、地上和地下各种管线及交通线路的坐标、高程等资料。

新建的建筑场区竣工总平面图的编绘，最好是随着工程的陆续竣工进行编绘。一面竣工，一面利用竣工测量成果编绘竣工总平面图。如发现地下管线的位置有问题，可及时到现场变更，使竣工图能真实反映实际情况。边竣工边编绘的优点是：当场区工程全部竣工时，竣工总平面图也大部分编制完成，既可作为交工验收的资料，又可大大减少实测工作量，从而节约了人力和物力。

总图的编绘，包括室外实测和室内资料编辑两方面的内容。在场地总平面图上反映出场地的边界，表示实地上现有的全部建筑物和构筑物的平面位置和高程。竣工总平面图是工程项目的重要技术资料。

总图是具有一定特点的大比例尺专用图。一般常用 1∶500 的比例尺施测，有时允许用 1∶1000 或大于 1∶500 的比例尺来测量。总图一般有若干附图和附件，其中最重要的是细部点坐标和高程表，此外有管线专题图等。总图与一般大比例尺地形图的差别首先在于要测定许多细部点坐标和高程。特别是对于工业厂区中的永久性的建筑物和构筑物，如正规的生产车间、仓库、办公楼、水塔、烟囱及生产设备装置等，必须施测细部坐标及高程，并注明其结构。

(2) 竣工测量的内容。在每一个单项工程完成后，必须由施工单位进行竣工测量。提出工程的竣工测量成果，作为编绘竣工总平面图的依据。其内容包括以下各方面：

1) 工业厂房及一般建筑物。其竣工测量的内容包括：房角坐标，各种管线进出口的位置和高程，并附房屋编号、结构层数、面积和竣工时间等。

2) 铁路和公路等交通线路。其竣工测量的内容包括：起止点、转折点、交叉点的坐标，曲线元素、桥涵等构筑物的位置和高程，人行道、绿化带界线等。

3) 地下管网。检修井、转折点、起终点的坐标，井盖、井底、沟槽和管顶等的高程，并附注管道及检修井的编号、名称、管径、管材、间距、坡度和流向。

4) 架空管网。其竣工测量的内容包括：转折点、结点、交叉点的坐标，支架间距，基础面高程。

5) 特种构筑物。沉淀池、污水处理池、烟囱、水塔等的外形，位置及高程。

6) 其他。测量控制网点的坐标及高程，绿化环境工程的位置及高程。

(3) 竣工总平面图的编绘方法。竣工总平面图应包括建筑方格网点，水准点、厂房、辅助设施、生活福利设施、架空及地下管线、铁路等建筑物或构筑物的坐标和高程，以及建筑场区内空地和未建区的地形。有关建筑物、构筑物的符号应与设计图例相同，有关地形图的图例应使用国家地形图图式符号。

竣工总平面图的编绘，一般采用建筑坐标系统。其坐标轴应与主要建筑物平行或垂直，图面大小要考虑使用与保管方便。对于工业厂区，一般应从主厂区向外分幅，避免主要车间被分幅切割，并要照顾生产系统的完整性，使之尽可能绘制在一幅图纸上。如果线条过于密集而不醒目，则可采用分类编图，如综合竣工总平面图、交通运输竣工总平面图和管线竣工总平面图等。竣工总平面图一般包括：比例尺1：1000的综合平面图和管线专用平面图，比例尺为1：200～1：500的独立设备与复杂部件的平面图。对于小型的工业建设项目，最好能编绘一种比例尺为1：500的总平面图来代替前两种比例尺为1：1000的平面图。对于大型和联合企业，应编绘比例尺为1：2000～1：5000的不同颜色绘制的综合总平面图。

如果施工的单位较多或工程经多次转包，造成竣工测量资料不全、图面不完整或与现场情况不符，只好进行实地施测，这样绘出的平面图称为实测竣工总平面图。

对有竣工测量资料的工程，若竣工测量成果与设计值之比差不超过所规定的建筑容许限差，应按设计值编绘总图，否则应按竣工测量资料编绘。

对于各种地上、地下管线，应用各种不同颜色的墨线绘出其中心位置，注明转折点及井位的坐标、高程及有关注记。在一般没有设计变更的情况下，墨线绘出的竣工位置与按设计原图用铅笔绘的设计位置应重合。在图上按坐标展绘工程竣工位置时，与在底图上展绘控制点的要求一致，均以坐标格网为依据进行展绘，展点对邻近的方格而言，其容许误差为±0.3mm。

(4) 竣工总平面图的附件。为了全面反映竣工成果，便于日后的管理、维修、扩建或改建，下列与竣工总平面图有关的一切资料，应分类装订成册，作为总图的附件保存。

1) 建筑场地及其附近的测量控制点布置图、坐标与高程一览表。

2) 建筑物和构筑物沉降与变形监测资料。

3) 地下管线竣工纵断面图。

4) 工程定位、放线检查及竣工测量的资料。

5) 设计变更文件及设计变更图。

6) 建筑场地原始地形图等。

1.4.4 职业活动训练

(1) 阅读某工程变形监测任务设计书和相关变形资料。

(2) 参观变形监测控制点，了解变形监测现场情况。

第 2 章

土石方地形数据采集及量算方法

【学习目标】

(1) 能识读建筑基础施工图。

(2) 能合理选定土方开挖断面。

(3) 能合理选择土方开挖的边坡系数。

(4) 能准确计算土方开挖工程量。

(5) 能编制土方调配方案并进行优化设计。

【学习任务】

(1) 识读一般建筑基础施工图。

(2) 合理确定土方开挖的基本参数。

(3) 准确计算土方开挖工程量。

【学习内容】

(1) 识读建筑基础施工图。

(2) 选择土方开挖的边坡系数及沟槽断面形式。

(3) 场地平整土方工程量计算。

(4) 土方调配方案的编制及优化设计。

(5) 挖沟槽土方工程量计算。

(6) 基础大开挖土方工程量计算。

【任务描述】

准确计算土方量，是合理选择施工方案和组织施工的前提，尽可能减少土方量，是降低工程成本的有效措施。

2.1 识图建筑基础施工图

基础施工图一般包括基础平面图、基础断面详图和设计说明等内容。基础平面图是假想用一个水平面沿着首层地坪把整个建筑物切断，移去上部房屋和基础上的填土，将基础裸露出来并向水平投影面投射得到的水平剖视图；基础断面详图是将基础垂直剖切开所得到的断面图（图 2.1)。

基础图施工图示的内容包括：

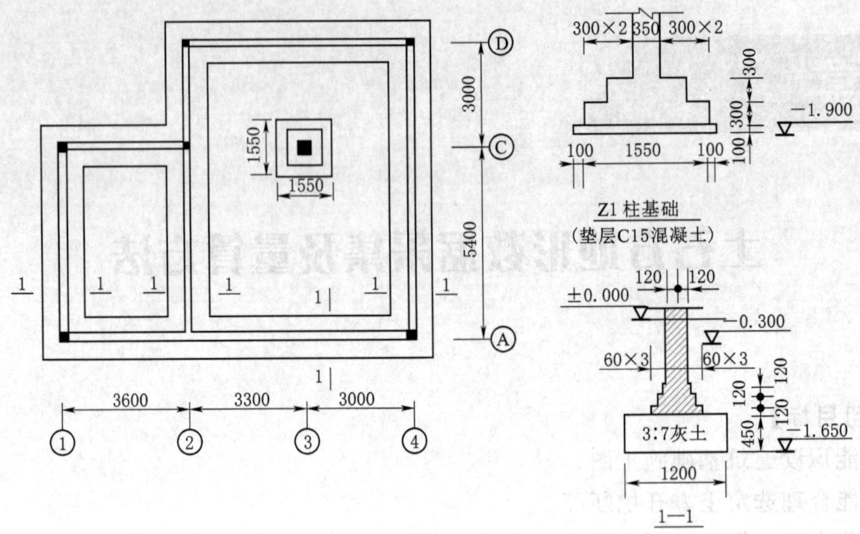

图2.1 基础施工图（单位：mm）

（1）基础平面图。

1）土方开挖的范围。

2）纵、横向定位轴线及其编号。

3）基础墙、柱、基础底面的形状、大小及其与轴线的关系。

4）基础梁、柱、独立基础等构件的位置及代号，基础详图的剖切位置及编号。

5）其他专业需要设置的穿墙孔洞、管沟等的位置、洞口尺寸、洞底标高等。

（2）基础断面详图。

1）基础断面图轴线及其编号（当一个基础详图适用于多个基础断面或采用通用图时可不标注轴线编号）。

2）基础各部分的断面形状、所用材料及配筋。

3）基础各部分的详细构造尺寸及标高。

4）防潮层的做法和位置。

（3）设计说明一般包括地面设计标高、地基的允许承载力、基础材料强度等级、防层的做法以及对基础施工的其他要求等。

由于基础的形式不同，其图示的内容和特点也有所不同，但识图的重点基本相同，以下简要说明识图时的要点。

1）查明基础的类型及其平面布置，与建筑施工图的首层平面图是否一致。

2）阅读基础平面图，了解基础边线的宽度尺寸。

3）将基础平面图与基础断面详图结合起来阅读，查清轴线对应关系。

4）结合基础平面图的剖切位置及编号，了解不同部位的基础断面形状、配筋、材料防潮层位置、各部位的尺寸及主要部位标高。

5）通过基础平面图，查清构造柱的位置及数量。

6）查明基础留洞位置。一般一些设备管线的布置经常穿过基础墙（如室内地沟），识读时应注意其留洞的位置、尺寸及洞底标高。

7）明确基础开挖的范围及开挖深度，一般在基础平面图或设计说明中有基坑（槽）底开挖的范围的规定，如基础边外放3m或轴线外放3m等，通过基础的详图和室内外的高差或设计说明，可计算出基坑开挖的深度。

2.2 土石方地形数据采集方法

要保证土石方工程中土石方量计算准确，除了计算模型适用正确外，更重要的是要保证参与计算的“原料”——地形数据能够准确地反映实际的地面起伏状态。能够获取工程现场地形数据的采集方法不少，主要有纸质地形图数字化法、野外数据采集法、航空摄影测量法和三维激光扫描法。这些方法在采集效率、数据精度、经济成本及使用范围等方面各有特点。

2.2.1 纸质地形图数字化法

纸质地图数字化也称老图数字化或老图矢量化，即将承载在纸质地图的地形特征信息提取并用数字形式表达和存储。纸质地图数字化的前提，是拥有工程区域的纸质地形图，缺乏对应的数字地形图，同时纸质地形图所表达的地形情况和实际地形有很好的吻合度，即纸质地形图的现势性较好。纸质地形图数字化方法无须进行实地数据采集，相比其他地形数据采集方法而言，效率高，成本低。但其成果精度受原图精度和数字化精度双重影响，在同等比例尺下一般比其他地形数据采集方法要低，在方案选择时要综合考虑。

纸质地图数字化需要借助数字化仪完成。数字化仪又称图数转换器，是一种通过一定量测方式将图形或图像转换成数字信息的装置。根据数字化仪类型的不同，纸质地图数字化有手扶跟踪数字化和扫描数字化两种方式。

手扶跟踪数字化是在随机软件的支持下，直接把数字化仪的感应板当作屏幕，把定标器当作鼠标，对粘贴在感应板上的纸质地图进行坐标采集，原理上和“扫描矢量化”中通过矢量化软件，对扫描生成的数字栅格图像进行矢量化是一致的。不过，手扶跟踪数字化仪是20世纪80年代末出现的一种地图数字化设备，只能对空间坐标进行离散采集，功能较为单一，能够连接数字化仪进行地图数字化的软件也不多。相对而言，工程扫描仪可以把纸质地图上的信息几乎毫无损失地转换为便于计算机存储的栅格图像，在功能越来越强大的矢量化软件和图像处理软件支持下，不仅可以轻松地对地图上的空间坐标进行离散采集，还能够对地图图像进行多种多样的变换处理，从而获取比“手扶跟踪数字化”更丰富的空间及属性信息。因此，纸质图扫描矢量化已经逐步取代手扶跟踪数字化，成为纸质地图数字化的主流方式。

2.2.2 野外数据采集法

要能够准确反映工程期间实际的地面起伏状态，最好的方法就是走出工作室，走到现场，直接对工程现场地物地貌进行空间数据采集，这就是所谓的野外数据采集。传统上，光学经纬仪测量水平角、皮尺或钢尺丈量水平距离和光学水准仪测量高程，是经典的野外数据采集方法，但自从20世纪80年代中后期电子全站仪、电子水准仪在测绘领域的普及应用及20世纪90年代中后期GNSS卫星定位技术的革命性出现，当前在土方工程中的外业数据采集、经典的外业数据采集方法已经走进故纸堆，几乎已完全被光电导线结合电子水准的光电几何测量定位技术和 GNSS 卫星定位技术所取代了。由于光电几何测量定位技术中所使用的电子全站仪、电子水准仪和 GNSS 卫星定位技术中所使用的 GPS 接收机都能够把外业采集到的空间数据转化为数字存储在采集仪上，因此也称全数字野外数据采集。

技术进步的步伐是飞快的。当时间跨入 21 世纪，出现了能够快速而高精度获取空间三维点云的三维激光扫描测绘技术，以及以小型或微型无人机为搭载平台的倾斜摄影测量技术。相较于光电几何测量定位技术和 GNSS（全球导航卫星系统）卫星定位技术逐点式的空间数据采集方式，三维激光扫描技术和倾斜摄影测量技术则可以说是集群式的空间数据采集方式，它能够在短短几分钟内获得百万数量级的精度在毫米级到分米级区间的所谓“点云”空间数据，快速地对工程现场进行精确的三维建模，从而为诸如土方量算、建筑保护、地质灾害预防等应用快速提供测绘基础数据。

本节将简要介绍光电几何测量定位技术和 GNSS 卫星定位技术在测绘工程中的应用，以及三维激光扫描测绘技术和倾斜摄影测量技术的技术特征和应用场所。

1. 光电几何量测定位技术

根据几何学中的球面坐标知识可知，只需要确定球面上任意一点相对于起始参考面的水平夹角和竖直夹角，再测定出球面半径，就可以唯一确定出空间中任意点的坐标，实现空间定位。传统做法中，我们用光学经纬仪确定水平角，用皮尺或钢尺进行量距，实现地面点位平面坐标数据的采集。再结合水准仪量测出地面两点间高差，进而推算出地面任意点的高程，从而实现工程现场中三维空间信息的数据采集，角度、平距和高差的量测，属于典型的几何量测，由于采用的是纯光学的采集设备，我们可以把用经纬仪测角、钢尺量距和水准仪测高程统称为光学几何量测定位技术。当前传统的光学度盘测角技术已经被电子测角技术取代，钢尺量距也基本上由光电测距代替，也出现了能够替代传统光学水准仪的电子水准仪用于测量高程。这些基于现代光电技术的量测手段不仅精度高、效率快，相较于传统的光学设备成本也不算高昂，而且后期维护维修都比较便捷，目前已广泛应用在工程测量相关的各个领域。由于量测的几何值没有改变，我们把用电子全站仪量测角度和距离、电子水准仪量测高程统称为光电几何量测定位技术。

（1）电子测角技术。电子全站仪测角采用电子测角的方法，通过光电转换，以光电信号的形式来表达角度测量的结果。不同厂家生产的设备在结构、操作方法上有着一定的差异，其基本功能、基本原理，以及野外数据采集的程序大致是相同的，电子测角仍然是采用度盘来进行，与光学经纬仪不同的是，电子测角是从度盘上获取电信号，然后根据电信号再转换成角度。根据获取电信号的方式的不同可分为编码度盘测角和光栅度盘测角（测角原理请参考精密仪器、几何量测方面的专业书籍，此处不详述）。

（2）光电测距技术。20 世纪 40 年代，人们研制出了以红外线作为测距介质的光电测距仪（图 2.2）；20 世纪 60 年代，随着激光技术的出现及电子计算机技术的发展，各种类型的电磁波测距仪相继出现；20 世纪 90 年代，又出现了将测距仪和电子经纬仪的功能集成于一体的电子全站仪，除了可自动显示角度、距离数据外，还可以通过仪器内部的微处理器，直接得到地面点的空间坐标。

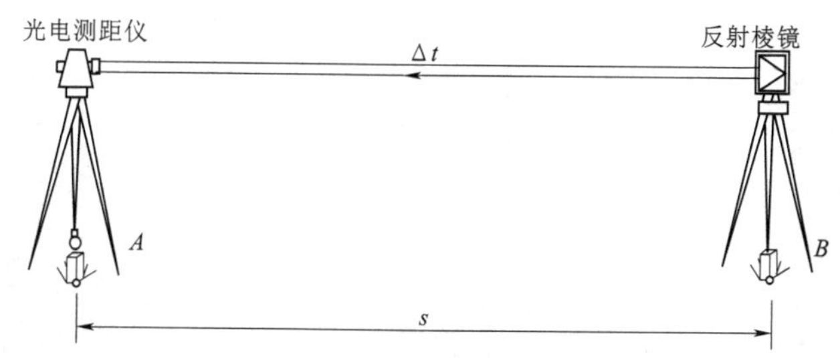

图 2.2 光电测距原理示意图

电磁波测距仪的出现，打破了高精度测距这一测量工程中的瓶颈。与钢尺量距的麻烦和视距测量的低精度相比，电磁波测距具有测程长、精度高、操作简便、自动化程度高的优点。根据测距介质的不同，电磁波测距可分为利用微波作载波的微波测距和利用光波作载波的光电测距。在工程测量中，广泛采用的是利用光电测距原理生产的光电测距仪，利用微波测距原理生产的微波测距仪大多用于军事测绘。

（3）电子全站仪。电子全站仪全称为全站型电子速测仪，是由电子测角、电子测距电子计算和数据存储等单元组成的三维坐标测量系统，是上述电子测角技术与光电测距技术的集成产品。电子全站仪是能自动显示测量结果，能与外围设备交换信息的多功能测量仪器，较完美地实现了测量和处理过程的电子一体化。

随着计算机技术的不断发展与应用及用户的特殊要求，还出现了防水型、防爆型、计算机型、电动机驱动型等各种类型的全站仪，以及能够自动跟踪测量目标的测量机器人。目前，世界各仪器厂商已生产出各种型号的全站仪，品种越来越多，精度越来越高。常见的进口全站仪品牌有：瑞士莱卡（Leica）TPS 系列，美国天宝（Trimble）S 系列，日本尼康（Nikon）DTM 系列、拓普康（Topcon）GTS 系列、宾得（Pentax）R 系列、索佳（SOKKIA）SET 系列；我国生产的全站仪品牌有广州南方测绘科技股份有限公司的 NTS 系列、广东科力达仪器有限公司的 KTS 系列、北京博飞仪器股份有限公司的 BTS 系列、苏州一光仪器有限公司 RTS 系列等（图 2.3）。国产品牌的电子全站仪和进口品牌的全站仪相比，在实现的测量功能上基本没有什么差别，有的甚至更符合国内测绘工作者的工作习惯。全站仪的使用可以分为观测前的准备工作、基本测量工作（角度测量、距离测量）和专门测量工作（坐标测量、坐标放样、导线测量、交会定点等）。由于电子全站仪的核心功能都是测角测距，不同品牌、不同型号的全站仪在使用方法上大同小异。

由于电子全站仪具有极高的测角精度和测距精度，且机载程序提供了强大的测量程序，测量结果以数字文件形式存储在仪器中，可以方便地传输到计算机当中，形成内外业一体化数字化测绘作业，其在测绘领域已经得到非常广泛的应用，是事实上的测绘工作标准配置器设备之一。当然，电子全站仪的工程应用范围已不仅局限于测绘工程，其在大型工业生产设备和构件的安装调试、船体设计施工、大桥水坝的变形监测、地质灾害监测及体育竞技等领域中都得到了广泛应用。全站仪的应用具有以下特点：①在地形测量过程中，可以将控制测量和地形测量同时进行；②在施工放样测量中，可以将设计好的管线、道路、工程建筑的位置测设到地面上，实现三维坐标快速施工放样；③在变形监测中，可以对建筑（构筑）物的变形、地质灾害等进行实时动态监测；④在控制测量中，导线测

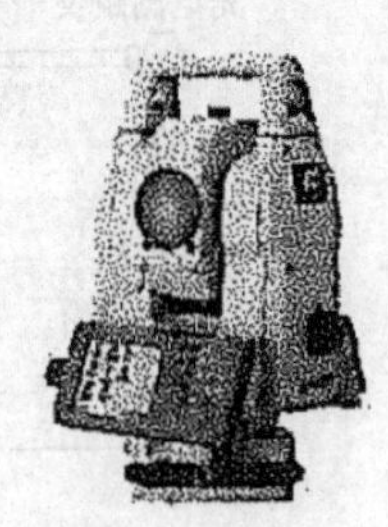

(a) 瑞士莱卡 (Leica) TPS系列 (b) 美国天宝 (Trimble) S系列 (c) 日本拓普康 (Topcon) GTS系列

(d) 中国广州南方NTS系列 (e) 中国广东科力达KTS系列 (f) 中国北京博飞BTS系列

图 2.3 常见进口、国产全站仪品牌

量、前方交会、后方交会等程序功能，操作简单、速度快、精度高，其他程序测量功能方便、实用、应用广泛；⑤在同一个测站点，可以完成全部测量的基本内容，包括角度测量、距离测量、高差测量；实现数据的存储和传输；⑥通过传输设备，可以将全站仪与计算机、绘图机相连，形成内外一体的测绘系统，从而大大提高地形图测绘的质量和效率。

(4) 电子水准仪。当前测量高差经典的方法是几何水准测量，其使用的仪器是水准仪，其原理是借助水平视线获取竖立在两点上的标尺该数，从而测定两立尺间的高差。光学水准仪长期以来一直是水准测量的主要仪器，其结构简单，且有可靠的精度保证。但人工观测记录、作业强度大，满足不了数字化和自动化的测量要求。随着测量技术的发展，光学水准仪正在被电子水准仪（又称数字水准仪）所替代。

电子水准仪是在水准仪望远镜光路中增加了分光镜和光电探测器（CCD 阵列）等部件，采用条形码分划水准尺和图像处理电子系统构成光、机、电及信息存储与处理的一体化水准测量系统。电子水准仪具有读数客观和精度高速度快、效率高等特点。

1) 电子水准仪测量原理。电子水准仪须配套使用的是条形编码水准尺，通常由玻璃纤维或铟钢制成，其外形类似于一般商品外包装上印制的条纹码。在电子水准仪中装置有行阵传感器（CCD 阵列），它可识别水准标尺上的条形编码。

电子水准仪摄入条形编码后，经处理器转变为相应的数字，再通过信号转换和数据化，在显示屏上直接显示中丝读数和视距，如图 2.4 所示。

2) 电子水准仪的观测精度。电子水准仪的观测精度高，如瑞士莱卡公司开发的 NA2000 型电子水准仪的分辨率为 0.1mm，每千米往返测得高差中误差为 20mm；DNA03 型电子水准仪（图 2.5）的分辨率为 0.01mm，每千米往返测得高差中误差为 0.3mm，是当前最高精度的电子水准仪品牌之一。

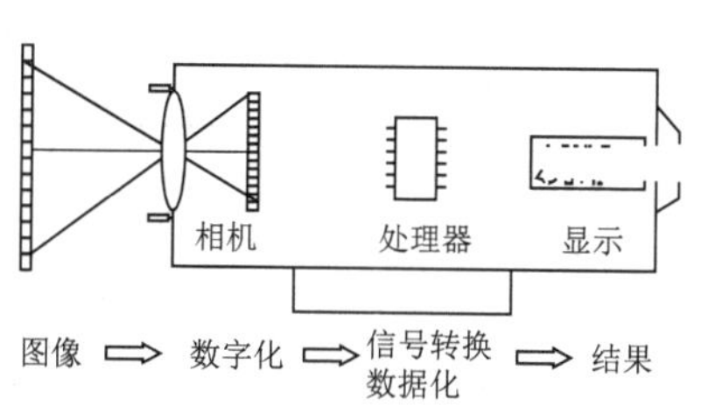

图 2.4 电子水准测量原理

图 2.5 莱卡 DNA03 型电子水准仪

3）电子水准仪的应用。由于电子水准仪的优点显著，目前已经广泛应用于大地测量、工程测量、工业测量等领域。电子水准仪除了用于线路水准测量和地面水准测量之外，在施工和变形监测中也得到广泛应用。当前我国在高速铁路的施工建设中，线下工程的沉降监测网采用二等水准精度等级标准，其所采用的水准测量设备广泛采用了高精度的电子水准仪。

2. GNSS 卫星定位技术

全球导航卫星系统（Global Navigation Satellite System，GNSS），泛指所有的全球卫星导航系统及区域和增强系统。GNSS 卫星定位技术利用包括美国的 GPS、俄罗斯的 GLONASS、欧洲的 GALILEO、中国的北斗卫星导航系统（BDS）、美国的 WAAS（广域增强系统）、欧洲的 EGNOS（欧洲静地导航重叠系统）和日本的 MSAS（多功能运输卫星增强系统）等卫星导航系统中的一个或多个系统进行导航定位，并同时提供卫星的完备性检验信息（Integrity Checking）和足够的导航安全性告警信息。

GNSS 卫星定位技术不但可以用于军事上各兵种和武器的导航定位，在民用上也具有广泛的应用。如智能交通系统中的车辆导航、车辆管理和救援；民用飞机、船只的导航及姿态测量；气象观测中的大气参数测试；电力和通信系统中的时间控制；地震和地球板块运动检测等。在测绘领域，如大地测量、城市和矿山控制测量、建构筑物变形监测及水下地形测量等方面也得到广泛的应用。与传统测绘方法相比，GNSS 卫星定位技术具有定位速度快、成本低、不受天气影响、点间无须通视、不用建标等优点，而且仪器设备小巧轻便，操作简单便捷。GNSS 卫星定位技术引发了测绘技术的一场革命，使测绘领域步入一个崭新的时代。

表 2.1 是几种常用 GPS 定位方式的精度比较。从表中可以看出，应用经典静态测量、快速静态测量能够满足从高精度大地控制测量到普通工程控制测量建网的精度要求。而实时动态（RTK）、网络 RTK 则能满足地形图测绘、工程点放样测量的精度要求，常规差分 GPS、事后差分 GPS 和广域差分 GPS 能满足诸如土地动态监测的精度要求。

表 2.1 几种常用 GPS 定位方式的精度比较

定位技术名称	精度/m	作用距离/m	观测时间
经典静态	±(0.001～0.005)	1～3000	＞60min
快速静态	±(0.01～0.05)	＜20	5～20min
常规差分 GPS	±(0.50～10.00)	＜200	实时
事后差分 GPS	±(0.50～10.00)	＜200	单历元
广域差分 GPS	±(0.50～3.00)	＜1500	实时
实时动态(RTK)	±(0.01～0.05)	＜15	实时
网络 RTK	±(0.01～0.10)	＜100	实时
精密单点	±(0.01～0.50)	全球	实时

(1) GPS 定位技术在工程控制测量中的应用。利用 GPS 技术进行工程控制测量有如下优点：第一，不要求通视，这样避免了常规控制测量点位选取的局限条件；第二，没有常规三角网（锁）布设时要求近似等边及精度估算偏低时应加测对角线或增设起始边等烦琐要求，只要使用的 GPS 仪器精度与控制测量精度相匹配，控制点位的选取符合 GPS 点位选取要求，那么所布设的 GPS 网精度就完全能够满足相应规程要求。

由于 GPS 定位技术的不断改进和完善，其测绘精度、测绘速度和经济效益都大大地优于常规控制测量技术。目前，常规静态测量、快速静态测量、RTK 测量已经逐步取代常规的测量方式，成为工程控制测量的主要手段。边长大于 15km 的长距离 GPS 基线向量，适宜采取常规静态测量方式。边长在 10～15km 的 GPS 基线向量，如果观测时刻的卫星很多，外部观测条件好，可以采用快速静态 GPS 测量模式；如果是在平原开阔地区，可以尝试 RTK 模式；边长小于 5km 的一、二级控制网的基线，优先采用 RTK 测量模式，如果设备条件不能满足要求，可以采用快速静态定位方法。边长为 5～10km 的二、三、四等基本控制网的 GPS 基线向量，优先采用 GPS 快速静态测量模式；设备条件许可和外部观测环境合适，可以使用 RTK 测量模式。

(2) GPS 定位技术在地形图测绘及施工放样中的应用。GPS RTK 测量使测量精度、作业效率、实时性达到了最佳的融合，为地形图碎部测量和工程施工放样提供了一种崭新的测量模式。与电子全站仪相比，采用 RTK 测量模式进行碎部测量速度快、作业效率高。同全站仪一样，RTK 测量单点的时间需要几秒到几十秒，但是，它不要求通视，不需要频繁换站，减少了全站仪频繁换站所花的时间，而且可以多个流动站同时工作。

(3) GPS 定位技术在土地利用变更调查和动态监测中的应用。当前我国经济快速发展，土地利用的形式将发生一系列的变化，随时摸清土地利用形式的变化，进行土地利用变更登记，将是我国各级土地管理部门的一项重要和经常性的工作。土地调查中，通常对应不同的位置精度要求，在采用 GPS 测量模式上，可以使用精密单点、常规差分 GPS、PPK、广域差分 GPS 等方式。这些 GPS 测量模式，可成倍地提高土地利用变更调查和动态监测速度，其精度和可靠性得到极大的改善，克服了传统方法的种种弊端，省时省工，适用于各种各样复杂的变更情况，真正地实现了动态监测的实时性和数字化，保证了土地利用数据的现势性。在土地调查中，如果定位精度要求不高，优先采用单点定位模式。如果定位精度要求达到米级，可以采用广域差分 GPS 模式；如果附近已经建立常规差分参考站并能够接收到差分信号，也可以采用常规差分 GPS。如果没有广域差分信号接收设备，可以在调查地区附近的已知点上，建立常规差分参考站，采用常规差分或 PPK 模式。如果是局部地区的精密土地划界，可以采用 RTK 测量系统。近几年，许多部门应用 GPS 技术进行了多项土地调查活动。如科技人员在四川攀枝花、内蒙古包头、四川乐山、北京等地进行了土地调查试验，其几何精度完全可以满足土地征用变更调查和动态监测的要求，并且方便、快速、实时。

3. 三维激光扫描测绘技术

三维激光扫描测绘技术是一种全自动高精度数字化的三维立体扫描技术，它是于 GNSS 卫星定位技术之后出现的又一项高新测绘技术。三维激光扫描测绘技术可以实现对各种大型的、复杂的、标准或非标准的实体或实景三维数据的采集和处理，然后快速建立目标物体的三维立体模型及点、线、面、立体模型等各种制图综合的数据（图 2.6）。利用地面三维激光扫描的技术进行测绘工作时，可以应用在任何复杂的地形地貌中进行扫描测绘的操作，也可应用于不受光线影响的扫描测绘工作当中。传统的大地测量方法，如三角测量方法、导线测量方法、定位测量都是基于点的测量，而三维激光扫描是基于三维立体面的数据采集测量。三维激光扫描系统是一种集合了多种高新技术的新型空间信息数据获取手段，它由三维激光扫描仪、扫描仪旋转平台、数码相机、软件控制平台、数据处理平台及电源和其他的附件共同构成，三维激光扫描获得的原始数据称为点云数据。点云数据是大量扫描后生成离散点的整体集合。三维激光扫描数据经过简单的点云数据处理就可以直接使用，无须经过费时费力的数据后处理，并且不需要与被测物体直接接触，所以可以在很多复杂环境下应用。三维激光扫描数据可以和定位系统联合使用，使测绘产品生产的过程更加高效。

图 2.6 三维激光扫描仪测量实景图

三维激光扫描仪种类繁多，按其工作原理可分为脉冲式三维激光扫描仪和相位式三维激光扫描仪。脉冲式三维激光扫描仪是通过测量激光脉冲从发出经被测物体表面再返回所用的时间，从而计算目标物体与测站之间的距离。相位式三维激光扫描仪主动发射一束不间断的整数波长的激光，通过计算发射激光波长与从被测物体表面反射回来的激光波长的相位差，进而计算和记录目标物体与测站之间的距离。两者相比较而言，脉冲式三维激光扫描仪的可测量距离大，而相位式三维激光扫描仪的测量精度高。按有效扫描距离，三维激光扫描仪可分为表 2.2 所示的三种类型。

表 2.2 三维激光扫描仪分类（按有效扫描距离）

类型	扫描距离/m	用途
短距离型	<3	扫描电子、机械部件等微小物体
中距离型	3～30	扫描大型物体或室内扫描
长距离型	>30	建筑物测绘、工程测量，地形测绘等长距离扫描

最近几年，三维激光扫描技术不断发展并日渐成熟。三维激光扫描仪的巨大优势就在于可以快速扫描被测物体，无须反射棱镜即可直接获得高精度的扫描点云数据，从而高效地对真实世界进行三维建模和虚拟重现。三维激光扫描技术及应用已经成为当前研究的热点之一，并在文物数字化保护、土木工程、工业测量、自然灾害调查、数字城市地形可视化、城乡规划等领域有广泛的应用。

4. 倾斜摄影测量技术

近年来，国际地理信息领域将传统航空摄影技术和数字地面采集技术结合起来，发展出了一种称为机载多角度倾斜摄影的高新技术，简称倾斜摄影技术。通过在同一飞行平台上搭载多台或多种传感器同时从多个角度采集地面影像（图 2.7），克服了传统航空摄影技术只能从垂直角度进行拍摄的局限性，能够更加真实地反映地物的实际情况，弥补了正射影像的不足。相对于正射影像，倾斜影像能让用户从多个角度观察物体，更加真实地反映了地物的实际情况，极大地弥补了基于正射影像分析应用的不足，通过配套软件的应用，可直接利用成果影像进行包括高度、长度、面积、角度、坡度等属性的量测，扩展了倾斜摄影技术在行业中的应用，针对各种三维数字城市应用，利用航空摄影大规模成图的特点，加上从倾斜影像批量提取及贴纹理的方式，能够有效地降低城市三维建模成本。

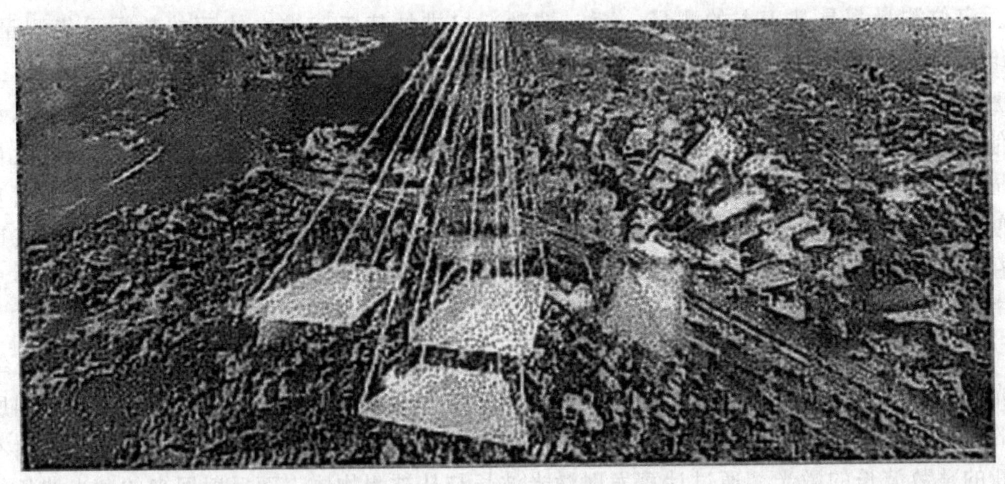

图 2.7 倾斜摄形测量场景图

（1）倾斜摄影测量模型生成方式。倾斜摄影获取的倾斜影像经过影像加工处理，通过专用测绘软件可以生产倾斜摄影模型。模型有两种成果数据：一种是单体对象化的模型；

一种是非单体化的模型数据。单体化的模型成果数据，利用倾斜影像前丰富可视细节，结合现有的三维线框模型（或者其他方式生产的白模型），通过纹理映射，生产三维模型。这种模型数据是对象化的模型，单独的建筑物可以删除、修改及替换，其纹理也可以修改，尤其是建筑物底色这种时常变动的信息，这种模型就能体现出它的优势。国内比较有代表性的公司如天际航、东方道尔等均可以生产该类型的模型。非单体化的模型成果数据，这种模型采用全自动化的生产方式，模型生产周期短、成本低，获得倾斜影像后，经过匀光匀色等步骤，通过专业的自动化建模软件生产三维模型（图 2.8）这种全自动化的生产方式减少了建模的成本，模型的生产效率大幅提高。目前国内比较有代表性的专业软件系统有上海埃弗艾代理的 Smart3DCapture、华正及 Airbus 代理的 Street Factory 等。

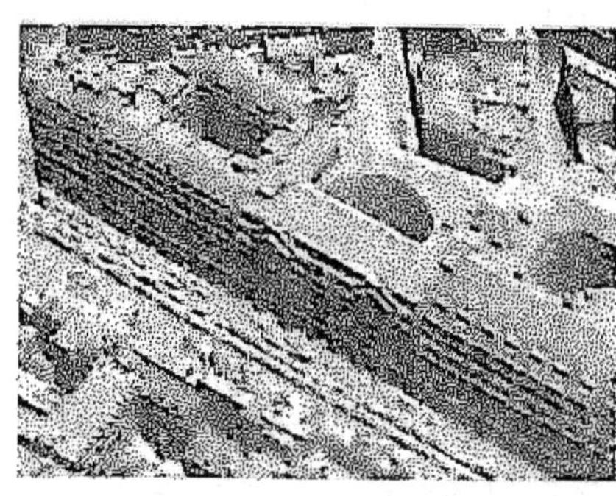
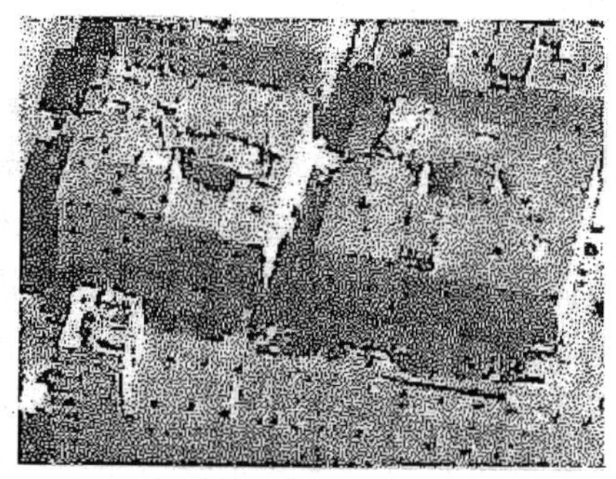

图 2.8　Smart3DCapture 三维场景构建

（2）倾斜摄影测量应用领域。相对于二维地图，在智慧城市的管理体系中，倾斜摄影模型能让用户从多个角度观察地物，更加真实地反映地物的实际情况，弥补基于二维地图及传统虚拟三维模型应用的不足，在新一代城市空间数据基础设施建设中有着巨大的发展潜力。随着我国城市化进程的快速推进，精细化的三维城市模型作为城市规划、建设、管理和信息化的基础数据，得到了日益广泛的应用，并逐渐成为城市空间数据框架的重要内容。然而，传统的航空和卫星遥感手段主要是对城市建筑顶部进行模型重建，而对侧面的三维重建一直缺少有效的解决手段。倾斜摄影技术的发展，可以有效解决这一难题，将静态的、基于立体像对和点特征的传统摄影测量技术推向一个新的高度，即动态的、基于多视影像和对象特征的实时摄影测量技术。倾斜摄影三维数据可为智慧城市、规划、国土、测绘、军事、灾害应急、农业、林业、水利、旅游、电力、油田等多种行业提供二、三维一体化的数据来源，通过 GIS 平台软件对其进行深度应用开发，为各类行业用户提供完整、系统的解决方案与服务。

2.2.3　地形数据采集方法的比较

通过上述地形数据采集方法的描述可以知道，要获取工程现场的土石方地形数据，可以有多种方法。表 2.3 从数据精度、采集速度、经济成本等方面对各种数据采集方法及各自特性进行了简要比较。

由表 2.3 可知，地形数据的各种采集方法都有各自的优点、缺点和适用范围，因此选择土石方地形数据采集的方法，要从目的需求、精度要求、设备条件、经费条件等方面综

表 2.3 地形数据采集方法及各自特性一览表

采象方式	数据精度	采集速度	经济成本	数据史新	应用范围
地形图手扶跟踪数字化	比较低（图上精度 0.2～0.4mm）	耗时	低	老图数字化，新图更新采用野外采集	国家范围内中小比例尺地形图数据获取
地形图扫描数字化	比较低（图上精度 0.1m～0.3mm）	较快	较低		
光电几何量测定位	很高（厘米级）	耗时	很高	困难	小范围区域
GNSS 卫星定位	较高（厘米至米级）	较快	较高	较困难	小范围区域
三维激光扫描	很高（厘米级）	较快	很高	容易	高分辨率、各种范围
倾斜摄影测量	较高（厘米至米级）	较快	较高	周期性	大工程项目，国家范用的数据收集

合考虑。一般而言，土石方工程的项目现场都不会很大，相对于土石方的填方、挖方、清运等工程费用而言，现场地形数据采集测绘费用是比较低的。因此为了保证土有方量计算的准确性，当前一般采用 GNSS 卫星定位技术中的 RTK 方法进行全数字野外地形数据采集，可以较高效率地一次性采集平面和高程数据。在无法接收卫星信号或卫星信号被严重遮挡的现场，则较多采用电子全站仪采集平面和高程数据。如果工程现场的地形数据采集除了供计算土石方量应用外，还需要提供现场三维场景，以便为将来的三维规划设计提供数据支持，则也可采用三维激光扫描测绘技术或倾斜摄影测量技术，这两种方法都能快速、高效地对现场进行真三维数字化建模。

2.3 土石方量计算的基本方法

土石方量的计算，就是求取设计高程与自然地面高程之间填、挖土石方的体积。设计面有水平面、斜面，而自然地形则是千变万化的不规则面，绝对准确无误地计算出土石方工程量一般来说既不可能也无必要。只要保证工程现场地形数据有足够的采集密度，能够很好地表达工程现场的地形地面特征，在此基础上按照自然地形的变化选取合适的特征点，将自然地形在某一方向上的变化简化为相似的折线变化，再求出折线与设计线之间的面积，然后乘以高度（或距离），即可求得体积。土石方工程现场是不规则的，要得到精确的计算结果很困难。一般情况下，都将其假设或划分成一定的几何形状，并采用具有一定精度而又和实际情况近似的方法徒行计算。下面对一些常用的土石方计算方法进行介绍。

2.3.1 断面法（截面法）

在土石方量计算的多种算法中，断面计算法（截面法）是最传统的算法，适用于下面三种情况：①高差变化比较大、地形起伏变化较大，自然地面复杂的地区；②挖直深度较大，截面又不规则的地区；③道路等带状地形。断面法计算方法较为简单方便，便于检核，是土石方计算的常用方法之一。

1. 计算原理

断面法的工作原理是在地形图上或碎部测量的平面图上，按一定的间距将场地划分为若干个相互平行的横截面，量出各横断面之间的距离，按照设计高程与地面线所组成的断面图，计算每条断面线所围成的面积，再由两端横断面的平均面积乘以两端横截面之间的距离求出土方量。用公式表示为

$$V=\frac{A_1+A_2}{2}L \tag{2.1}$$

式中：V 为相邻两横截面间土方量；A_1、A_2 为横截面面积；L 为两横截面间距。

公式成立的条件是横截面面积 A_1、A_2 的填挖性质必须是相同的，即都为填方或挖方。若 A_1、A_2 填挖性质不同，即一端为挖方，另一端为填方，计算结果会失真。此外，应用断面法计算土石方量时还应注意所取两横截面要尽可能平行。若两横截面不平行，计算结果将会产生较大偏差。

2. 计算步骤

(1) 划分横截面。根据地形图、竖向布置图或现场勘测，将要计算的场地划分为若干个横截面 AA'、BB'、CC'等，使横截面尽量靠近等高线或建筑物边长；横截面间距不等，一般取 10m 或 20m，最大不宜超过 100m。按比例绘制每个横截面的自然地面和设计地面的轮廓线。自然地面轮廓线与设计地面轮廓线之间的面积，即为挖方或填方的横截面（图 2.9）。

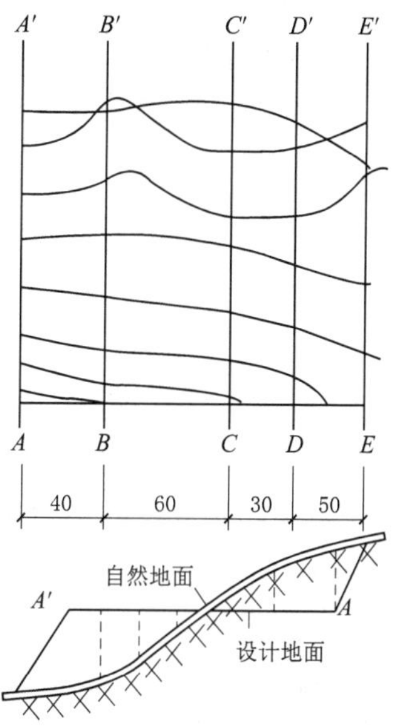

图 2.9 横截面划分及绘制

(2) 计算横截面面积。按表 2.4 中面积计算公式，计算每个横截面的挖方或填方截面积。

表 2.4 **常用横截面计算公式**

项次	图示	面积计算公式
1	b, h, 1:n	$A=h(b+nh)$
2	b, h, 1:m, 1:n	$A=h\left(b+\frac{m+n}{2}h\right)$
3	b, h₁, h₂, 1:n, 1:n	$A=\frac{h_1+h_2}{2}b+nh_1h_2$
4	h₁ h₂ h₃ h₄, a₁ a₂ a₃ a₄ a₅ a₆	$A=\frac{a_1+a_2}{2}h_1+\frac{a_2+a_3}{2}h_2+\frac{a_3+a_4}{2}h_3+\frac{a_4+a_5}{2}h_4+\cdots$

续表

项次	图示	面积计算公式
5	h_0 h_1 h_2 h_3 h_4 h_5 h_6 h_7 / a a a a a a a	$A=\frac{a}{2}(h_0+h+h_7)$ $h=h_1+\cdots+h_6$

也可根据量取的特征点坐标值计算横截面面积。事先以高程为 X、水平距离为 Y 轴，且选 X 轴通过起始点，建立好截面坐标系，用水平仪或全站仪测得各截面的特征点坐标值根据下面面积计算公式可计算出截面面积：

$$A=\frac{1}{2}\sum_{i=1}^{n}x_i(y_{i+1}-y_{i-1}) \tag{2.2}$$

或

$$A=\frac{1}{2}\sum_{i=1}^{n}y_i(x_{i+1}-x_{i-1}) \tag{2.3}$$

式中：x_i，y_i 为多边形顶点坐标，$i=1$，2，…，n，当 $i=1$ 时，$i-1$ 取 n，当 $i=n$ 时，$i+1$ 取 1。

(3) 计算并汇总土石方量。根据横截面面积计算土方工程量，并如表 2.5 所示进行土石方量汇总。

表 2.5　　土石方量汇总表

截面	填方面积	挖方面积	截面间距	填方体积	挖方体积
AA'	S_A^T	S_A^W	d_A	V_A^T	V_A^W
BB'	S_B^T	S_B^W	d_B	V_B^T	V_B^W
CC'	S_C^T	S_C^W	d_C	V_C^T	V_C^W
合计					

3. 计算示例：基坑、沟槽、路堤土石方量计算

(1) 基坑土石方量。按立体几何中的拟柱体（由两个平行平面做上，下底的一种多面体）体积计算，先计算上、下底两个面的面积 F_1、F_2，再计算其体积。如图 2.10 所示的拟四棱柱，计算公式为

$$V=h(F_1+4F_0+F_2)/6 \tag{2.4}$$

或

$$V=h(a+mh)(b+mh)+m^2h^3/3 \tag{2.5}$$

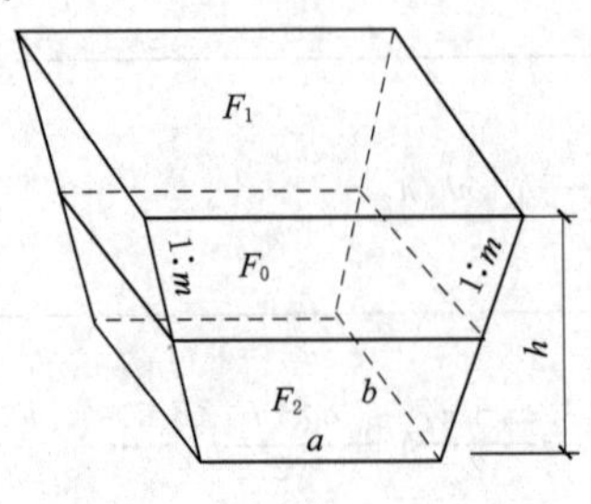

图 2.10　基坑土石方量计算

式中：h 为开挖深度；F_1、F_2 为上、下两个面的面积；F_0 为 F_1 与 F_2 之间的中截面面积，m^2；a、b 为底面的长度和宽度；m 为放坡系数。

(2) 沟槽、路堤的土石方量。沿其长度方向分段（截面相同的不分段）计算，先计算截面面积，再求长度、累计各段计算土石方量（图 2.11）可按式（2.6）计算：

$$V_i = h(F_1 + 4F_0 + F_2)/6 \quad V = \sum_{i=1}^{n} V_i/6 \quad (2.6)$$

式中：V_i 为第 i 段的体积，m^3；F_1、F 为第 i 段的两端面积，m^3；L_i 为第 i 段的长度，m。

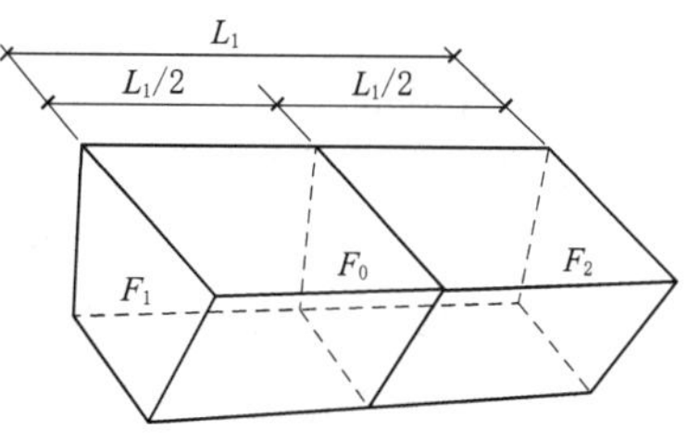

图 2.11　沟槽、路堤土石方量计算

2.3.2　等高线法

当地面的坡度变化较大、地面起伏较多时，可以采用等高线法估算土石方量。在地形图等高线精度较高时更为合适。等高线法可以计算任两条等高线之间的土石方量，但一般情况下计算时所选等高线必须闭合，如等高线不闭合，可以先离散化等高线后再进行计算。等高线法计算土石方量的准确性取决于地形图上等高线的绘制精度，而一般地形图上等高线的绘制精度都不太高，尤其是扫描矢量化后得到的地形图数据因此等高线法一般适用于对精度要求不高的工程量概算。

1. 计算原理

等高线法的基本原理是：两条等高线所围面积可算（如在地形图上用求积仪跟踪等高线分别求出它们所包围的面积），两条等高线之间的高差已知，其体积等于相邻等高线各自围起的面积之和的平均值乘上两条等高线间的高差，由此得到各个等高线间的土石方量。然后再求出全部相邻的等高线围起的总体积之和，即为所求工程土石方的总方量。

$$V = \frac{A_1 + A_2}{2} h \tag{2.7}$$

式中：A_1、A_2 为相邻两等高线围起来的水平面积；h 为相邻两等高线的高差。

2. 计算步骤

(1) 计算等高线包围区域面积。在纸质地形图上用求积仪跟踪等高线分别求出它们所包围的面积 A_1、A_2…

(2) 计算相邻等高线所围区域填挖体积。分别将相邻两条等高线所围面积的平均值乘以等高距，就是此两等高线平面间的土石方量，再求和即得总方量。

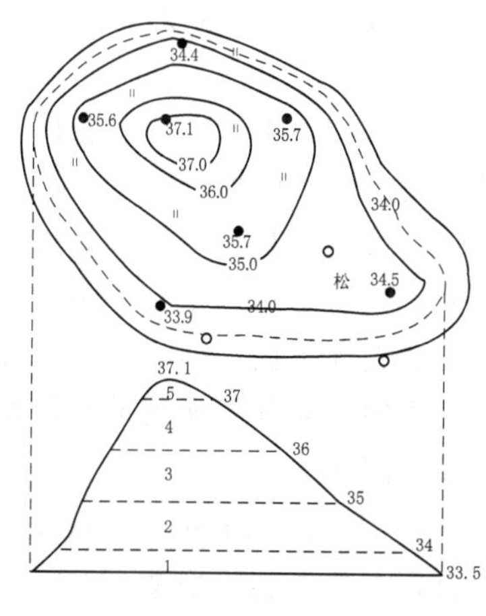

图 2.12　等高线法求土石方

如图 2.12 所示，地形图等高距为 1m，要求平整场地后的设计高程为 33.5m，先在图中内插设计高程的等高线（图中虚线），再分别求出 33.5m、34m、35m、36m、37m 五条等高线所围成的面积 $A_{33.5}$、A_{34}、A_{35}、A_{36}、A_{37}，即可算出每层土石方量为

$$V_1 = \frac{1}{2}(A_{33.5} + A_{34}) \times 1$$

$$V_2 = \frac{1}{2}(A_{34} + A_{35}) \times 1$$

$$\vdots$$

$$V_5 = \frac{1}{3} A_{37} \times 0.1$$

总方量为

$$\sum V_w = V_{33.5} + V_{34} + V_{35} + V_{36} + V_{37}$$

2.3.3　方格网法

方格网法是一种常用的土石方工程量计算方法，其主要的特点是化整为零：将整个区域平面用多个整齐排列的小方格划分（方格划分得越小，计算精度越高，但计算量也越大），先计算单个方格网的土石方填挖量，然后将所有方格网的填挖量累计得出总的填挖量。方格网法通常适用于平坦及高差不大、地形平缓的地区。

1. 计算原理

根据地形复杂程度、地形图比例尺及精度要求，将工程场地划分成边长为 10～50m 的方格，在水平面上形成方格网，分别测出各方格网 4 个顶点的高程，根据地面高程和设计高程计算各个格网挖填深度及土方量，最后汇总格网挖填土方量和边坡土方量，即为场地平整总土方量。

2. 计算步骤

（1）往地形图上绘方格网。在地形图上拟建场地内绘制方格网。方格网的大小取决于地形复杂程度，地形图比例尺大小，以及土方概算的精度要求。如在设计阶段采用 1∶500 的地形图时，根据地形复杂情况，一般边长为 10m 或 20m 方格网绘制完后，根据地形图上的等高线，用内插法求出每一方格顶点的地面高程，并注记在相应方格顶点的右上方。

（2）计算设计高程先将每一方格顶点的高程加起来除以 4，得到各方格的平均高程，再把每个方格的平均高程相加除以方格总数，就得到设计高程 H。从计算设计高程的过程可以看出，角点 A_1、D_1、D_4、C_6、A_6 的高程只参加一次计算，边点 B_1、C_1、D_2、D_3、C_5…高程参加两次计算，拐点 C_4 的高程参加三次计算，中点 B_2、C_2、C_3…高程参加四次计算，因此，设计高程的计算公式为

$$H_{设} = \frac{\sum H_{角} + 2\sum H_{边} + 3\sum H_{拐} + 4\sum H_{中}}{4n} \tag{2.8}$$

式中：n 为方格总数；$H_{角}$、$H_{边}$、$H_{拐}$、$H_{中}$为角点、边点、拐点和中点的高程。

将图 2.13 中各点高程代入式（2.8），求出设计高程为 544m。在地形图中内插绘出 54.4m 等高线（图中虚线），即为不填不挖的边界线，也称为零线。

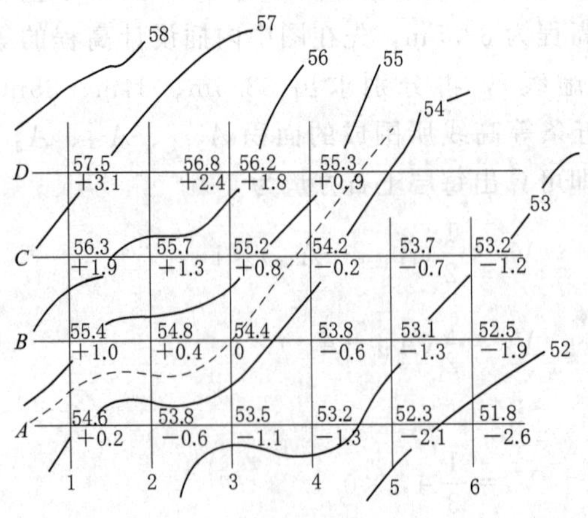

图 2.13　方格网法估算土石方

采用式（2.8）得到的设计平面能使挖方量与填方量平衡，但不能保证总的土石方工程量最小。应用最小二乘法的原理，可找到既满足挖填平衡又满足总的土石方量最小这两个条件的最佳设计平面，但计算过程比较复杂。实际工程中，对计算所得的设计标高，还应考虑以下因素。

1）土的最线可松性，需相应提高设计标高，以达到土石方量的实际平衡。

2）建设项目的生产工艺、场地泄水坡

度等要求，相应提高或降低设计标高。

3）根据经济比较结果，如采用场外取土或弃土的施工方案，则应考虑因此引起的土石方量的变化，将设计标高进行调整。

(3) 计算挖、填高度。根据设计高程和方格顶点的高程，可以计算出每一方格顶点的挖、填高度，即

$$挖、填高度\ h=地面高程-设计高程 \tag{2.9}$$

将图 2.13 中各方格顶点的挖、填高度写于相应方格顶点的左上方。正号为挖深，负号为填高。

(4) 计算挖、填土方量。挖填土方量可按角点、边点、拐点和中点分别按式 (2.10) 列表计算。

$$\left.\begin{array}{ll}角点 & 挖(填)方高度\times\dfrac{1}{4}方格面积\\ 边点 & 挖(填)方高度\times\dfrac{2}{4}方格面积\\ 拐点 & 挖(填)方高度\times\dfrac{3}{4}方格面积\\ 中点 & 挖(填)方高度\times 1\ 方格面积\end{array}\right\} \tag{2.10}$$

计算时，按方格线依次计算挖、填方量，然后再计算挖方量和填方量总和。图 2.13 中土石方量计算如下（方格边长为 15m×15m）

2.3.4 各种计算方法适用场景比较

A $\quad V_w=\dfrac{1}{4}\times225\times0.2=+11.25(\mathrm{m}^3)$

$V_T=\dfrac{1}{4}\times225\times(-2.6)\times0.2+\dfrac{2}{4}\times225\times(-0.6-1.1-1.3-2.1)$

$=-720(\mathrm{m}^3)$

B $\quad V_w=\dfrac{1}{4}\times225\times1.0+225\times0.4=+202.5(\mathrm{m}^3)$

$V_T=\dfrac{1}{4}\times225\times(-2.6)+\dfrac{2}{4}\times225\times(-0.6-1.1-1.3-2.1)=-720(\mathrm{m}^3)$

C $\quad V_w=\dfrac{2}{4}\times225\times1.9+225\times(1.3+0.8)=+686.25(\mathrm{m}^3)$

$V_T=\dfrac{3}{4}\times225\times(-0.2)+\dfrac{2}{4}\times225\times(-0.7)+\dfrac{1}{4}\times225\times(-1.2)=-180(\mathrm{m}^3)$

D $\quad V_w=\dfrac{1}{4}\times225\times(3.1+0.9)+\dfrac{2}{4}\times225\times(2.4+1.8)=+697.5(\mathrm{m}^3)$

总挖方量为 $\sum V_w\approx=+1598\mathrm{m}^3$

总填方量为 $\sum V_T\approx=-1541\mathrm{m}^3$

从计算结果可以看出，挖方量和填方量基本相等，满足“挖填平衡”的要求。

综合上述土石方堡计算方法的特点，并结合目前实际工程常用的几种商用土石方计算软件，结合多种地形进行模拟计算。表 2.6 统计出各类方法计算土石方量的适用范围和可能达到的精度，以便工程技术人员计算参考。

表 2.6　各类土方计算方法精度统计

计算方法	地形				
	线状工程	地形变化平缓低丘陵、平原	地形破碎或梯田场地	丘陵和山地	设计面不规则或破碎
断面法	3%～5%	—	—	—	—
等高级法	—	—	—	6%～8%	—
方格网法	—	1%～3%	5%～8%	3%～5%	5%～6%
三角网法	—	1%～2%	2%～3%	1%～3%	2%～4%

2.4　场地平整土石方量的计算

2.4.1　土方调配原则、步骤与方法

土方工程量计算完成即可研究土方的调整工作，土方调整，就是对挖土的利用、堆弃和填土的取得之间关系进行综合协调的处理。好的土方调整方案，应该是保证填土质量的前提下，土方施工最方便，费用最低。土方调配原则、步骤与方法见表 2.7，土方平衡与运距见表 2.8。

表 2.7　土方调配原则、步骤与方法

调配原则	步骤与方法
(1) 填、挖方基本平衡，减少运土。 (2) 填、挖土方量与运距的乘积之和应尽可能小，以使总的运费降至最低。 (3) 好土应用于回填质量要求高的区域。 (4) 调配应与地下构筑物的施工相配合，地下设施的挖土应留土用以再填土。 (5) 选择恰当的调配方向及路线，避免对流与乱流现象，同时便于调配、机械化施工	(1) 划分调配区、在平面图上划出挖、填区的分界线，并在挖区和填区划出若调配区，确定调配区的大小和位置。 (2) 计算各调配区的土方量，并标于图上。 (3) 计算每对调配区的平均运距，即挖方区土方重心至填方区重心的距离，并将每一距离标于表 2.8（土方平衡与运距表）中。 (4) 确定最优调配方案。先用最小元素法确定初始方案，再用位势法进行检查，看总的运输量 $s=\sum_{i=1}^{m}\sum_{j=1}^{n}(L_{ij}X_{ij})$ 是否为最小值，否则用闭回路法进行调整。 式中：L_{ij} 为各调配区之间的平均运距，m；X_{ij} 为各调配区的土方量，m^3。 (5) 绘制土方调配图，根据以上结果，标出调配方向、土方数量及运距

表 2.8　土方平衡与运距

挖方区	填方区						
	T_1	T_2	…	T_j	…	T_n	挖方量/m^3
W_1	X_{11}　L_{11}	X_{12}　L_{12}	…	X_{1j}　L_{1j}	…	X_{1n}　L_{1n}	W_1
W_2	X_{21}　L_{21}	X_{22}　L_{22}	…	X_{2j}　L_{2j}	…	X_{2n}　L_{2n}	W_2

续表

挖方区	填方区						
	T_1	T_2	…	T_j	…	T_n	挖方量/m³
…	…	…	…	…	…	…	…
W_i	X_{i1} L_{i1}	X_{i2} L_{i2}	…	X_{ij} L_{ij}	…	X_{in} L_{in}	W_i
…	…	…	…	…	…	…	…
W_m	X_{m1} L_{m1}	X_{m2} L_{m2}	…	X_{mj} L_{mj}	…	X_{mn} L_{mn}	W_m
填方量/m³	l_1	l_2	…	l_j	…	l_n	$\sum_{i=1}^{m} W_i = \sum_{j=1}^{n} T_j$

注 1. L_{11}、L_{12}、…、L_{ij}—挖、填方之间的平均运距。
2. X_{11}、X_{12}、…、X_{ij}—调配土方量。

2.4.2 案例

【例 2.1】 矩形广场各调配区的土方量如图 2.14 所示，相互之间的平均运距见表 2.9，试求最优土方调配方案。

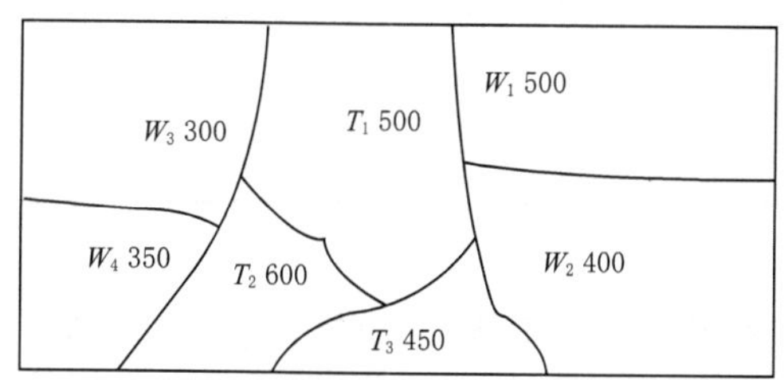

图 2.14 各调配区的土方量（单位：m³）

解：（1）将图 2.14 中的数值标注在填、挖方平衡及运距表 2.9 中。

表 2.9 **填、挖方平衡及运距表** 单位：m

填方区	挖方区			
	T_1	T_2	T_3	挖方量/m³
W_1	100	150	90	500
W_2	140	90	40	400
W_3	80	130	110	300
W_4	130	50	80	350
填方量/m³	500	600	450	1550 / 1550

(2) 采用最小元素法编初始调配方案，即根据对应于最小的 L_{ij} 取最大的 X_{ij} 值的原则调配。

土方初始调配方案见表 2.10。

$S_1=200\text{m}^3\times100\text{m}+250\text{m}^3\times150\text{m}+50\text{m}^3\times90\text{m}+400\text{m}^3\times40\text{m}+300\text{m}^3\times80\text{m}+350\text{m}^3\times50\text{m}=119500\text{m}^3\cdot\text{m}$

表 2.10　土方初始调配方案　单位：m

填方区	挖方区			
	T_1	T_2	T_3	挖方量/m^3
W_1	100 200	150 250	90 50	500
W_2	140	90	40 400	400
W_3	80 300	130	110	300
W_4	130	50 350	80	350
填方量/m^3	500	600	450	1550 1550

(3) 用位势法检验。

1) 求假想运距 L'_{ij} 可利用运距对角线相等的“退化”原理，求未分配土方空格的假想运距 L'_{ij}。求假想运距时，即先找出 4 个方格中有 3 个分配了土方的，再求未分配土方空格的 L'_{ij}。假想运距等于对角线上分配了土方的运距之和减去第三个分配了土方的方格的运距，如该例题中 x_{12}、x_{13}、x_{22}、x_{23} 对应的 4 个方格中，$L'_{22}=150\text{m}+40\text{m}-90\text{m}=100\text{m}$ 依次类推，其他未分配土方的空格的假想运距也可计算出来，见表 2.11。

表 2.11　检验数的计算　单位：m

填方区	挖方区		
	T_1	T_2	T_3
W_1	100 ✓	150 ✓	90 ✓
W_2	140 50/90	90 100/−10	40 ✓
W_3	80 ✓	130 130/0	110 70/40
W_4	130 0/130	50 ✓	80 −10/90

注　表中 50/90 分别表示假想运距和检验数，其他含义相同。

2）计算检验数 λ_{ij}。无调配土方方格的检验数 $\lambda_{ij}=L_{ij}-L'_{ij}$。

若所有 $\lambda_{ij}\geqslant 0$，则方案最优，若有 $\lambda_{ij}<0$，则方案不是最优。

检验结果见表 2.11。从中可以知道 $\lambda_{22}=-10<0$，故初始方案不是最优。

（4）用闭回路法调整。

1）找出 X_{22} 的闭回路：从 X_{22} 空格出发，沿水平或竖直方向前进，遇到有适当数字的空格作 90°的转弯，然后依次继续前进，再回到出发点形成一条闭回路，如表 2.10 中形成的闭回路。

2）从 X_{22} 出发沿闭回路前进，在各奇数次转角点的数字中挑出一个最小的（例题中在 400m^3、250m^3 中取 250m^3）将其调到 X_{22} 空格中。

3）将 250m^3 填入 X_{22} 空格中，其他奇数次转角上减去 250m^3，偶数次转角上数字加 250m^3，形成新的方案，见表 2.12。

表 2.12　　土方新调配方案　　单位：m

填方区	挖方区			
	T_1	T_2	T_3	挖方量/m³
W_1	100 200	150	90 300	500
W_2	140	90 250	40 150	400
W_3	80 300	130	110	300
W_4	130	50 350	80	350
填方量/m³	500	600	450	1550 1550

（5）用位势法检验。从表 2.13 可知，所有的 $\lambda_{ij}\geqslant 0$，故新方案为最优。

调配后的总运输量为

$S=200\text{m}^3\times 100\text{m}+300\text{m}^3\times 90\text{m}+250\text{m}^3\times 90\text{m}+150\text{m}^3\times 40\text{m}+300\text{m}^3\times 80\text{m}+350\text{m}^3\times 50\text{m}=117000\text{m}^3\cdot\text{m}$

表 2.13　　检验数的计算　　单位：m

填方区	挖方区		
	T_1	T_2	T_3
W_1	100 ✓	150 140/10	90 ✓
W_2	140 50/90	90 ✓	40 ✓

续表

填方区	挖方区		
	T_1	T_2	T_3
W_3	✓；80	120/10；130	70/40；110
W_4	10/120；130	✓；50	0/80；80

注 表中 50/90 分别表示假想运距和检验数，其他含义相同。

(6) 土方量调配去向如图 2.15 所示。

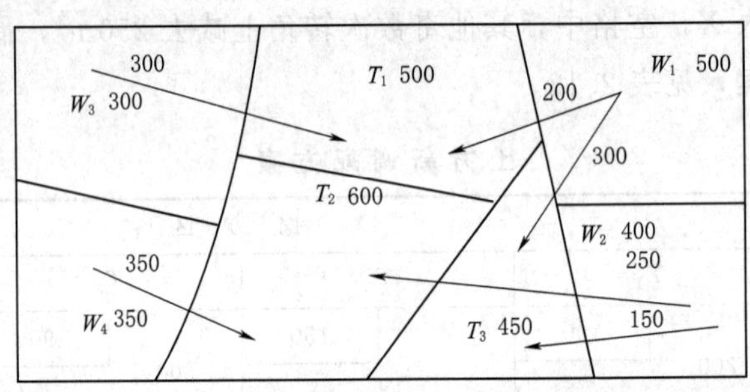

图 2.15 土方量调配去向（单位：m^3）

2.5 沟槽、基坑等土石方量的计算

1. 沟槽土方量计算

凡槽底宽度在 3m 以内，且槽长大于槽宽 3 倍以上的挖土工程，均属于挖沟槽项目，包括挖基槽和挖管道沟槽等类别。

挖沟槽土方工程量，均按天然密实体积（自然方）计算。计算时，应根据是否放坡，是否支挡土板以及是否增加工作面等情况，分别采用不同的计算公式。

(1) 不放坡不设挡土板不留工作面时（图 2.16）。

$$V=FL=AHL$$

式中：V 为挖土体积，m^3；A 为沟槽底的宽度，m；H 为沟槽的深度，m；L 为沟槽的长度，m。

(2) 不放坡不支挡土板留工作面（图 2.17）。

$$V=(A+2C)HL \tag{2.11}$$

式中：C 为定额中规定的工作面宽度，m。

(3) 放坡不留工作面不设挡土板时（图 2.18）。

$$V=FL=(A+mH)HL \tag{2.12}$$

式中：m 为放坡系数，依据设计或规范确定。

(4) 放坡留工作面时（图 2.19）。

$$V=(A+2C+mH)HL \tag{2.13}$$

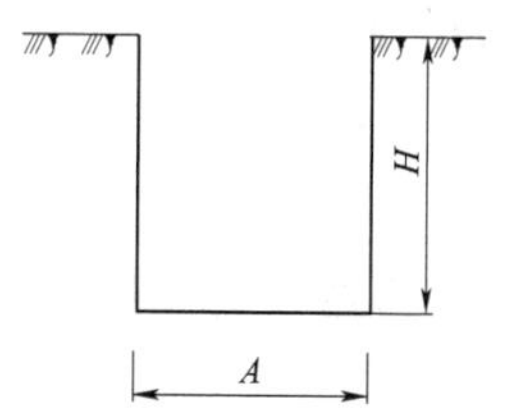

图 2.16 不放坡不支挡土板不留工作面

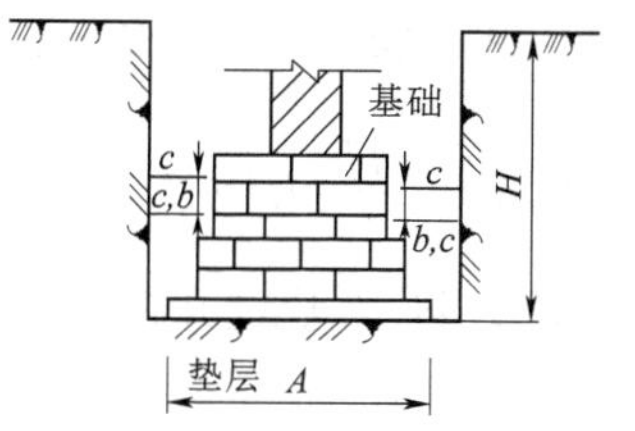

图 2.17 不放坡不支挡土板留工作面

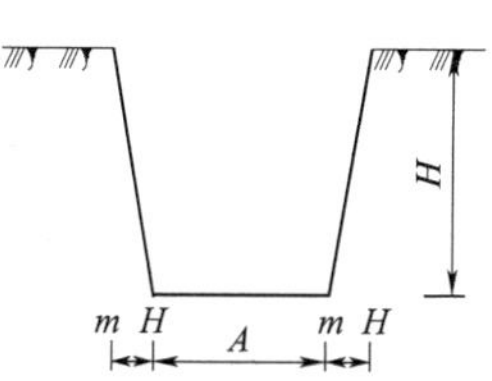

图 2.18 放坡不留工作面和挡土板

（5）支挡土板留工作面时（图 2.20）。

$$V=(A+2C+2\times0.10)HL \tag{2.14}$$

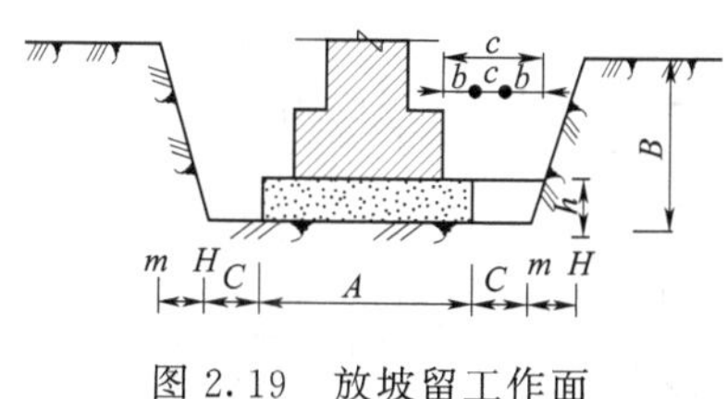

图 2.19 放坡留工作面

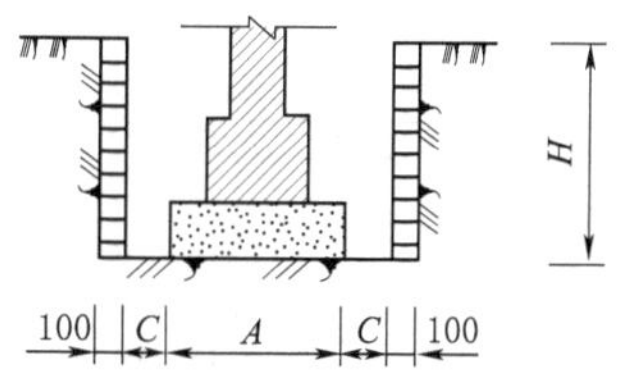

图 2.20 支挡土板留工作面

2. 沟槽长 L、宽 A、深 H 的确定

沟槽长 L 的确定。墙基地槽长度，外墙按图示中心线长度计算；内墙按图示基础底面间净长线长度计算，当基础底面下有垫层时应按垫层底面间净长线长度计算；其内外突出部分体积并入地槽土方工程量内。管道沟槽的长度按图示中心线长度（不扣除检查井所占长度）计算。

沟槽深度 H 的确定。基槽、管道沟槽的深度，均按图示槽底至室外自然地坪深度计算。当各段深度不同时，应分段分别计算。

沟槽底宽 A 的确定。内外墙基槽底宽 A，无垫层时均应以基础底宽度计算；基础下有垫层时，应以垫层底面宽度计算。需增加基础工作面宽度 C 的，可依据沟槽土方量计算公式算出槽底增宽值。需支挡土板时，在 A 定出后，单面支挡土板还应增加 10cm，双面支设则增加 20cm。管道沟槽的底宽应按设计规定计算。各种检查井和管道接口处，因加宽而增加的土方量不另计算，底面积大于 $20m^2$ 的井类，其增加工程量并入管沟土方量内计算。

3. 基坑工程量计算

挖基坑的形状有方形、矩形、圆形三种。计算时，其放坡、支挡土板、工作面等增加的土方量都应并入其基坑工程量内计算。

（1）放坡、无工作面、不支挡土板的基坑体积 V。

$$\text{矩形(或方形)基坑} \qquad V=ABH \tag{2.15}$$

式中：A 为坑底长，m；B 为坑底宽度，m；H 为基坑开挖深度，m。圆形基坑＝坑底面积×基坑开挖的深度＝SH

（2）放坡、有工作面时基坑体积 V。

$$\text{矩形(或方形)基坑 } V=(A+2c+mH)(B+2c+mH)H+\frac{m^2H^3}{3} \tag{2.16}$$

$$\text{圆形基坑 } V=\frac{\pi H}{3}(R_1^2+R_2^2+R_1R_2) \tag{2.17}$$

式中：A 为坑底长度；B 为坑底宽度；H 为基坑开挖深度；m 为边坡系数；R_1 为圆形基坑坑底半径；R_2 为圆形基坑坑顶半径。

2.6 职业活动训练

(1) 阅读某一工程的场地平整及土方调配施工方案。

(2) 计算图 2.21 所示的土方开挖工程量（室内外高差±15cm）。

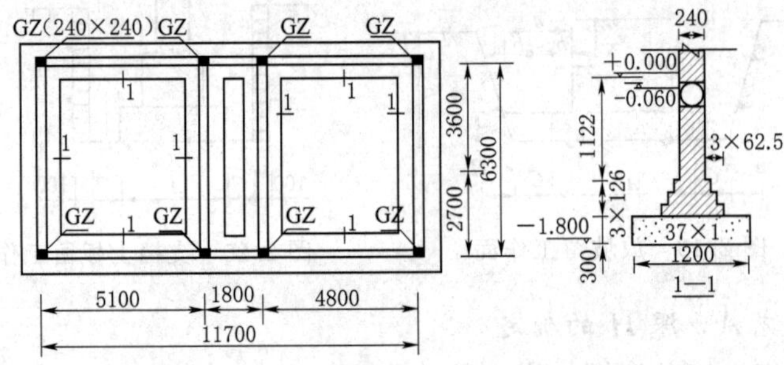

图 2.21 基础土方开挖工程示意图（单位：mm）

第3章

土的性质与分类

【学习目标】

（1）能判断土的性质。

（2）能进行土的现场鉴别。

【学习任务】

（1）准确计算土的力学性质。

（2）鉴别土的类型。

【学习内容】

（1）土的性质。

（2）土的分类。

（3）土的现场鉴别。

【任务描述】

掌握土的性质与分类是确定工程地基建设方案的前提，能够有助于合理地选择基地建设方案，在组织土方工程施工时，既要尽可能地采用新技术和机械化施工，以加快工程进度，又要准确计算土方量，尽可能地减少土方量以降低工程成本。

土由固相（土粒）、液相（水）和气相（气）三相组成，土的三相结构如图3.1所示。土粒的大小、成分及三相之间的比例关系，反映出土的不同性质，如干、湿，密、松，硬、软等。因此，土的三相组成决定了土的物理性质、力学性质。

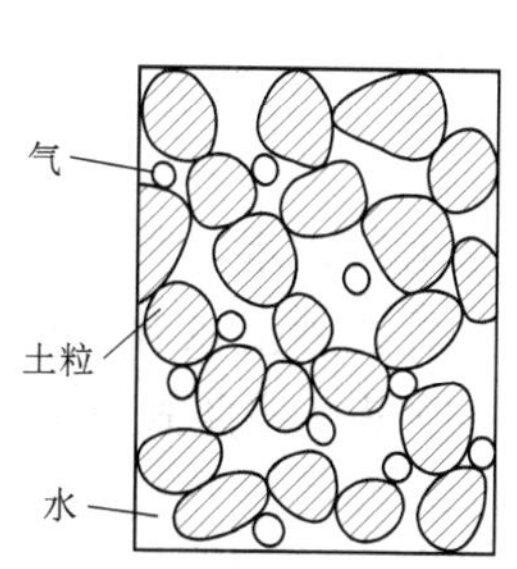

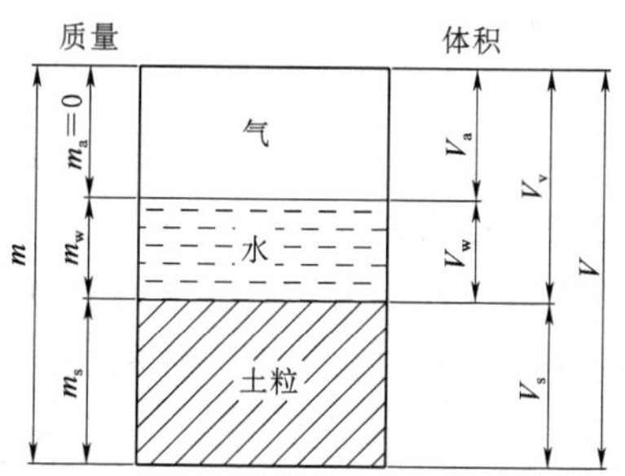

图3.1　实际土体组成示意图及土的三相结构图

3.1 土的性质

3.1.1 土的物理性质

土的物理性质指标可以分为两种：一种是基本指标；另一种是推算指标。

1. 土的三个基本指标

(1) 天然密度与天然重度。

1) 天然密度 ρ。在天然状态下，单位体积土的质量称为土的天然密度，也称为土的质量密度，简称为土的密度，可用式（3.1）表示：

$$\rho=\frac{m}{V} \tag{3.1}$$

式中：m 为土的总质量，t、kg 或 g；V 为土的总体积，cm^3 或 m^3。

土的密度随着土的矿物成分、孔隙大小和水的含量而不同，天然状态下土的密度一般为 $1.60\sim2.20t/m^3$（$1g/cm^3=1t/m^3$）。

土的天然密度通常采用环刀法测定，即用一定容积的环刀切取土样，称量后算得。

2) 天然重度 γ。在天然状态下，单位体积土所受的重力称为土的天然重度，也称为土的重力密度，简称为土的重度，可用式（3.2）表示：

$$\gamma=\frac{G}{V}=\frac{mg}{V}=\rho g\approx10\rho \tag{3.2}$$

(2) 天然含水率 ω。在天然状态下，土中水的质量与土粒质量之比，称为土的天然含水率，可用式（3.3）表示：

$$\omega=\frac{m_w}{m_s}\times100\% \tag{3.3}$$

天然含水率通常以百分数表示。含水率常用烘干法测定，是把一定量的土样放入烘箱内，在105～110℃的恒温下烘干（通常需8h左右），取出烘干后的土样，冷却后再称质量，计算而得。天然含水率是描述土的干湿程度的重要指标，土的天然含水率变化范围很大，从干砂的含水率接近于零到蒙脱土的含水率可达百分之几百。

(3) 土粒比重 G_s。土粒质量与同体积4℃时水的质量之比称为土粒比重，也称土粒相对密度，可用式（3.4）表示：

$$G_s=\frac{m_s}{V_s(\rho_w)_{4℃}} \tag{3.4}$$

土粒比重经常采用比重瓶法测定。事先将比重瓶注满蒸馏水，称瓶加水的质量，然后把烘干土若干克装入该空比重瓶内，注入半瓶蒸馏水，放在砂浴煮沸（砂土30min，黏性土1h），冷却室温后再加蒸馏水至满，称瓶加土加水的质量，按照式（3.5）求土粒比重：

$$G_s=\frac{m_s}{m_1+m_s-m_2} \tag{3.5}$$

式中：m_1 为瓶加水的质量；m_2 为瓶加土加水的质量；m_s 为烘干土的质量，即土粒质量。

由式（3.5）可知，土粒比重与土粒密度数值相同，但无量纲。土粒比重的数值大小主要取决于土的矿物成分，一般土的土粒比重参考值见表3.1。

表 3.1　　一般土的土粒比重参考值

土的类别	砂土	粉土	黏性土	
			粉质黏土	黏土
土粒比重	2.65～2.69	2.70～2.71	2.72～2.73	2.73～2.74

上述三个物理性质指标 ρ、ω、G_s 是直接用试验方法测定的，通常又称为室内土工试验指标。根据这三个基本指标，可以求出以下几个推算指标。

2. 土的推算指标

（1）干密度 ρ_d。土的单位体积内的土粒质量称土的干密度，可用式（3.6）表示：

$$\rho_d=\frac{m_s}{V} \tag{3.6}$$

干密度越大，土越密实，强度越高。干密度通常作为填土密实度的施工控制指标。如果已知土的天然密度 ρ 和天然含水率 ω，就可以得到计算干密度的推导公式：

$$\rho_d=\frac{m_s}{V}=\frac{m_s}{m/\rho}=\frac{m_s\rho}{m_s+m_w}=\frac{\rho}{1+m_w/m_s}=\frac{\rho}{1+\omega} \tag{3.7}$$

相应地，土的单位体积内土粒所受的重力称为干重度，$\gamma_d=\rho_d g$（kN/m^3）。

（2）饱和密度 ρ_{sat}。土中孔隙完全被水充满时土的密度称为土的饱和密度，即全部充满孔隙的水的质量与固相质量之和与土的总体积之比，可用式（3.8）表示：

$$\rho_{sat}=\frac{m_w+m_s}{V}=\frac{\rho_w V_v+m_s}{V} \tag{3.8}$$

相应地，土中孔隙完全被水充满时土的重度称为饱和重度，$\gamma_{sat}=\rho_{sat}g$（kN/m^3）。

（3）有效密度 ρ'。土的有效密度是指土粒质量与同体积水的质量之差与土的总体积之比，也称为浮密度，可用式（3.9）表示：

$$\rho'=\frac{m_s-\rho_w V_s}{V} \tag{3.9}$$

如果已知土的饱和密度 ρ_{sat}，就可以得到计算有效密度的推导公式：

$$\rho'=\frac{m_s-\rho_w V_s}{V}=\frac{m_s-\rho_w(V-V_v)}{V}=\frac{m_s+\rho_w V_v-\rho_w V}{V}=\rho_{sat}-\rho_w \tag{3.10}$$

当土体浸没在水中时，土的固相要受到水的浮力的作用。在计算地下水位以下土层的自重应力时，应考虑浮力的作用，采用有效重度。扣除浮力以后的固相重力与土的总体积之比称为有效重度，也称为浮重度，$\gamma'=\rho' g=(\rho_{sat}-\rho_w)g=\gamma_{sat}-\gamma_w$，式中，$\gamma_w$ 为水的重度，$\gamma_w=10kN/m^3$。

（4）孔隙比。土中孔隙体积与土粒体积之比称为孔隙比，可用式（3.11）表示：

$$e=\frac{V_v}{V_s} \tag{3.11}$$

孔隙比是反映土的密实程度的物理指标，用小数来表示。一般 $e<0.6$ 的土是密实的低压缩性土，$e>1$ 的土是疏松的高压缩性土。

如果已知土粒比重 G_s、土的天然含水率 ω 和天然密度 ρ，就可以得到计算孔隙比的推导公式：

$$e=\frac{V_v}{V_s}=\frac{V-V_s}{V_s}=\frac{G_s\rho_w(1+\omega)}{\rho}-1 \tag{3.12}$$

(5) 孔隙率。土中孔隙体积与土的总体积之比称为孔隙率，可用式（3.13）表示：

$$n=\frac{V_v}{V}\times 100\% \tag{3.13}$$

孔隙率一般用百分数表示。通过推导，可得孔隙率与孔隙比的关系：

$$n=\frac{V_v}{V}=\frac{V_v}{V_v+V_s}=\frac{e}{1+e}$$

(6) 饱和度。土中孔隙水的体积与孔隙体积之比称为饱和度，可用式（3.14）表示：

$$S_r=\frac{V_w}{V_v}\times 100\% \tag{3.14}$$

饱和度是衡量土体潮湿程度的物理指标，用百分数来表示。若 $S_r=100\%$，土中孔隙全部充满水，土体处于饱和状态；若 $S_r=0$，则土中孔隙无水，土体处于干燥状态。

如果已知土的天然含水率 ω、土粒比重 G_s 和孔隙比 e，就可以得到计算饱和度的推导公式：

$$S_r=\frac{V_w}{V_v}=\frac{m_w/\rho_w}{V_v}=\frac{m_w/m_s}{\rho_w V_v/m_s}=\frac{\omega}{\dfrac{\rho_w V_v}{\rho_s V_s}}=\frac{\omega\rho_s}{\rho_w\dfrac{V_v}{V_s}}=\frac{\omega G_s}{e} \tag{3.15}$$

为了便于查阅，现将各物理性质指标之间的关系归纳见表3.2。

表3.2　土的物理性质指标

指标名称	符号	单位	物理意义	表达式	附　注
密度	ρ	g/cm^3 或 t/m^3	土在天然状态下，单位体积土的质量	$\rho=\frac{m}{V}$	试验方法（一般为环切法）直接测定，一般为 $1.6\sim2.0t/m^3$
土粒比重	G_s		土的质量（或重量）与同体积4℃时的纯净水的质量之比	$G_s=\frac{m_s}{V_s\times\rho_w}$	试验方法（用比重瓶法）测定，一般黏性土为2.72～2.74；砂土为2.65～2.69
干密度	ρ_d	g/cm^3 或 t/m^3	土的单位体积内土粒的质量	$\rho_d=\frac{m_s}{V}$	计算求得，一般为 $1.3\sim1.8t/m^3$
含水率	ω	%	土是水的质量（m_w）与颗粒质量（m_s）之比	$\omega=\frac{m_w}{m_s}$	试验方法（烘干法）测定，土的含水率一般为20%～60%
饱和密度	ρ_{sat}	g/cm^3 或 t/m^3	土中孔隙完全被水充满，处于饱和状态时，单位体积土的质量	$\rho_{sat}=\frac{\rho_w V_v}{V}$	计算求得，一般土为 $1.8\sim2.3g/cm^3$
孔隙比	e		土中孔隙体积（V_v）与土粒体积（V_s）之比	$e=\frac{V_v}{V_s}$	计算求得，一般黏性土为0.5～1.2；砂土为0.3～0.9
孔隙率	n	%	土中孔隙体积与总体积之比	$n=\frac{V_v}{V}\times100\%$	计算求得，一般黏性土为30%～60%；砂土为25%～45%

续表

指标名称	符号	单位	物理意义	表达式	附注
饱和度	S_γ	%	土中孔隙水的体积与孔隙体积之比	$S_\gamma=\frac{V_w}{V_v}\times 100\%$	孔隙全部为水所充填 $S_\gamma=1$ 的土称为饱和土，$S_\gamma\geqslant 0.8$ 的土也可认为是饱和土
有效密度	ρ'	g/cm³ 或 t/m³	土粒质量与同体积水的质量之差与土的总体积之比	$\rho'=\frac{m_s-\rho_w V_s}{V}$	计算求得，一般土为 0.8～1.3g/cm³

3.1.2 土的力学性质指标

1. 压缩系数

土的压缩性通常用压缩系数（或压缩模量）来表示，其值由原状土的压缩试验确定。压缩系数按式（3.16）计算

$$\alpha=1000\times\frac{e_1-e_2}{p_2-p_1} \tag{3.16}$$

式中：1000 为单位换算系数；α 为土的压缩系数，MPa^{-1}；p_1、p_2 为固结压力，MPa；e_1、e_2 为相对应的 p_1、p_2 压力时的孔隙比。

评价地基压缩性时，从对土评价的一致性出发，按 p_1 为 100kPa、p_2 为 200kPa。相应的压缩系数值以 α_{1-2} 划分为低、中、高压缩性，并应按以下规定进行评价。

（1）当 $\alpha_{1-2}<0.1MPa^{-1}$ 时，为低压缩性土。

（2）当 $0.1MPa^{-1}\leqslant\alpha_{1-2}<0.5MPa^{-1}$ 时，为中压缩性土。

（3）当 $\alpha_{1-2}\geqslant 0.5MPa^{-1}$ 时，为高压缩性土。

地基土压缩性和建筑物荷载的大小，将会直接影响地基沉降量的大小，因此，一般应选择低压缩性土作为地基，而高压缩性土则需经过处理后，才能作为地基。

2. 压缩模量

土的压缩性也可用压缩模量来表示，土体在完全侧限条件下，其竖向压力的变化增量与相应竖向应力的比值，称为土的压缩模量 E_S。压缩模量按式（3.17）计算

$$E_S=(1+e_0)/\alpha \tag{3.17}$$

式中：E_S 为土的压缩模量，MPa；e_0 为土的天然（自重压力下）孔隙比；α 为土的天然自重应力至土的自重加附加应力段的压缩系统数，MPa^{-1}。

用压缩模量划分压缩性等级和评价土的压缩性，可按表 3.3 所示规定进行。

表 3.3 地基土按 E_S 值划分压缩性等级的规定

室内压缩模量 E_S/MPa	压缩等级	室内压缩模量 E_S/MPa	压缩等级
<2.0	特高压缩性	7.5～11.0	中压缩性
2.0～4.0	易压缩性	11.0～15.0	中低压缩性
4.0～7.5	中高压缩性	>15.0	低压缩性

3. 土的抗剪强度

土的抗剪强度是指土在外力作用下抵抗剪切破坏的极限强度。土的强度问题实质是土的抗剪强度问题，对于土体的稳定，土的抗剪强度是决定性因素。

(1) 抗剪强度计算。土的抗剪强度可按式 (3.18) 和式 (3.19) 计算。

砂土 $$\tau_f=\sigma \cdot \tan\varphi \tag{3.18}$$

黏性土 $$\tau_f=c+\sigma \cdot \tan\varphi \tag{3.19}$$

式中:τ_f 为土的抗剪强度,kPa;σ 为剪切面上的法向应力,kPa;φ 为土的内摩擦角,(°),剪切试验法向应力与剪应力曲线的切线倾斜角;c 为土的黏聚力 (kPa),剪切试验中土的法向应力为零时的抗剪强度,砂土 $c=0$。其中 c、φ 称为土的抗剪强度指标。

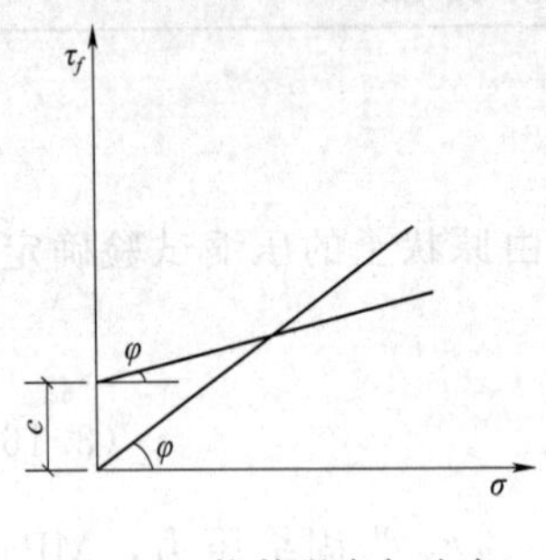

图 3.2 抗剪强度与法向应力的关系

(2) 土的内摩擦角 φ 和黏聚力 c 由试验获得:同一土样,切取不少于 4 个环刀进行不同垂直压力作用下的剪力试验后,绘制抗剪强度 τ 与法向应力 σ 的相关直线,直线交 τ 轴的截距即为土的黏聚力 c,直线的倾斜角即为土的内摩擦角 φ,如图 3.2 所示。

砂土的内摩擦角 φ 一般是随土的粒度变细而变小;砾砂、粗砂、中砂的 φ 值为 32°~40°;细砂、粉砂的 φ 值为 28°~36°;砂土的黏聚力 c 很小,可以忽略不计。

黏性土的内摩擦角 φ 的变化范围为 0°~36°,而黏聚力一般为 10~100kPa,坚硬黏土其值更高。

土的抗剪强度指标 φ、c 可以通过剪切试验确定。抗剪强度试验的方法有室内试验和野外试验等,室内试验最常用的是直接剪切试验(直剪试验)、三轴剪切试验和无侧限抗压强度试验等,野外试验采用原位十字板剪切试验、标准贯入、静力触探、动力触探等方法进行测定。它是评价地基承载力、边坡稳定性、计算土压力的重要指标。

4. 地基土的强度和承载力

地基是指建筑物下面支承基础承受上部结构荷载的土体或岩体。地基上的强度问题,实质上就是土的抗剪强度问题,土的抗剪强度与法向应力 σ 与土的内摩擦角 φ 和内聚力 c 三者有关。

地基承受荷载的能力称为地基承载力。地基承载力是地基土在基础的形状、尺寸、埋深及加载条件等外部因素确定下的固有属性,并与地基的变形相适应。依据《建筑地基基础设计规范》(GB 50007—2011),地基承载力特征值可由载荷试验或其他原位测试、公式计算并结合工程实践经验等方法综合确定。

地基承载力的确定在浅基础设计中是一项非常重要而又十分复杂的问题。影响地基承载力的因素很多,诸如土的物理、力学性质指标,基础形式、基础埋置深度与基础底面尺寸,建筑物的类型、结构特点和施工速率等,要精确地确定地基承载力是比较困难的。合理地确定地基承载力既能保证建筑物的安全和正常使用,又能达到降低工程造价的目的。确定地基承载力常用的方法有以下几种:

(1) 按现场静载荷试验方法确定。

(2) 按其他原位测试结果确定,如静力触探、标准贯入试验、旁压试验等。

(3) 按土的抗剪强度指标利用理论公式计算确定。

(4) 按当地建筑经验方法确定。

这些方法各有长短,互为补充,必要时可按多种方法综合确定。地基承载力确定方法的选择和确定的精细程度宜按地基基础设计等级、地基岩土条件和当地建筑经验合理选择，避免出现不必要的过分严格和随意的过分简化两种倾向。熟练掌握各种方法，在工程实践中合理地利用当地建筑经验，通过不多的地质勘察测试工作，就能获得比较精确的地基承载力值。

3.1.3 土的工程性质

1. 土的可松性

自然状态下的土，经过开挖以后，其体积因松散而增加，后虽经回填压实，仍不能恢复到原体积，这种性质称为土的可松性。土的可松性是用可松性系数来表示的。自然状态土经开挖后的松散体积与原自然状态下的体积之比，称为最初可松性系数 K_S，土经回填压实后的体积与原自然状态下的体积之比，称为最终可松性系数 K'_S。计算公式如下：

$$K_S=\frac{V_2}{V_1} \tag{3.20}$$

$$K'_S=\frac{V_3}{V_1} \tag{3.21}$$

式中：K_S 为土的最初可松性系数；K'_S为土的最终可松性系数；V_1 为土在自然状态下的体积，m^3；V_2 为土经开挖后的松散体积，m^3；V_3 为土经回填压实后的体积，m^3。

土的可松性是一个非常重要的工程性质。它对于场地平整，土方调配、开挖、运输和回填，以及土方挖掘机械和运输机械的生产效率、机械数量的选定等，都有很大影响。例如，土方开挖后的运输量，要考虑土的最初可松性系数 K_S；借土回填时，就需要考虑土的最终可松性系数 K'_S。

【例 3.1】 某土方工程需回填 $1000m^3$ 土，而现场已无土回填，必须另外取土，所选回填土的最初可松性系数 $K_S=1.24$，最终可松性系数 $K'_S=1.05$，需取多少土？

解：已知需回填的土方量（回填压实后的体积）为 $V_3=-1000m^3$

且 $K_S=1.24$，$K'_S=1.05$

则需开挖土自然状态下的体积

$$V_1=\frac{V_3}{K'_S}=\frac{1000}{1.05}=952.38(m^3)$$

开挖后需运输的土体积

$$V_1=V_1\times K_S=952.38\times 1.24=1180.95(m^3)$$

由于土的可松性，土经开挖后，土壤的结构遭到破坏，地基的抗剪能力有所下降，所以，一般情况下不允许用回填土做地基。

各类土的可松性系数参考值见表 3.4。

表 3.4 **各类土的可松性系数参考值**

土　的　类　别	土的可松性系数	
	K_S	K'_S
一类土（种植土除外）	1.08～1.17	1.01～1.03
一类土（种植土、泥炭）	1.20～1.30	1.03～1.04

续表

土的类别	土的可松性系数	
	K_S	K'_S
二类土	1.14～1.28	1.02～1.05
三类土	1.24～1.30	1.04～1.07
四类土（泥灰岩、蛋白石除外）	1.26～1.32	1.06～1.09
四类土（泥灰岩、蛋白石）	1.33～1.37	1.11～1.15
五～七类土	1.30～1.45	1.10～1.20
八类土	1.45～1.50	1.20～1.30

2. 土的渗透性

土是一种松散的固体颗粒集合体，土体内具有连通的孔隙，土体孔隙中的自由水在重力作用下会透过土体而运动，这种土体被水透过的性质称为土的渗透性。表征土的渗透性指标为渗透系数 K，在各向同性介质中，它定义为单位水力梯度下单位流量。渗透系数一般通过室内渗透试验或现场抽水或压水试验确定。一般地说，现场试验比室内试验得到的结果要准确些。因此，对于重要工程常需进行现场测定。

土渗透系数的大小对土方工程中施工降水与排水的影响较大，施工时应加以注意。

渗透系数 K 按式（3.22）计算：

$$K=\frac{Q}{Al}=\frac{u}{I} \tag{3.22}$$

式中：K 为渗透系数，cm/s 或 m/d；Q 为单位时间内渗透通过的水量，cm^3/s，或 m^3/d；A 为通过水量的总横截面积，cm^2 或 m^2；u 为渗透水流的速度，cm/s 或 m/d；I 为水力坡度（高水位 h_1 与低水位 h_2 之差与渗透距离 s 的比值）。

$$I=\frac{h_1-h_2}{s}=\frac{\Delta h}{s}$$

土的渗透系数参考值见表3.5。

表3.5　土的渗透系数参考值

名称	渗透系数 K/(m/d)	名称	渗透系数 K/(m/d)
黏土	<0.005	中砂	5.0～20
粉质黏土	0.005～0.1	粗砂	20～50
粉土	0.1～0.25	圆砾	50～100
黄土	0.25～0.5	卵石	100～500
粉砂	0.5～1.0	无填充物卵石	500～1000
细砂	1.0～5.0		

3. 土的含水率

土的含水率是指土中所含的水与土的固体颗粒质量之比的百分率（用质量分数表示符号为 ω）其计算公式为

$$\omega=\frac{m_w}{m_s}\times 100\% \tag{3.23}$$

式中：ω 为水的质量分数，%；m_w 为土中水的质量，为含水土的质量与烘干后的土质量之差；m_s 为土中固体颗粒的质量，为烘干后的土质量。

土的含水率与土方边坡的稳定性及回填土的质量有直接关系。各类土都存在一个最优含水率，当土的含水率处于最优时，回填土的密实度最大。

4. 土的压缩性

在土方回填时，经运输、填压以后，均会压缩，一般土的压缩性以土的压缩率表示，见表 3.6。

表 3.6　　土的压缩率 P 的参考值

土的类别	土的名称	土的压缩率/%	每立方米松散土压实后的体积/m^3
一类土、二类土	种植土	20	0.80
	一般土	10	0.90
	砂土	5	0.95
三类土	天然温度黄土	12～17	0.85
	一般土	5	0.95
	干燥坚实黄土	5～7	0.94

一般可按填方截面增加 10%～20%方数考虑。

5. 土石的休止角

土石的休止角，是指在某一状态下的土石体可以稳定的坡度，一般岩土的坡度见表 3.7。

表 3.7　　土 石 的 休 止 角

土的名称	干土		湿润土		潮湿土	
	角度/(°)	高度与底宽比	角度/(°)	高度与底宽比	角度/(°)	高度与底宽比
砾石	40	1∶1.25	40	1∶1.25	35	1∶1.50
卵石	35	1∶1.50	45	1∶1.00	25	1∶2.75
粗砂	30	1∶1.75	35	1∶1.50	27	1∶2.00
中砂	28	1∶2.00	35	1∶1.50	25	1∶2.25
细砂	25	1∶2.25	30	1∶1.75	20	1∶2.75
重黏土	45	1∶1.00	35	1∶1.50	15	1∶3.75
粉质黏土、轻黏土	50	1∶1.75	40	1∶1.25	30	1∶1.75
粉土	40	1∶1.25	30	1∶1.75	20	1∶2.75
腐殖土	40	1∶1.25	35	1∶1.50	25	1∶2.25
填方的土	35	1∶1.50	45	1∶1.00	27	1∶2.00

3.2 土的分类

3.2.1 地基土的分类

根据现行《建筑地基基础设计规范》(GB 50007—2011) 标准规定，将承受建筑荷载的地基岩土划分为岩石、碎石土、砂土、粉土、黏性土和人工填土等几种。

(1) 岩石的分类。岩石为颗粒间的牢固连接，呈整体或具有节理裂隙的岩体。作为建筑物地基，除确定岩石的地质名称外，尚应按坚硬程度和完整程度划分。

岩石的坚硬程度可根据岩块的饱和单轴抗压强度 f_{rk} 的大小来划分，表3.8将其划分为坚硬岩、较硬岩、较软岩、软岩和极软岩。岩石根据风化程度可分为未风化、微风化、中风化、强风化和全风化。

表3.8 岩石坚硬程度的划分

坚硬程度类别	坚硬岩	较硬岩	较软岩	软岩	极软岩
饱和单轴抗压强度标准值 f_{ck}/MPa	$f_{ck}>60$	$60\geqslant f_{ck}>30$	$30\geqslant f_{ck}>15$	$15\geqslant f_{ck}>5$	$f_{ck}\leqslant 5$

注 完整性指数为岩体纵波波速与岩块纵波波速之比的平方。选定岩体、岩块测定波速时应有代表性。

(2) 碎石土的分类。粒径大于2mm的颗粒含量(质量分数)超过全重50%的土称为碎石土。碎石土可根据粒径分组含量和颗粒形状划分为漂石、块石、卵石、碎石、圆砾和角砾，详见表3.9。

表3.9 碎石土的分类

分类名称	颗粒形状	颗粒级配
漂石	圆形及亚圆形为主	粒径大于200mm的颗粒含量超过全重50%
块石	棱角形为主	
卵石	圆形及亚圆形为主	粒径大于20mm的颗粒含量超过全重50%
碎石	棱角形为主	
圆砾	圆形及亚圆形为主	粒径大于2mm的颗粒含量超过全重50%
角砾	棱角形为主	

注 分类时应根据粒径含量栏从上到下以最先符合者确定。

(3) 砂土的分类。砂土是指粒径大于2mm的颗粒含量不超过总质量的50%且粒径大于0.075mm的颗粒含量超过总质量的50%的土。根据粒径的大小不同，砂土可分为五类，即砾砂、粗砂、中砂、细砂和粉砂，详见表3.10。

表3.10 砂土的分类

分类名称	颗粒级配
砾砂	粒径大于2mm的颗粒含量超过全重25%～50%
粗砂	粒径大于0.5mm的颗粒含量超过全重50%

续表

分类名称	颗粒级配
中砂	粒径大于 0.25mm 的颗粒含量超过全重 50%
细砂	粒径大于 0.075mm 的颗粒含量超过全重 50%
粉砂	粒径大于 0.075mm 的颗粒含量不超过全重 50%

注 分类时应根据其粒径分组由大到小以最先符合者确定。

(4) 黏性土的分类。黏性土的工程性质与土的成因、年代的关系密切，不同成因和年代的黏性土，尽管其某些物理性质指标可能很接近，但工程性质可能悬殊，所以黏性土按沉积年代、塑性指数分类。

黏性土按沉积年代分为老黏性土、一般黏性土和新近沉积黏性土。

按塑性指数 I_p 划分：塑性指数 $I_p>17$ 的土为黏性土；塑性指数 $I_p\leqslant10$ 的土为粉土；$10<I_p\leqslant17$ 的土为粉质黏土。

(5) 粉土。粉土是指粒径大于 0.075mm 的颗粒含量不超过总质量的 50%，且塑性指数 I_p 小于或等于 10 的土。粉土是介于砂土和黏性土之间的过渡性土类，它具有砂土和黏性土的某些特征，根据黏粒含量可以将粉土再划分为砂质粉土和黏质粉土。

(6) 人工填土。人工填土是指人类活动而堆填的土，其物质成分复杂，均匀性差。根据物质组成和成因，填土分为素填土、压实填土、杂填土和冲填土。

素填土是由碎石土、砂土、粉土、黏性土等组成的填土，其中不含杂质或含杂质较少。

压实填土是经过压实或夯实的素填土。

杂填土是由建筑垃圾、工业垃圾和生活垃圾的填土。

冲填土是由水力冲填泥沙形成的填土。

人工填土按堆填的时间分为老填土和新填土。超过 10 年的黏性土或超过 5 年的粉土称为老填土；不超过 10 年的黏性土或不超过 5 年的粉土称为新填土。

3.2.2 土的工程分类

土的工程分类是按照土的开挖难易程度划分的。我国现行劳动定额和预算定额将土分为八类，其中前面四类为土，后面四类为石，详见表 3.11。

表 3.11 土的工程分类

土的分类	土的级别	包括的内容	坚实系数 f	密度 /(t/m³)	开挖工具及方法
一类土（松软土）	Ⅰ	砂土、粉土、冲击砾土层、疏松的种植土、淤泥（泥炭）	0.5～0.6	0.6～1.5	用锹、锄头挖掘
二类土（普通土）	Ⅱ	粉质黏土、潮湿的黄土、夹有碎石、卵石的砂、种植土、粉土、填土	0.6～0.8	1.1～1.6	用锹、锄头挖掘，少许用镐翻松
三类土（坚土）	Ⅲ	软黏土及中等密实黏土、重粉质黏土、砾石土、干黄土及夹有卵石、碎石的黄土、粉质黄土、压实的填土	0.8～1.0	1.75～1.9	主要用镐，少许用锹、锄头挖掘，部分用撬棍

续表

土的分类	土的级别	包括的内容	坚实系数 f	密度 /(t/m³)	开挖工具及方法
四类土（砂砾坚土）	Ⅳ	坚硬密实的黏性土或黄土、含碎石、卵石的黏性土或黄土、天然级配砂石、软泥灰岩	1.0～1.5	1.9	先用镐、撬棍，后用铁锹挖掘，部分用楔子及大锤
五类土（软石）	Ⅴ～Ⅵ	硬质黏土、中密的页岩、泥灰岩、白垩土、胶结不紧的砾岩、软的石灰岩	1.5～4.0	1.1～2.7	用镐或撬棍、大锤挖掘，部分使用爆破方法
六类土（次坚石）	Ⅶ～Ⅸ	泥岩、砂岩、砾岩、坚实的页岩、泥灰岩、密实的石灰岩、风化花岗岩、片麻岩	4.0～10.0	2.2～2.9	用爆破方法开挖，部分用风镐
七类土（坚石）	Ⅹ～Ⅻ	大理石、辉绿岩、玢岩、粗、中粒花岗岩、坚实的白云岩、砂岩、砾岩、片麻岩、石灰岩、微风化安山岩、玄武岩	10.0～18.0	2.5～3.1	用爆破方法开挖
八类土（特坚石）	ⅩⅣ～ⅩⅥ	安山岩、玄武岩、花岗片麻岩、坚实的细粒花岗岩、闪长岩、石英岩、辉长岩、辉绿岩、玢岩、角闪岩	18.0～25.0	2.7～3.3	用爆破方法开挖

注 1. 土的级别相当于一般16级土石级别。
2. 坚实系数 f 相当于普氏强度系数。

3.3 土的现场鉴别方法

3.3.1 碎石土、砂土的现场鉴别方法

碎石土、砂土的现场鉴别方法见表3.12。

表3.12 碎石土、砂土的现场鉴别方法

类别	土的名称	观察颗粒粗细	干燥时的状态及强度	潮湿时用手拍击状态	黏着程度
碎石	卵（碎）石	一半以上颗粒超过20mm	颗粒完全分散	表面无变化	无黏着感觉
	圆（角）砾	一半以上颗粒超过2mm（小高粱米粒大小）	颗粒完全分散	表面无变化	无黏着感觉
砂	砾砂	约有1/4以上颗粒超过2mm（小高粱米粒大小）	颗粒完全分散	表面无变化	无黏着感觉
	粗砂	约有一半以上颗粒超过0.5mm（细小米粒大小）	颗粒完全分散，但有个别的胶结在一起	表面无变化	无黏着感觉
	中砂	约有一半以上颗粒超过0.25mm（白菜籽粒大小）	颗粒基本分散，局部胶结，但一碰就散	表面偶有水印	无黏着感觉
	细砂	大部分颗粒与粗豆米粉（>0.74mm）近似	颗粒大部分分散，少部胶结，部分稍加碰撞即散	表面有水印（翻浆）	偶有轻微黏着感觉
	粉砂	大部分颗粒与大小米粉近似	颗粒少部分分散，大部分胶结，稍加压力可分散	表面显著的翻浆现象	有轻微黏着感觉

3.3.2 黏性土的现场鉴别方法

黏性土的现场鉴别方法见表3.13。

表3.13　黏性土的现场鉴别方法

土的名称	潮湿时用刀切	湿土用手捻摸时的感觉	土的状态		湿土捻条情况
			干土	湿土	
黏土	切面光滑，有黏刀阻力	有滑腻感，感觉不到有砂粒，水分较大，很黏手	土块坚硬，用锤才能打碎	易黏着物体，干燥后不易剥去	塑性大，能搓成直径小于0.5mm的长条（长度不短于手掌），手持一端不易断裂
粉质黏土	稍有光滑面，切面平整	稍有滑腻感，有黏滞感，感觉到有少量砂粒	土块用力可压碎	能黏着物体，干后较易剥去	有塑性，能搓成直径为2～3mm的土条
粉土	无光滑面，切面粗糙	有轻微黏滞感或无黏滞感，感觉到有较多砂粒、粗糙	土块用手捏或抛扔时易碎	不易黏着物体，干燥后一碰就掉	塑性小，能搓成直径为2～3mm的短条
砂土	无光滑面，切面粗糙	无黏滞感，感觉到全是砂粒、粗糙	松散	不能黏着物体	无塑性，不能搓成土条

黏性土和粉土的稠度鉴别方法见表3.14。

表3.14　黏性土和粉土的稠度鉴别方法

稠度状态	鉴别方法
坚硬	人工小钻钻探时很费力，几乎钻不进去，钻头取出的土样用手捏不动，加力不能使土变形，只能碎裂
硬塑	人工小钻钻探时较费力，钻头取出的土样用手摸时，只有用较大的力才略有变形并即碎裂松散
可塑	钻头取出的土样，手指稍微用力就能按入土中，土可捏成各种形状
软塑	可以把土捏成各种形状，手指按入土中毫不费力，钻头取出的土样还能成形
液塑	钻进很容易，钻头不易取出土样，取出的土已不能成形，放在手中也不易成块

黏性土的潮湿程度鉴别方法见表3.15。

表3.15　黏性土的潮湿程度鉴别方法

土的潮湿程度	鉴别方法
稍湿的	经过扰动的土不易捏成团，易碎成粉末，放在手中不湿手，但感觉凉，而且感觉是湿土
很湿的	经过扰动的土能捏成各种形状，放在手中会湿手，在土面上滴水能慢慢渗入土中
饱和的	滴水不能渗入土中，可以看出孔隙中的水发亮

新近沉积黏性土的现场鉴别方法见表3.16。

表3.16　新近沉积黏性土的现场鉴别方法

沉积环境	颜色	结构性	含有物
河漫滩和山前洪、冲积扇（锥）的表层，古河道，已填塞的湖、塘，沟谷、河道泛滥区	颜色较深而暗，呈褐、略黄或灰色，含有机物较多的带灰黑色	结构性差，用手扰动原状土时极易变软，塑性较低的土还有振动析水现象	在完整的沉积黏性土剖面中，无原生的粒状结核体，但可能含有圆形及亚圆形的钙质结核体（如姜结石）或贝壳，在城镇附近可能含有少量碎砖、陶片或朽木等人类活动的遗物

3.3.3 人工填土、淤泥、黄土、泥炭的现场鉴别方法

人工填土、淤泥、黄土、泥炭（腐殖土）的现场鉴别方法见表3.17。

表3.17 人工填土、淤泥、黄土、泥炭的现场鉴别方法

土的名称	观察颜色、味道	夹杂物质	形状（构造）	浸入水中现象	湿土搓条情况	干燥后强度
人工填土	无固定颜色	砖瓦碎块、垃圾、炉灰等	夹杂物显露于外，构造无规律	大部分在水中变为稀软泥炭，其余部分为碎瓦、炉渣，可在水中单独显现	一般能搓成直径3mm土条，但易断，遇有杂质甚多时，不能搓条	干燥后部分杂质脱落，故无定形，稍微施加压力即行破碎
淤泥	灰黑色有臭味	池、沼中有半腐朽的细小动植物遗体，如草根、小螺壳等	经仔细观察，可以发现有夹杂物，其构造常呈层状，但有时不明显	外观无明显变化，在水面出现气泡	一般淤泥质土接近于粉土，故能搓成直径3mm土条（长至少30mm），容易断裂	干燥后体积显著收缩，强度不大，锤击时呈粉末状，用手指能捻碎
黄土	黄、褐两色的混合色	有白色粉末出现在纹理之中	夹杂物常清晰显见，构造上有垂直大孔（肉眼可见）	极易崩散而分成散的颗粒集团，在水面上出现很多白色液体	搓条情况与正常的粉质黏土类似	一般黄土相当于粉质黏土，干燥后的强度很高，手指不易捻碎
泥炭	深灰或黑色	有半腐朽的动植物遗体。其含量（质量分数）超过60%	夹杂物有时可见构造，无规律	极易崩碎，变为稀软淤泥，其余部分为植物根、动物残体，渣滓悬浮于水中	一般能搓成直径为1～3mm土条，但残渣甚多时，仅能搓成直径3mm以上的土条	干燥后大量收缩，部分杂质脱落，故有时无定形

3.4 特 殊 土

特殊土是指某些具有特殊物质成分和结构，而工程地质性质也较特殊的土。特殊土的种类甚多，主要有软弱土、湿陷性黄土、膨胀土、饱和砂土和饱和粉土、冻土、盐渍土、红黏土等。根据成土环境，这些特殊土的分布都具有区域性的特点，因此特殊土也称为区域性土。

1. 软弱土

软弱土是指抗剪强度较低、压缩性较高、渗透性较小、天然含水率较大的饱和黏性土。常见软弱土有淤泥、淤泥质土、泥炭和泥炭质土和其他高压缩性的黏土及粉土等。其中淤泥和淤泥质土是软弱土的主要类型。淤泥一般是指天然含水率大于液限、天然孔隙比不小于1.5的黏土；而淤泥质土则是指天然含水率大于液限、天然孔隙比在1.0～1.5之间的黏土或粉土。这些软弱土广泛分布在我国东南沿海地区和内陆的江、河、湖沿岸及周边地区。软弱土有以下特征。

（1）天然含水率高、孔隙比大。

（2）渗透性小。

（3）压缩性较高。

（4）抗剪强度低。

（5）具有明显的流变性。

（6）具有明显的触变性。

由于软弱土压缩性高、强度低，因此软弱地基沉降大，且多为不均匀沉降，极易造成建筑物墙体开裂、柱倾覆或折断、建筑物倾覆。另外，山区软土下部常存在倾斜基岩或其他坚硬地层倾斜面，且坡度较大时对建筑物来说是一个隐患，除造成不均匀沉降外，还可能发生倾斜基岩面上软弱土蠕变滑移，导致地基失稳。因此软弱土对建筑物的影响及危害非常大。

2. 湿陷性黄土

湿陷性黄土指在一定压力作用下受水浸湿，土结构迅速破坏并发生显著附加下沉的土。湿陷性黄土分布在甘肃、陕西、河南及山西和青海部分地区。湿陷性黄土具有与一般粉土和黏性土不同的特性，主要是具有大孔隙性和湿陷性。在自然界土中有肉眼可见的大孔隙，在覆盖土层的自重应力或自重应力和建筑物附加应力的综合作用下浸水，则土的结构迅速破坏，并发生显著的附加下沉。它具有如下特征。

（1）土的颜色在干燥时呈淡黄色，稍湿时呈黄色，湿润时呈褐黄色。

（2）在天然状态下，具有肉眼可见的大空隙，孔隙比大于1。

（3）颗粒组成以粉土颗粒为主，含量常占60%以上，富含碳酸钙盐类，含盐量大于0.3%。

（4）透水性强，土样浸入水中以后，很快崩解，同时有气泡产生。

（5）黄土在干燥状态下，有较高的强度和较小的压缩性，但在遇水后，土的结构迅速破坏发生显著的沉降，产生严重湿陷，故称为湿陷性黄土。

在工程中除干燥车间外，通常要进行处理，消除湿陷性后才可作为天然地基。

3. 膨胀土

膨胀土是土中黏粒成分主要由亲水性矿物组成，具有显著的吸水膨胀和失水收缩两种变形特性的黏性土。虽然一般黏性土也都有膨胀、收缩特性，但其变形量不大；而膨胀土的膨胀—收缩—再膨胀的周期性变形特性非常显著，并给工程带来危害，因而将其作为特殊土从一般黏性土中区别出来。我国膨胀土分布很广，以云南、广西、湖北、安徽、河北、河南等省区的山前丘陵和盆地边缘最多，此外，贵州、陕西、山东、江苏、四川等地都有分布。

膨胀土一般强度较高、压缩性低，易被认为是建筑性能较好的地基土。但由于其具有膨胀和收缩的特性，当利用这种土作为建筑物地基时，如果对它的特性缺乏认识，或在设计和施工中没有采取必要的措施，结果会给建筑物造成危害。

一般根据野外特征，结合室内试验指标及建筑物的破坏特点进行综合判别的方法来判定膨胀土。其主要特征如下。

（1）在自然条件下，土的结构致密，多呈硬塑或坚硬状态；具有黄红、褐、棕红、灰白或灰绿等多种颜色。

(2) 裂隙发育，常见裂隙有竖向、斜交和水平三种，裂隙中常充填灰绿、灰白色黏土，土被浸湿后裂隙回缩变窄或闭合。

(3) 自由膨胀率大于40%；天然含水率接近塑限，塑性指数大于17，多数在22～35之间；液性指数小于0，天然孔隙比变化范围在0.5～0.8之间。

(4) 多出现于二级及三级以上河谷阶地、垅岗、山梁、斜坡、山前丘陵和盆地边缘，地形坡度平缓，无明显自然陡坎。

(5) 土中含有较多亲水性强的蒙脱石、多水高岭石、伊利石（水云母）和硫化铁、蛭石等，有明显的湿胀干缩效应。

(6) 膨胀土地区旱季地表常出现地裂，雨季则裂缝闭合。地裂上宽下窄，一般长10～80m，深度多在3.5～8.5m之间，壁面陡立而粗糙。

4. 饱和砂土和饱和粉土

饱和松散的砂土或粉土在强烈的地震作用下，会产生剧烈的状态变化，使原砂土或粉土结构受到破坏、抗剪强度丧失，成为液体状态。当覆盖土层被震裂时，则受压水挟带砂粒和粉粒喷出地面，出现喷水、冒砂现象，常常导致建筑物产生不均匀沉降，甚至失稳，造成建筑物开裂、倾斜或破坏，这种现象称为砂土的液化。

饱和松砂与粉土主要是单粒结构，处于不稳定状态。在强烈地震作用下，疏松不稳定的砂粒与粉粒移动到更稳定的位置。但地下水位下土的孔隙已完全被水充满，在地震作用的短暂时间内，土中的孔隙水无法排出，砂粒与粉粒位移至孔隙水中漂浮，此时土体的有效应力为零，地基丧失承载力，造成地基不均匀下沉，导致建筑物破坏。

5. 冻土

多年冻土及季节性冻土主要位于寒冷地区。冻深以上土层因土温低于0℃，土中水结冰，冰的膨胀使土产生膨胀。待春天来临，温度上升，土中冰融，又造成土的融沉。常见的春天翻浆就是冰融现象造成的。除砂土的冻胀较小外，黏性土内黏粒矿物的吸附能力，具有转移水分的作用。凡地下水位离冻深线2m以内的土层都可能因水不断向低温转移而得到补给，产生强弱不等的冻胀现象。所以冻土并非土的本身具有的性质，而是气温变化在土中引起的水的物理变化造成的现象。其防治措施最好的方法只有两种：一是将基础埋在冻深线以下；二是采用架空层或其他措施隔断一切热源、冷源对土的现状的影响。后者是在冻结深度较大或多年冻土区很有效的办法。

同理，在设计施工中由于对土的冻胀现象未加注意也可能造成人为冻害。例如，冷藏库未设架空层造成库内低温传给地基，引起冻害；冬季施工基坑开挖后未及时保温，造成基土冻胀等。

6. 盐渍土

土中易溶盐超过0.5%时即属盐渍土。常见的盐类为氯盐、碳酸盐和硫酸盐等，它对混凝土有侵蚀性。为防止腐蚀，常在基础四周加涂沥青保护层。

可溶盐浸水后可溶解，硫酸盐吸水还有膨胀性。青海格尔木地区采用岩盐铺路，是在压实情况下进行的。

7. 红黏土

红黏土地基是指出露地表的碳酸盐类岩石，在湿热气候条件下经风化、淋滤和红土化作用而形成的一种高塑性黏土，它常覆盖于基岩上，呈棕红或褐红、褐黄色，形成过程中，由于铁铝元素相对集中而演变成带红色的黏性土。红黏土主要分布在云南、四川、贵州、广西、鄂西、湘西等地。

红黏土是一种处于饱和状态、孔隙比较大、以硬塑和可塑状态为主、中等压缩性、较高强度的黏性土，具有一定收缩性。

（1）液限较大，含水较多，饱和度常大于80%，土常处于硬塑至可塑状态。

（2）孔隙比一般较大，变化范围也大，尤其是残积红土的孔隙比常超过0.9，甚至达2.0；前期固结压力和超固结比很大，除少数软塑状态红土外，均为超固结土，这与游离氧化物胶结有关，一般常具有中等偏低的压缩性。

（3）强度一般较高且变化范围大，内聚力一般为10～60kPa，内摩擦角为10°～30°或更大。

（4）膨胀性极弱，但某些土具有一定收缩性，与粒度、矿物、胶结物情况有关；某些红土化程度较低的黄层收缩性较强，应划入膨胀土范畴。

（5）浸水后强度一般降低。部分含粗粒较多的红土，湿化崩解明显。

红黏土分为残坡积和非残坡积（冲洪积）两大类。残坡积红土的性质与其粒度、矿物成分密切相关，一种是粒度粗，石英含量多，塑性较弱，以粉质黏土为主，强度较高，极弱胀缩性，如花岗岩残积红土、砂砾岩等碎屑岩残积红土；一种是粒度细，石英含量小，塑性较强，以黏土为主，强度稍低，具有弱～中等胀缩性，部分应划入膨胀土范畴，如碳酸盐岩积红土、玄武岩残积红土、凝灰岩残积红土及泥质岩残积土，如 Q_2～Q_3 时期形成的网纹红土，胶结力强，强度高，无胀缩性，其性质接近典型老黏性土；一种是年代较新的红土，如 Q_4 时期形成的红土化程度较低的冲洪积土及经过改造再沉积的次生红土，胶结力弱，连接差，强度较低，可能有一定的胀缩性，其性质更接近一般黏性土。

总之，土的分类可帮助我们根据其属性及时采取相应的措施。但是，土的成因复杂、地区性很强，分类可解决大部分设计施工问题，也制定了相应的规范。应当注意，还存在许多特殊问题，这就需要经过试验研究。例如，软土的性质有共性，但各地很不相同，不能照搬照抄。最好的方法是吸收当地成功的经验和失败的教训，根据工程要求加以深化。遇到疑难问题应由专门从事岩土工程的技术专家解决。

3.5 职业活动训练

（1）根据工程实例，判别土的性质。

（2）计算土的物理指标和力学指标。

第4章

施工排水

【学习目标】

(1) 能选择施工排水方式。

(2) 能进行流砂处理。

【学习任务】

(1) 能描述施工排水的适用条件。

(2) 能进行流砂处理。

【学习内容】

(1) 明排水法。

(2) 人工降低地下水位。

(3) 井点回灌技术。

(4) 流砂处理。

【任务描述】

在土石方工程施工过程中，特别是在基坑开挖和基础施工时，会遇到大量的地表水和地下水，如不及时排除，就有可能造成土壁塌方、施工条件恶化；水浸入地基，还会降低地基的承载力，造成上部结构的不均匀沉降。因此，在施工过程中，施工排水是一个非常重要的环节。常用的施工排水包括明排水法和人工降低地下水位法（井点降水法）两种。

4.1 明 排 水 法

4.1.1 地表水明排水法

场地开挖常会遇到地表滞水大量渗入，造成场地浸水，破坏边坡稳定，影响施工正常进行，因此必须做好现场的排水、截水，做到有组织排水。在施工时，一般应注意以下几点。

(1) 在现场应根据实际情况，修设临时或永久性排水沟、防洪沟或挡水堤。为节省费用，现场内外原有自然排水系统应尽可能保留或适当加以整修、疏导、改造，为己所用。

(2) 基坑开挖过程中，应在地表流水的上游一侧设排水沟、散水沟或截水挡土堤，防止地表水流入基坑。

(3) 施工现场道路两侧应设排水沟，一股排水沟减面尺寸不小于 500mm×500mm，沟底坡度为 2%～8%。

(4) 在有条件时，先修建正式工程主干排水设施和管网，以方便排出地面滞水和基坑井点抽出的地下水。

(5) 湿陷性黄土地区，应防止基坑受水浸泡，造成地基下陷，现场必须设置临时或永久性的排洪防水设施，以防基坑受水浸泡，造成地基下陷。现场的储水构筑物、排水沟等均应有防漏水措施，并与建筑物保持一定的安全距离。安全距离：一般在非自重湿陷性黄土地区应不小于 12m，在自重湿陷性黄土地区应不小于 20m；搅拌站设置离建筑物应不小于 10m。建筑物的四周，非自重湿陷性黄土地区在 15m 以内，对自重湿陷性黄土地区在 25m 以内不应设有集水井，需要浇水的建筑材料，宜堆放在距基坑 5m 之外，并严防水流入基坑内。

4.1.2 地下水明排水法（集水井降水法）

在基坑（槽）开挖过程中，经常会遇到地下水问题。由于地下水的存在，土方开挖困难，边坡容易塌方，而且会导致地基被水浸泡，扰动地基土，造成工程竣工后建筑物的不均匀沉降，甚至使建筑物开裂或破坏。因此，基坑（槽）开挖施工中，应根据工程地质和地下水文情况，采取措施有效地降低地下水位，以保证工程质量和工程的顺利进行。

开挖基坑（槽）时降低地下水位的方法很多，一般可分为集水井降水法（又称明排水）和井点降水法两大类，其中以集水井降水法为施工中应用最为广泛、简单、经济的方法，各种井点降水主要应用于大面积深基坑降水。

1. 集水井与明沟

集水井降水法，其做法是在开挖基坑的一侧、两侧或四侧，或在基坑中部设置排水明沟，在四角或每隔 20～40m 处设一集水井，使地下水流汇集于集水井内，再用水泵将地下水排出基坑外，如图 4.1 所示。

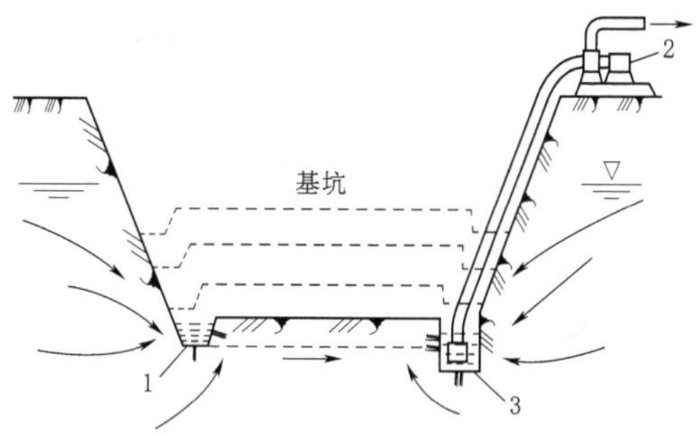

图 4.1 集水井降水法

1—排水沟；2—水泵；3—集水井

集水井截面为 (0.6m×0.6m)～(0.8m×0.8m)；井壁用木方、木板支撑加固。基底以下井底应填以 200mm 厚碎石或卵石，水泵抽水龙头应包以滤网，防止泥沙进入水泵。抽水应连续进行，直至基础施工完毕，回填土后才停止。

排水沟深度应始终保持比挖土面低 0.4～0.5m；集水井应比排水沟低 0.5～1.0m，或深于抽水泵进水阀的高度，并随基坑的挖深而加深，保持水流畅通，使地下水位低于开挖基坑底 0.5m。

一侧排水沟应设在地下水的上游。一般小面积基坑排水沟深 0.3～0.6m，底宽应不小于 0.2～0.3m，水沟的边坡为 1.1～1.5，沟底设有 0.2%～0.5%的纵坡。较大面积基坑排水，常用排水沟截面尺寸可参考表 4.1。

本方法施工方便、设备简单、降水费用低、管理维护较易、应用最多。适用于土质情况较好、地下水不多、一般基础及中等面积基础群和建（构）筑物基坑（槽、沟）的排水。

表 4.1　　基坑（槽）排水沟常用截面

图示	基坑面积/m²	截面符号	粉质黏土			黏土		
			地下水位以下的深度/m					
			4	4~8	8~12	4	4~8	8~12
	5000以下	a	0.5	0.7	0.9	0.4	0.5	0.6
		b	0.5	0.7	0.9	0.4	0.5	0.6
		c	0.3	0.3	0.3	0.3	0.3	0.3
	5000~10000	a	0.8	1.0	1.2	0.5	0.7	0.9
		b	0.8	1.0	1.2	0.5	0.7	0.9
		c	0.3	0.4	0.4	0.3	0.3	0.3
	10000以上	a	1.0	1.2	1.5	0.6	0.8	1.0
		b	1.0	1.2	1.5	0.6	0.8	1.0
		c	0.4	0.4	0.5	0.3	0.3	0.4

当基坑开挖土层由多种土组成，其中部夹有透水性强的砂类土时，为避免上层地下水冲刷基坑下部边坡，造成塌方，可采用分层明沟排水的办法，即在基坑边坡上设置2～3层明沟及相应的集水井，分层阻截并排除上部土层中的地下水，如图4.2所示。

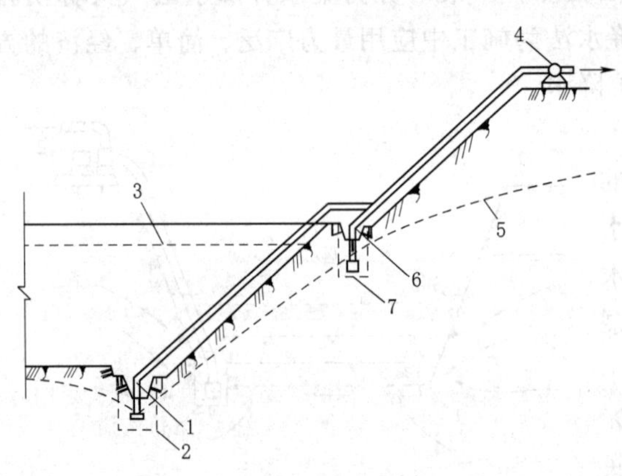

图4.2　分层明沟排水法

1—底层排水沟；2—底层热水井；3—原地下水位；4—水泵；5—降低后地下水位；6—二层排水沟；7—二层集水井

在场地狭窄、地下水量很大的情况下，设置明沟比较困难，可在基础底板四周设置暗沟（又称盲沟）排水。挖土时先挖排水沟，随挖随加深，形成连通基坑内外的暗沟排水系统，以控制地下水位，挖至基础底板标高后做成暗沟。

暗沟的底宽一般为300～500mm，深500～700mm。沟底采用混凝土找坡，坡度不小于5%；沟内用卵石外裹中、粗砂填满，以保持地下水渗流通畅；沟上，基础垫层底铺油毡隔离。

2. 集水井施工和维护

为防止排水沟和集水井在使用过程中出现渗透现象，施工中可在底部浇筑素混凝土垫层，在沟两侧采用水泥砂浆护壁。土方施工过程中，应注意定期清理排水沟中淤泥，以防止排水沟堵塞。另外还要定期观测排水沟是否出现裂缝，及时修补，避免渗漏。

3. 排水机具的选用

在基坑施工中，排水用的水泵主要有离心泵、潜水泵和软轴水泵等。选用水泵时，一般取水泵的排水量为基坑涌水量的1.5～2.4倍。当基坑涌水量$Q<20m^3/d$时，可用隔膜式泵或潜水泵；当基坑涌水量$Q=20\sim60m^3/d$时，可用隔膜式泵、离心泵或潜水泵；当基坑涌水量$Q>60m^3/d$时，多用离心泵。

4.2 人工降低地下水位法（井点降水法）

在地下水丰富的土层中开挖基坑时，如采用一般的集水井排水方法，常会出现严重的翻浆、冒泥、流砂现象，不仅使基坑无法挖深，而且还会造成大量水土流失，边坡失稳或附近地面塌陷，严重时还会影响邻近建筑物的安全。在此种情况下，一般应采用人工降低地下水位的方法施工，即井点降水法。

常用的各种井点降水法，是在基坑开挖前，沿基坑的四周或一侧、二侧埋设一定数量深于坑底的井点滤水管或管井，以总管连接或直接与抽水设备连接从中抽水，使地下水位降到基坑底以下 0.5m，以便在无水干燥的条件下开挖土方和进行基础施工，避免大量涌水、冒泥、翻浆；在粉细砂、粉土地层中开挖基坑时，采用井点法降低地下水位，可防止流砂现象的发生；此外，井点降水还可大大改善施工操作条件、提高工效、加快工程进度。但井点降水设备一次性投资较高，运转费用较大，施工中应合理地选择和布置井点降水设备，并适当地安排工期，以减少作业时间、降低排水费用。

井点降水方法有轻型井点、喷射井点、电渗井点、深井井点、管井井点、无砂混凝土管井点及小沉井井点等。可根据土的种类、透水层位置及厚度、土层的渗透系数、水的补给源、井点布置形式、要求降水深度、工程特点、场地及设备条件，以及施工技术水平等情况，做出技术经济和节能比较后确定，选用一种或两种，或井点与明排综合使用。表 4.2 为常用井点适用的土层渗透系数和降水深度情况，可供选用参考。

表 4.2　　常用井点的适用范围

项次	井点类别	土层渗透系数/(m/d)	降低水位深度/m
1	单层轻型井点	0.5～80	3～6
2	多层轻型井点	0.1～80	6～9
3	喷射井点	0.1～50	8～20
4	电渗井点	<0.1	5～6
5	深井井点	10～80	>15
6	管井井点	20～200	3～5

4.2.1 轻型井点

轻型井点是在基坑的四周或一侧埋设直径较细的井点管，沉入深于基坑底的含水层内，井点管的上端通过连接弯管与集水总管连接，集水总管再与真空泵和离心泵相连。启动抽水设备，地下水便在真空泵吸力的作用下，经滤水管进入井点管和集水总管，排出空气后，由离心泵的排水管排出，使地下水位降到基坑底以下，如图 4.3 所示。该方法的优点是机具简单、使用灵活、装拆方便，降水效果好，可防止流砂现象发生，提高边坡稳定性，费用较低等；但需配置一套井点设备，特别适用于土层中含有大量的细砂和粉砂等情况。

1. 主要机具设备

轻型井点系统主要机具设备由井点管、连接管、集水总管及抽水设备等组成。

井点管采用直径38～55mm的钢管（或镀锌钢管）；长度5～7m，管下端配有滤管和管尖，其构造如图4.4所示。滤管直径常与井点管相同，长度一般为0.9～1.7m。管壁上由梅花形钻，钻直径为10～18mm的孔，管壁外包两层滤网，内层为细滤网，采用30～50孔/cm^{2}网眼的黄铜丝布、生丝布或尼龙丝布；外层为粗滤网，采用3～10孔/cm^{2}网眼的铁丝布或尼龙丝布或棕树皮。为避免滤孔淤塞，在管壁与滤网间用铁丝绕成螺旋状隔开，滤网外面再围一层8号粗铁丝保护层。滤管下端有一个锥形的铸铁头。井点管的上端用弯管与总管相连。

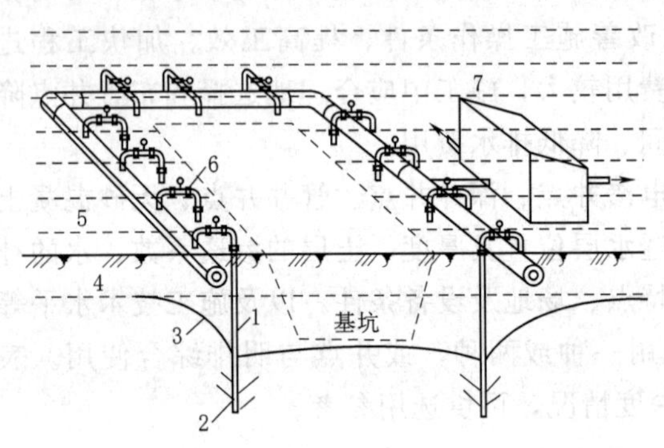

图4.3 轻型井点降水全貌图
1—井点管；2—滤管；3—降低后的地下水位线；4—原地下水位线；5—集水总管；6—连接弯管；7—水泵房

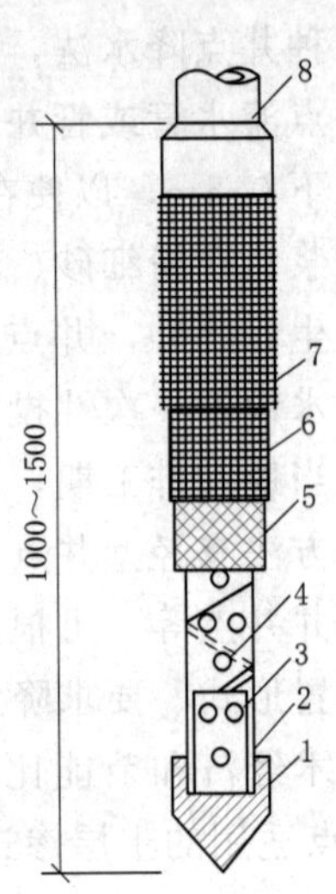

图4.4 滤管构造图（单位：mm）
1—铸铁头；2—钢管；3—滤孔；4—缠绕的塑料管；5—细滤网；6—粗滤网；7—粗铁丝保护网；8—井点管

连接管用塑料透明管、橡胶管或钢管制成，直径为38～55mm，每个连接管均宜装设阀门，以便检修井点。集水总管一般用直径为75～100mm的钢管分节连接，每节长4m，一般每隔0.8～1.6m设一个连接井点管的接头。

轻型井点根据抽水机组类型不同，分为真空泵轻型井点、射流泵轻型井点和隔膜泵轻型井点三种，其中前面两种井点应用最普遍。

抽水机组工作简图如图4.5所示。这种设备形成真空度高（67～80MPa），带井点数多（60～70根）；降水深度较大（5.5～6.0m）但设备较复杂，易出故障，维修管理困难，耗电量大，适于重要的较大规模的工程降水。

射流泵轻型井点设备由离心泵、射流泵（射流器）、水箱等组成，如图4.6所示。系由高压水泵供给工作水，经射流泵后产生真空，引射地下水流。其设备构造简单，易于加工制造，效率较高，降水深度较大（可达9m），操作维修方便，经久耐用，耗能少，费用低，应用广泛，是一种有发展前途的降水设备。

隔膜泵轻型井点分为真空型、压力型和真空压力型三种。前两者由真空泵、隔膜泵、气液分离器等组成；真空压力型隔膜泵则兼有前两者特性，可一机代三机。其设备也较简

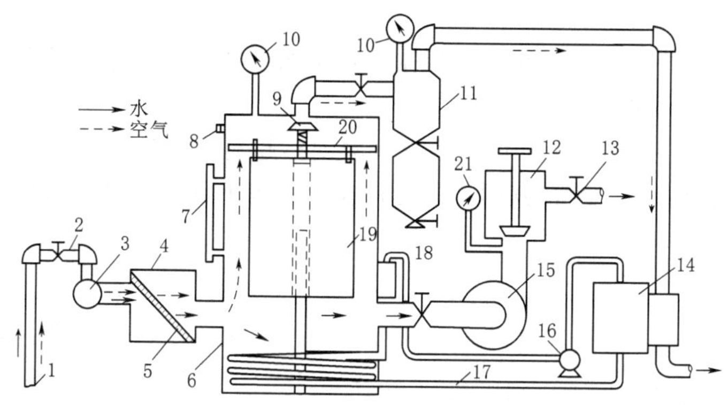

图 4.5　真空泵轻型井点设备工作简图

1—井点管；2—连接弯管；3—总管；4—过滤箱；5—过滤网；6—水气分离器；7—水位表；8—其空调节阀；9—阀门；10—真空表；11—副水气分离器；12—压力箱；13—出水箱；14—真空泵；15—离心泵；16—冷却泵；17—冷却水管；18—冷却水箱；19—浮筒；20—挡水布；21—压力表

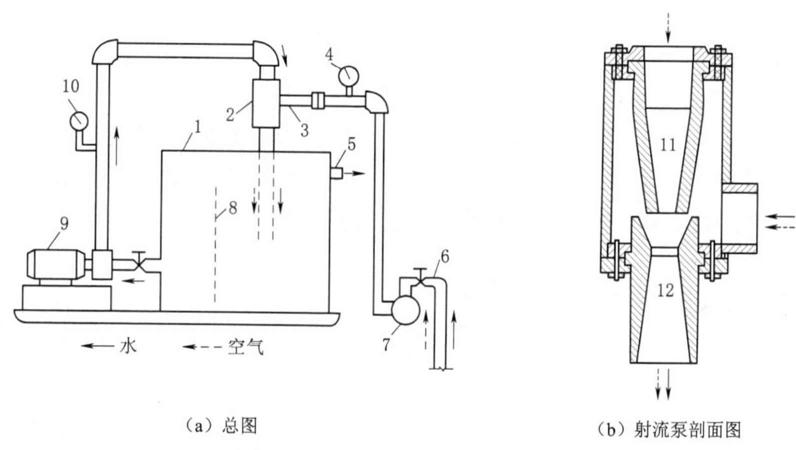

图 4.6　射流泵轻型井点设备工作简图

1—循环水箱；2—射流泵；3—进水管；4—真空表；5—泄水口；6—井点管；7—总管；8—隔板；9—离心泵；10—压力表；11—喷嘴；12—喉管

单，易于操作维修，耗能较少，费用较低，但形成真空度低（56～64MPa），所带井点较少（20～30 根），降水深度为 4.7～5.1m，适于降水深度不大的一般性工程。

三种轻型井点配用功率、井点根数和集水管长度参考表 4.3。

表 4.3　　各种轻型井点配用功率、井点根数和总管长度参考表

轻型井点类别	配用功率/kW	井点根数/根	总管长度/m
真空泵轻型井点	18.5～22.0	80～100	96～120
射流泵轻型井点	7.5	10～50	40～60
隔膜泵轻型井点	3.0	50	60

2. 井点布置

(1) 平面布置。井点的平面布置应根据基坑平面形状及其大小、地质和水文情况、工程性质、降水深度等而定。

当基坑(或沟槽)宽度小于6m,且降水深度不超过5m时,可采用单排井点,将井点布置在地下水流的上游一侧,其两端的延伸长度一般不宜小于基坑(槽)的宽度,如图4.7所示。

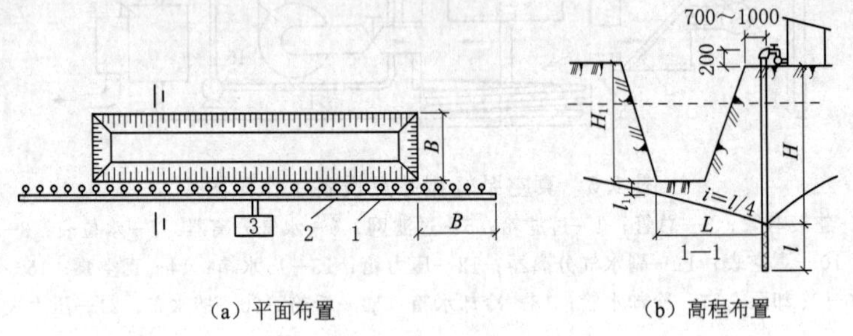

(a) 平面布置 (b) 高程布置

图4.7 单排井点布置图(单位:mm)

1—总管;2—井点管;3—抽水设备

如当基坑宽度大于6m,或土质不良,渗透系数较大时,宜采用双排井点。

当基坑面积较大时,宜采用环形井点布置(图4.8);有时为了施工方便,挖土运输设备出入道可不封闭,留在地下水下游方向。井点管距离基坑壁约1m,间距一般为0.8～1.6m。靠近河流处与总管四角部位,井点应适当加密。

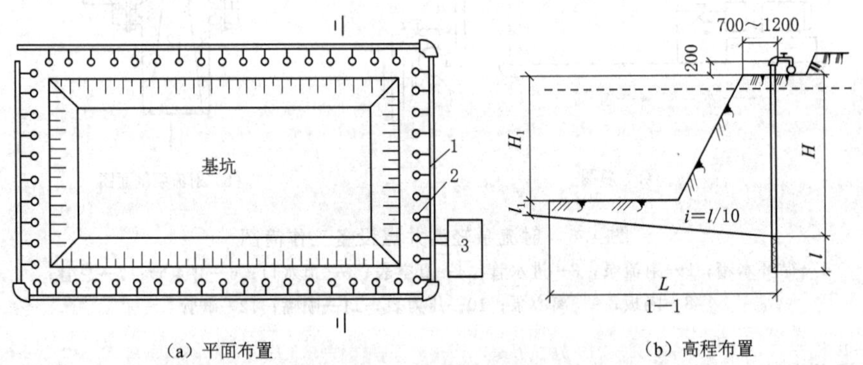

(a) 平面布置 (b) 高程布置

图4.8 环形井点布置图(单位:mm)

1—总管;2—井点管;3—抽水设备

(2) 高程布置。集水总管标高应尽量接近地下水位线并沿抽水水流方向有0.25%～0.5%的上仰坡度,水泵轴心与总管齐平。井点管的埋置深度应根据降水深度及储水层所在位置决定,但滤水管必须埋入含水层内,并且比基坑(槽)底深0.9～1.2m。轻型井点的降水深度一般不大于6m,因此,井点的埋置深度应加以注意。井点的埋置深度H可按式(4.1)计算

$$H \geqslant H_1 + h + iL \tag{4.1}$$

式中：H 为井点管的埋置深度，m；H_1 为井点管埋设面至基坑底面的距离，m；h 为基坑中央最深挖掘面至降水曲线最高点的安全距离，m，一般为 0.5～1.0m，人工开挖取下限，机械开挖取上限；L 为井点管中心至基坑中心的短边距离，m；i 为降水曲线坡度，与土层渗透系数、地下水流量等因素有关，根据扬水试验和工程实测确定：对单排布置可取 1/5～1/4；双排布置可取 1/8～1/7；环状布置取 1/10～1/8。

井点应露出地面高度，一般取 0.2～0.3m。

实际工程中，井点管为长度一定的标准管，通常根据给定的井点管长度来验算 h，验算公式如下：

$$h=h'-0.2-H_1-iL$$

式中：h'为井点管长度，m；0.2 为井点管露出地面长度，m；若 $h\geqslant 0.5\sim1.0$m，则可以满足使用要求。

一套抽水设备所能承担的总管长度一般不宜超过 50～80m。总管系统的总长度一般不宜大于 100～120m。分段点宜优先设于管道拐角处，以减少弯头阻力；分段处应设置阀门，避免水流紊乱影响抽吸效率。当主管过长时，可采用多套抽水设备；井点系统可以分段，各段长度应大致相等，宜在拐角处分段，以减少弯头数量，提高抽吸能力；分段宜设阀门，以免管内水流紊乱，影响降水效果。

真空泵由于考虑水头损失，一般降低地下水深度只有 5.5～6m。当一级轻型井点不能满足降水深度要求时，可采用明沟排水与井点相结合的方法，将总管安装在原有地下水位线以下，或采用二级轻型井点排水（降水深度可达 6～9m），即先挖去第一级井点排干的土，然后再在坑内布置埋设第二级井点（图 4.9），以增加降水深度。抽水设备宜布置在地下水的上游，并设在总管的中部。

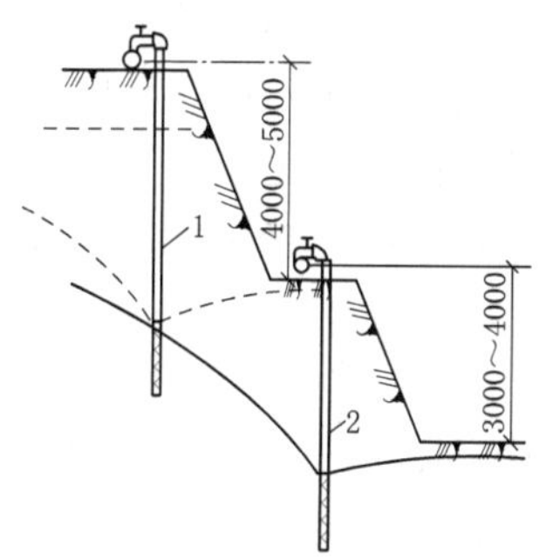

图 4.9 二级轻型井点降水（单位：mm）

1—第一层非点管；2—第二层井点管

3. 井点施工工艺程序

放线定位→铺设总管→冲孔→安装井点管、填砂砾滤料、上部填黏土密封→用连接弯管将井点管与总管接通→安装抽水设备与总管连通→安装集水箱和排水管→开动真空泵排气、再开动离心水泵抽水→测量观测井中地下水位变化。

4. 井点管埋设

井点管埋设可根据土质情况、场地和施工条件，选择适用的成孔机具和方法。常用的井点管成孔方法有水冲法、射水法、套管法、套管水冲法等，其工艺方法基本都是用高压水冲刷土体，用冲管扰动土体助冲，将土层冲成圆孔后埋设井点管，只是冲管构造有所不同。

所有井点管在地面以下 0.5～1.0m 的深度内，用黏土填实，以防漏气。井点管埋设完毕，应接通总管与抽水设备，接头要严密，并进行试抽水，检查有无漏气、淤塞，以及出水是否正常等情况。如有异常情况，应检修好方可使用。

5. 井点管使用

井点系统运行期间必须保证连续抽水，并配置双电源供电以防断电。通常在抽水 3～5 天后，地下水位形成稳定降落漏斗。正常出水规律表现为“先大后小，先浑后清”；若出现不出水、持续浑浊或清后复浑等异常，需立即排查故障。真空度是系统运行的核心指标，应实时监测并维持在 65～80kPa 范围内，最低不得低于 65kPa。真空度不足多因管路漏气，须及时修复密封。井点管淤塞可通过听管内水流声、触感管壁振动及感知管体温度/湿度等方法检查；严重淤塞时，应采用高压水反冲或重新埋管处理。

地下构筑物竣工并进行回填土后，方可拆除井点系统，拔出可借助倒链或杠杆式起重机，所留孔洞用砂或土堵塞。对地基有防渗要求时，地面下 2m 范围内应用黏土填实。

井点降水时，应对水位降低区域内的建筑物进行沉陷观测，发现沉陷或水平位移过大时，应及时采取防护技术措施。

6. 轻型井点计算

轻型井点计算的主要内容包括：根据确定的井点系统的平面和竖向布量图，计算井点系统涌水量，计算确定井点管数量与间距，校核水位降低数值，选择抽水设备和井点管的布置等。

井点计算由于受水文地质和井点设备等多种因素的影响，计算的结果只是近似的，重要工程的计算结果应经现场试验进行修正。

(1) 涌水量计算。井点系统涌水量是以法国水力学家裘布依的水井理论为依据的。水井根据其井底是否达到不透水层分为完整井和非完整井；井底达到不透水层的称为完整井，井底达不到不透水层的称为非完整井。根据地下水有无压力又分为：布置在两层不透水层之间充满水的含水层内、地下水有一定压力的称为承压井；凡水井布置在无压力的含水层内的，称无压井。其中以无压完整井的理论较为完善，应用较普遍。无压完整井井点（环形井点系统）涌水量计算［图 4.10（a）］无压完整井涌水量可用式（4.2）计算

$$Q=1.366K\frac{(2H-s)s}{\lg(R+x_0)-\lg x_0} \tag{4.2}$$

式中：Q 为井点系统总涌水量，m^2/d；K 为渗透系数，m/d；H 为含水层厚度，m；S 为水位降低值，m；R 为抽水影响半径，m；x_0 为基坑假象半径，m。

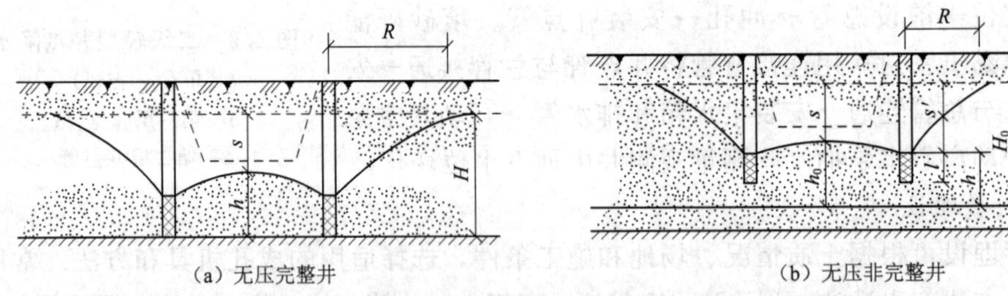

图 4.10 无压完整井与无压非完整井涌水量计算简图

无压非完整井井点系统涌水量计算［图 4.10（b）］，仍可采用式（4.2），但式中 H 应换成有效带深度 H_0，H_0 值系经验数值可由表 4.4 查得。

表 4.4　H_0 值

$s'/(s'+1)$	0.2	0.3	0.5	0.8
H_0	1.3 $(s'+1)$	1.5 $(s'+1)$	1.7 $(s'+1)$	1.84 $(s'+1)$

注　$s'/(s'+1)$ 的中间位可采用插入法求 H_0。

计算涌水量时，需要预先确定 x_0、R、K 值。

1）基坑假想半径 x_0 的计算（又称引用半径）。对矩形基坑，其长度与宽度之比不大于 5 时，可将不规则平面形状化成一个假想半径为的圆井进行计算：

$$x_0=\sqrt{\frac{A}{\pi}} \tag{4.3}$$

式中：A 为基坑的平面面积，m^2；π 为圆周率，取 3.14。

2）渗透系数 K 的确定。渗透系数 K 值确定是否准确，对计算结果影响很大，一般可根据地质报告提供的数值或参考表 3.5 所列的 K 值。K 值的确定也可用现场抽水试验或通过实验室测定，对于重大工程，宜采用现场抽水试验以获得较准确的值。

3）抽水影响半径 R 的计算。抽水影响半径 R，一般做现场井点抽水试验确定。井点系统抽水后地下水受到影响而形成降落曲线，降落曲线稳定时的影响半径即为计算用的抽水影响半径 R，可按式（4.4）计算：

$$R=1.95s\sqrt{HK} \tag{4.4}$$

式中：s、H、K、R 的意义均与前相同。

（2）确定井点管数量与间距。

1）井点管需要根数计算。井点管需要根数 n 可按式（4.5）计算：

$$n=m\frac{Q}{q} \tag{4.5}$$

式中：q 为单根井点管出水量，m^3/d，可按式（4.6）求得。

$$q=65\pi dl^3\sqrt{K} \tag{4.6}$$

式中：d 为滤管直径，m；l 为滤管长度，m；K 为渗透系数，m/d；m 为井点备用系数，考虑堵塞等因素，一般取 $m=1.1$。

2）井点管间距计算。可根据井点系统布置方式按式（4.7）计算。

$$D=\frac{2(L+B)}{n-1} \tag{4.7}$$

式中：L、B 为矩形井点系统的长度和宽度，m。

求出的管距应大于 $15d$（如井点管太密，会影响抽水效果），并应符合总管接头的间距（0.8m、1.2m、1.6m）。

（3）抽水设备的确定。一般按涌水量、渗透系数、井点管数量与间距、降水深度及需用水泵功率等综合数据来选定水泵的型号（包括流量、扬程、吸程等）。

【例 4.1】 某基坑工程，基底的平面尺寸为 40m×20m，底面标高为－7.00m（地面标高为±0.00）。已知地下水位面标高为－3.00m，土层渗透系数 $k=15$m/d，－15m 以下为不透水层，基坑边坡坡度为 1∶0.5，采用轻型井点降水，其井管长度为 6m，滤管长度为 1m，管径为 38mm；总管直径为 100mm，每节长 4m，与井点管接口的间距为 1m。井点管距基坑的边缘为 1m。试进行降水设计。

解：（1）井点的布置。

1）平面布置。基坑宽度为 20m（大于 6m），深度为 7m（大于 5.m），且面积较大，故宜采用环形布置。

2）高程（竖向）布置。

$$\begin{aligned} h_1 &= h' - 0.2 - H_1 - iL \\ &= 6 - 0.2 - 7 - 0.1 \times \left(\frac{20}{2} + 7 \times 0.5 + 1\right) \\ &= -2.65(\mathrm{m}) < 0.5(\mathrm{m}) \end{aligned}$$

不满足要求，井点高程布置如图 4.11 所示。

若采用降低总管埋设面的办法，先将基坑开挖至标高为 −3.00m 处，再埋设井点，井点高程布置如图 4.12 所示。

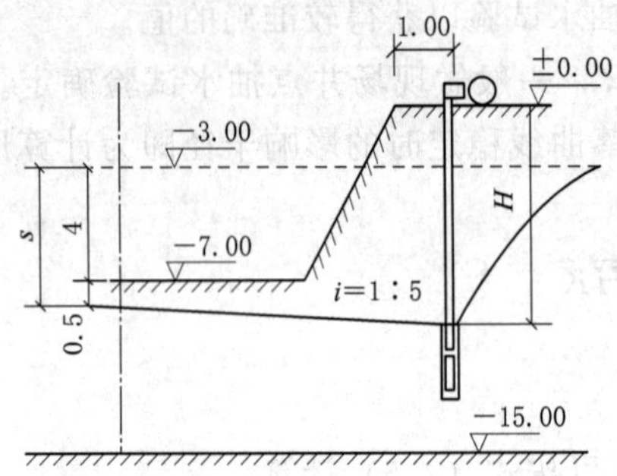

图 4.11 井点高程布置（单位：m）

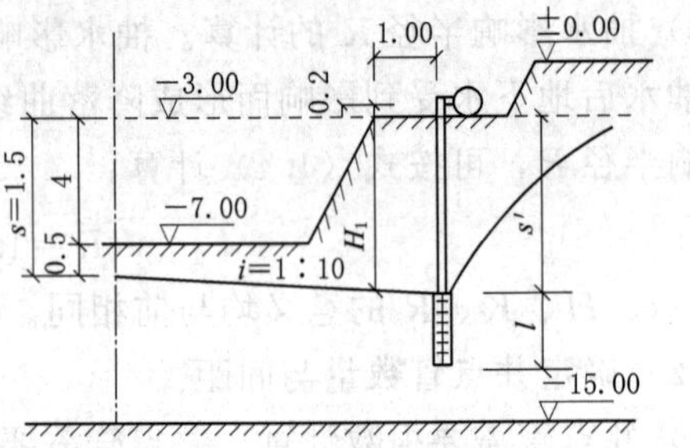

图 4.12 降低埋设面后的井点高程布置（单位：m）

此时有

$$\begin{aligned} h_1 &= h' - 0.2 - H_1 - iL \\ &= 6 - 0.2 - (7-3) - 0.1 \times \left(\frac{20}{2} + 4 \times 0.5 + 1\right) \\ &= 0.5(\mathrm{m}) \end{aligned}$$

满足要求。

（2）涌水量计算。

1）判断井型。取滤管长度 1＝1m，则滤管底可达到的深度为

$$3 + 4 + 0.5 + 0.1 \times \left(\frac{20}{2} + 4 \times 0.5 + 1\right) + 1 = 9.8(\mathrm{m}) < 15(\mathrm{m})$$

未达到不透水层，此井为无压非完整井。

2）计算抽水有效影响深度。单井井点管中心处水位降落值

$$s' = 6 - 0.2 = 5.8(\mathrm{m})$$

$$\frac{s'}{s'+l} = \frac{5.8}{5.8+1} = 0.85$$

经查表 4.4 知

$$H_0 = 1.84(s'+l) = 1.84 \times (5.8+1) = 12.51(\mathrm{m}) > H_{水} = 15 - 3 = 12(\mathrm{m})$$

H 为潜水含水层厚度，故按实际情况取 $H_0 = H_{水} = 12\mathrm{m}$。

3）计算井点系统的假想半径。井点管包围的面积

$$F = 46 \times 26 = 1196(\mathrm{m}^2)$$

且长宽比小于或等于 5，所以

$$x_0=\left(\frac{F}{\pi}\right)^{\frac{1}{2}}=\left(\frac{1196}{\pi}\right)^{\frac{1}{2}}=19.51(\mathrm{m})$$

4）计算抽水影响半径 R。

$$R=19.5s(H_0k)^{\frac{1}{2}}=1.95\times4.5\times(12\times15)^{\frac{1}{2}}=117.7(\mathrm{m})$$

此时 s 为假想的大单井中心处水位降落值。

5）计算涌水量 Q。

$$Q=1.33k\ \frac{(2H_0-s)s}{\lg(R+x_0)-\lg x_0}=1.366\times15\times\frac{(2\times12-4.5)\times4.5}{\lg117.7-\lg19.51}=2302.9(\mathrm{m^3/d})$$

（3）确定井点管数量及井距。

1）单管的极限出水量。井点管单管的极限出水量为

$$q=65\pi dlk^{\frac{1}{3}}=65\times\pi\times0.038\times1\times15^{\frac{1}{3}}=19.1(\mathrm{m^3/d})$$

2）井点管最少数量。所需井点管最少数量 $n_{\min}$ 为

$$n_{\min}=\frac{Q}{q}=\frac{2302.9}{19.1}=120.5\ （根）$$

3）最大井距 $D_{\max}$。井点包围面积的周长为

$$L=(46+26)\times2=144(\mathrm{m})$$

井点管最大间距为

$$D_{\max}=\frac{L}{n_{\min}}=\frac{144}{120.5}=1.19(\mathrm{m})$$

4）井距及井点数量。按照井距的要求，并考虑总管接口间距为 1m，则井距确定为 1m。故实际井点数为

$$n=144\div1=144(根)>1.1\times120.5=132.55(根)$$

4.2.2 喷射井点

喷射井点降水是在井点管内部装设特制的喷射器，用高压水泵或空气压缩机通过井点管中的内管向喷射器输入高压水（喷水井点）或压缩空气（喷气井点）形成水气射流，将地下水经井点外管与内管之间的间隙被抽出排走。本法设备较简单，排水深度大，其一层降水深度可达 8～20m，比多层轻型井点降水设备少，基坑土方开挖量少，施工快，费用低。适于基坑开挖较深、降水深度大于 6m、渗透系数为 3～50m/d 的砂土或渗透系数为 0.1～3m/d 的粉砂、淤泥质土、粉质黏土中使用。

1. 井点设备

喷射井点根据其工作时使用的喷射介质的不同，分为喷水和喷气井点两种。其主要设备由喷射井管、高压水泵（或空气压缩机）、循环水箱的管路系统组成。

（1）喷射井管。喷射井管分内管和外管两部分，内管下端装有喷射器，并与滤管相接。

如图 4.13 所示，喷射器由喷嘴、混合室、扩散室等组成。工作时，用高压水泵（或空气压缩机）把压力 0.7～0.8MPa（0.4～0.7MPa）的水经过总管分别压入井点管中，使水经过内外管之间的环形空隙进入喷射器。由于喷嘴处截面突然缩小，喷射出的流速突

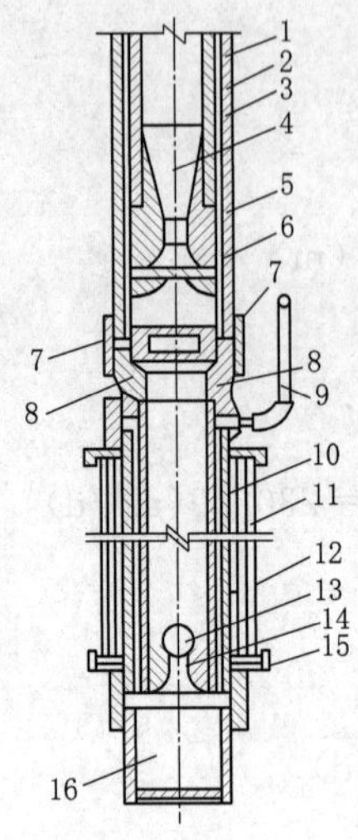

图 4.13 喷射井点管构造

1—外管；2—内管；3—喷射器；4—扩散管；5—混合管；6—喷嘴；7—缩节；8—连接座；9—真空测定管；10—滤管芯管；11—滤管有孔套管；12—滤管外缠绕网及保护网；13—逆止球阀；14—逆止阀座；15—护套；16—沉泥管

然增大，高压水流高速进入混合室，使混合室内压力降低，形成瞬时真空。在真空吸力作用下，地下水经过滤管被吸收到混合室，与混合室的高压水流混合，流入扩散室中。由于扩散室的截面顺着水流方向逐渐扩大，水流速度相应减少，而水的压力却又逐渐增高，因而压迫地下水沿着井管上升流到循环水箱。其中一部分水用低压水排走，另一部分重新用高压水泵压入井点管作为高压工作水使用。如此循环作业，将地下水不断从井点管中抽走，使地下水逐渐下降，达到设计要求的降低水位深度。

(2) 高压水泵。用 6SH6 型或 150S78 型高压水泵（流量 $140\sim150m^3/h$，扬程 78m）或多级高压水泵（流量 $50\sim80m^3/h$，压力 0.7～0.8MPa）1～2 台，每台可带动 25～30 根喷射井点管。

(3) 循环水箱。用钢板制成，尺寸为 2.5m×1.45m×1.2m。

(4) 管路系统。管路系统包括进水、排水总管（直径为 150mm，每套长 60m）接头、阀门、水表、溢流管、调压管等管件、零件及仪表。

2. 井点布置

喷射井点管的布置和埋设方法及要求与轻型井点基本相同：基坑面积较大时；采用环形布置；基坑宽度小于 10m，采用单排线型布置；大于 10m 时做双排布置。喷射井管间距一般为 2～3.5m；采用环形布置，进出口（道路）处的开点间距为 5～7m。冲孔直径为 400～600m，深度比滤管底深 1m 以上。

3. 施工工艺程序

设置泵房，安装进、排水总管→水冲洗或钻孔法成井→安装喷射井点管填滤料→接通进水，排水总管，并与高压水泵或空气压缩机接通→将各井点管的外管管口与排水管接通，并通到循环水箱→启动高压水泵或空气压缩机抽取地下水→用离心泵排除循环水箱中多余的水→测量观测井中地下水位。

喷射井点的涌水量计算及确定井点管数量与间距、抽水设备等均与轻型井点计算相同。

4.2.3 电渗井点

在饱和黏性上，特别是在淤泥和淤泥质黏土中，由于土的渗透系数很小（小于 0.1m/d)，使用重力或真空作用的一般轻型井点降水，效果很差，此时宜采用电渗井点排水，后者是利用黏性土中的电渗现象和电泳特性，使黏性土空隙中的水流动加快，起到一定的疏干作用，从而使软土地基排水效率得到提高。本法一般与轻型井点或喷射井点结合使用，除有与一般井点相同的优点（如设备简单、施工方便、效果显著等）外，还可用于渗透系数很小（0.002～0.1m/d）的黏土和淤泥中，效果良好。同时与电渗一起产生的电泳作用，能使阳极周围土体加密，并可防止黏土颗粒淤塞井点管的过滤网，保证井点正常抽水。另外，其比轻型井点增加的费用甚微（平均每立方米土方增加电渗费 0.5～1.0 元）。

1. 井点设备及布置

电渗排水是利用井点管（轻型井点或喷射井点管）本身作阴极，沿基坑（槽、沟）外围布置：用钢管（直径 50～70mm）或钢筋（直径 25mm 以上）作阳极，埋设在井点管环圈内侧 1.25m 处，外露在地面上 20～40cm，其入土深度应比井点管深 50cm，以保证水位降到所要求的深度。阴阳极本身的间距，采用轻型井点作阳极一般为 0.8～1.0m；采用喷射井点时为 1.2～1.5m，并成平行交错排列，阴阳极的数量宜相等，必要时阳极数量可多于阴极数量，阴、阳极分别用 BX 型铜芯橡胶线或扁钢、钢筋等连成通路，并分别接到直流发电机的相应电极上，一般常用功率为 9.6～55kW 的直流电焊机代替直流发电机使用。

2. 井点埋设与使用

（1）电渗井点埋设程序一般是先埋设轻型井点或喷射井点管。预留出布置电渗井点阴极的位置，待轻型井点降水不能满足降水要求时，再埋设电渗阴极，以改善降水性能。

（2）电渗井点阴极埋设与轻型井点、喷射井点相同，阳极埋设可用 75mm 旋叶式电钻钻孔埋设，钻进时加水或高压空气循环排泥，阳极就位后，利用下一钻孔排出泥浆倒灌填孔，使阳极与土接触良好，减少电阻，有利于电渗。如深度不大，亦可用锤击方法打入。钢筋埋设须垂直，严禁与相邻阴极相碰，以免造成短路，损坏设备。

（3）使用时工作电压不宜大于 60V，土中通电的电流密度宜为 0.5～1.0A/m^2。

（4）电渗降水时，为消除由于电解作用产生的气体聚集在电极附近及表面，而使土体电阻加火，电能消耗增加，应采用间歇通电方式，即通电 24h 后，停电 2～3h，再起电。

4.2.4 深井井点

深井井点降水是在深基坑的周围埋置深于基底的井管，通过设置在井管内的潜水电泵将地下水抽出，使地下水位低于坑底。本法的优点是排水量大，降水深（>15m），不受吸程限制，排水效果好：井距大，对平面布置的干扰小；可用于各种情况，不受土层限制；成孔（打井）用人工或机械均可，较易于解决；井点制作、降水设备及操作工艺、维护均较简单，施工速度快；如果井点管采用钢管、塑料管，可以整根拔出重复使用；单位降水费用较轻型井点低。但一次性投资大，成孔质量要求严格，降水完毕，井管拔出较困难。该法适于渗透系数较大（10～250m/d）、土质为砂类土、地下水丰富、降水深、面积大、时间长的情况。降水深度可达 50m 以内，在有流砂的地区和重复挖填土方地区使用，效果尤佳。

1. 井点系统设备

井点系统设备由深井井管和潜水泵等组成。

（1）井管。井管由滤水管、吸水管和沉砂管三部分组成，可用钢管、塑料管或混凝土管制成，管径一般为 300～357mm，内径宜大于潜水泵外径 50mm。

1）滤水管的作用是，在降水过程中，含水层中的水通过该管滤网将土砂颗粒过滤在外边，使清水流入管内。滤水管的长度取决于含水层的厚度、透水层的渗透速度及降水速度的快慢，一般为3～9m。通常在钢管上分三段轴条（或开孔），在轴条（或开孔）后的管壁上焊 ϕ6mm 的垫筋，要求顺直，与管壁用定位焊固定，在垫筋外螺旋形缠绕12号铁丝，间距1mm，与垫筋用锡焊焊牢，或外包10孔/cm^2 和41孔/cm^2 镀锌铁丝网各两层或尼龙网。上下管之间用对接焊连接。

当土质较好、深度在15m内时，亦可采用外径380～600mm、壁厚50～60mm、长1.2～1.5m的无砂混凝土管作滤水管，或在外再包棕树皮二层作滤网。

2）吸水管连接浊水管，起到挡土、储水作用，采用与滤水管相同直径的钢管制成。

3）在降水过程中，沉砂管对通过的极少量砂粒起沉淀作用，一般采用与滤水管同直径的钢管，下端用钢板封底。

（2）水泵。用QY-5型或QW-25型、QW40-25型潜水泵，或QI50-52型浸油或潜水泵或深井泵。每井一台，并带吸水铸铁管或胶管，配上一个控制井内水位的自动开关，在井口安装75mm阀门以便调节流量的大小、阀门用夹板固定。每个基坑井点群应有2台备用泵。

（3）集水井。用 ϕ325～ϕ500mm 钢管或混凝土管，并设3%的坡度，与附近下水道接通。

2. 深井布置

深井井点一般沿工程基坑周围，离边坡上缘0.5～1.5m，呈环形布置；当基坑宽度较窄，亦可设在一侧，呈直线形布置；面积不大的独立的深基坑，亦可采取点式布置。井点宜深入透水层6～9m，通常还应比所需降水的深度深6～8m，间距一般相当于埋设深度，在10～30m。基坑开挖深8m以内，井距为10～15m；8m以上，井距为15～20m。井点不宜设在正式工程上，但可利用少量设护壁的人工挖孔桩孔作临时降水深井用。在一个基坑布置的井点应尽可能多地为附近工程基坑降水所利用，上部二节也尽可能地回收利用。

3. 深井井点埋设与使用

（1）深井井点一般施工工艺程序是：井点测量定位→挖井口、安护筒→钻孔就位→钻孔→回填井底砂垫层→吊放井管→回填井管与孔壁间的砂粒过滤层→洗井→井管内下设水泵、安装抽水控制电路→试抽水—降水井正常工作→降水完毕拔井管→封井。

（2）成孔可根据土质条件和孔深要求，采用冲击钻钻孔、回转钻钻孔、潜水电钻钻孔，用泥浆护壁，孔口设置护筒，以防孔口塌方，并在一侧设排泥沟、泥浆坑。孔径应较井管直径每边大150～250mm。钻孔深度，当不设沉砂管时，应比抽水期内可能沉积的高度适当加深。成孔后应立即安装井管，以防塌孔。

（3）深井井管沉放前应清孔，一般用压缩空气洗井或用吊筒反复上下取出泥渣洗井，或用压缩空气（压力为0.8MPa、排气量为12m^3/min）与潜水泵联合洗井。

4. 使用注意事项

（1）井点使用时，基坑周围井点应对称、同时抽水，使水位差控制在要求限度内。

（2）靠近建筑物的深井，应使建筑物下的水位与附近水位之差保持不大于1m，以免造成建筑物不均匀沉降而出现裂缝。

4.3 井点回灌技术

基坑开挖时，为保证挖掘部位地基土稳定，常用井点排水等方法降低地下水位。在降水的同时，由于挖掘部位地下水位的降低，其周围地区地下水位会随之下降，使土层中因失水产生压密，因而经常会引起邻近建（构）筑物、管线不均匀沉降或开裂。为了防止这一情况的发生，通常采用设置井点回灌的方法。

井点回灌是在井点降水的同时，将抽出的地下水（或工业水），通过回灌井点持续地再灌入地基上层内，使降水井点的影响半径不超过回灌井点的范围（图 4.14）。这样，回灌井点就以一道隔水帷幕，阻止回灌井点外侧的建筑物下的地下水流失，使地下水位基本保持不变，土层压力仍处于原始平衡状态，从而可有效地防止降水井点对周围建（构）筑物、地下管线的影响。

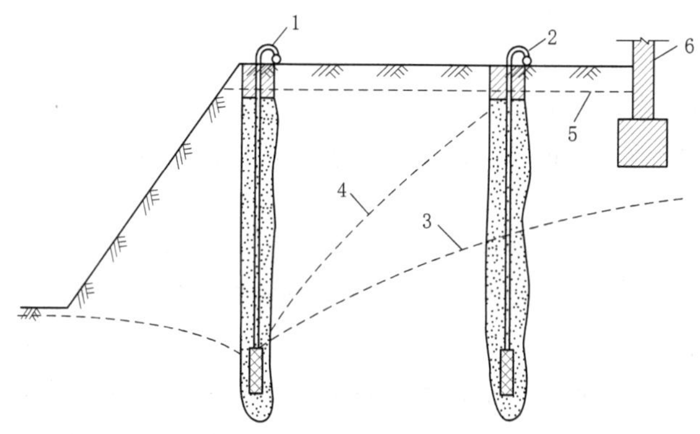

图 4.14 回灌井点技术

1—降水井点；2—回灌井点；3—降水曲线；4—回灌时降水曲线；
5—原地下水位；6—邻近建筑物

本法适于在软弱土层中开挖基坑降水，但只有在对附近建（构）筑物不产生不均匀下沉和裂缝，或不影响附近设备正常生产的情况下方可采用。这种方法具有设备操作简单，效果好，费用低，可防止降水井点周围地下水位的下降及地基的固结沉降，保证建（构）筑物使用安全、生产正常进行，同时还可部分解决地下水抽出后的排放问题等优点，但需两套井点系统设备，管理较为复杂。

4.3.1 回灌井点构造

回灌井点系统由水源、流量表、水箱、总管、回灌井管组成。其工作方式恰好与降水井点系统相反，将水灌入井点后，水从井点向周围土层渗透，在土层中形成一个和降水井点相反的倒转降落漏斗。回灌井点的设计主要考虑井点的配置及计算每一灌水井点的灌水能力，准确地计算其影响范围。回灌井点的井管滤管部分宜从地下水位以上 1.5m 处开始一直到井管底部，其构造与降水井点管基本相同。为使注水形成一个有效的补给水幕，避免注水直接回到降水井点管，造成两井“相通”两者间应保持一定的距离。回灌井点与降水井点间的距离应根据降水、回灌水位曲线和场地条件而定，一般不宜小于 5m。回灌井点的埋设深度，应按井点降水曲线、透水层的深度和土层渗透性来确定，以确保基坑施工安全和回灌效果，一般使两管距离：两管水平差为1∶0.8～1∶0.9，并使注水管尽量靠近保护的建（构）筑物。

4.3.2 施工要点

(1) 回灌井点埋设方法及质量要求与降水井点相同。

(2) 回灌水量应根据地下水位的变化及时调整。尽可能地保持抽灌平衡，既要防止灌水量过大，而渗入基坑影响施工，又要防止灌水量过少，使地下水位失控而影响回灌效果。为此，要在原有建（构）筑物上设置沉降观测点，进行精密水准测量，在基坑纵横轴线及原来建（构）筑物附近设置水位观测井，以测量地下水位标高，并设固定专人定时观测，做好记录，以便及时调整抽水量或灌水量，使原有建（构）筑物下的地下水位保持一定深度，从而达到控制沉降的目的，避免裂缝的产生。

(3) 回灌注水压力应大于50kPa（0.5个大气压）。为满足注水压力的要求，应设置高位水箱，其高度可根据回灌水量配置，一般采用将水箱架高的办法增强回灌水压力，靠水位差重力自流灌入土中。

(4) 要做好回灌井点设置后的冲洗工作。冲洗方法一般是往回灌井点大量地注水后，迅速进行抽水，尽可能地加大地基内的水力梯度，这样既可除去地基内的细粒成分，又可提升其灌水能力。

(5) 回灌水宜用清水，以保持回灌水量。为此，必须经常检查灌入水的污浊度及水质情况，避免产生孔眼堵塞现象，同时也必须及时校核灌水压力及灌水量。当产生孔眼堵塞时，应立即进行井点冲洗。

(6) 回灌井点必须在降水井点启动前或在降水的同时向土中灌水，且不得中断。当其中有一方因故停止工作时，另一方应停止工作，恢复工作亦应同时进行。

4.4 流 砂 处 理

当基坑（槽）开挖到地下水位0.5m以下，并采取集水坑排水时，坑（槽）底下面的土（多为砂土）变为流动状态随地下水一起涌进坑内，土边挖边冒，无法挖深的现象称为“流砂现象”。发生流砂时，土完全失去承载力，不但使施工条件恶化，而且流砂严重时，会引起基础边坡塌方，附近建筑物会因地基被掏空而下沉、倾斜，甚至倒塌。

4.4.1 流砂形成的原因

流砂形成原因主要是当坑外地下水位高于坑内抽水后的水位，地下水就会从坑外向坑内流动，形成水头差，我们称为动水压力；当动水压力等于或大于土颗粒的浸水松散密度，使土粒呈悬浮状态，失去稳定，随水从坑底或四周涌入坑内。另外由于土颗粒周围附着亲水胶体颗粒，饱和时胶体颗粒吸水膨胀，使土颗粒密度减小，因而在不大的水冲力下就能悬浮流动。

饱和砂土在振动作用下，结构被破坏，使土颗粒悬浮于水中并随水流动。

4.4.2 易产生流砂的条件

(1) 水力坡度较大，流速大。当动水压力超过土颗粒浸水松散密度，使土颗粒悬浮时即会产生流砂。其临界水力坡度可按式（4.8）计算：

$$I=(\rho-1)(1-n) \tag{4.8}$$

式中：I 为临界水力坡度；ρ 为土颗粒的密度；n 为土的孔隙率，以小数计。

（2）土层中有厚度大于 250mm 的粉砂土层；土的含水率大于 30%或空隙率大于 43%；土的颗粒组成中黏土粒含量小于 10%，粉砂粒含量大于 75%。

4.4.3 流砂处理的常用措施

流砂处理的目的是减小或平衡动水压力或使动水压力改变方向，使坑底土颗粒稳定，不受水压干扰。

常用的处理措施方法有以下几种。

（1）枯水期施工法。上方开挖尽量安排在全年水位最低的季节施工，使基坑内动水压减小，从而预防和减少流砂现象。

（2）水下挖土法。采取水下挖土（不抽水或少抽水），使坑内水压与坑外地下水压相平衡或缩小水头差，如沉井施工。

（3）人工降低地下水位。采用井点降水，使水位降至基坑底 0.5m 以下，改变动水压力的方向，使之朝下，坑底土面保持无水状态，从而有效制止流砂现象。

（4）打板桩。沿基坑外围四周打板桩，深入坑底下面一定深度，改变动水压力的方向，增加地下水从坑外流入坑内的渗流路线和渗水量，从而达到减小动水压力的目的。

（5）设止水帷幕法。采用深层搅拌桩、密排灌注桩、地下连续墙等方法，固结基坑周围粉砂层使之形成封闭的防渗帷幕，从而达到增加地下水从坑外流入坑内的渗流路线和渗水量，改变动水压力的方向，减小动水压力的目的。

（6）抢挖并抛大石块法。通过组织快速施工，使挖土速度超过冒砂速度，在挖至设计标高后，立刻铺竹篾、芦席并抛大石块，以增加土的压重和减小动水压力，将流砂压住。此法只可解决局部或轻微的流砂问题。

4.5 职业活动训练

阅读某一工程的施工排水方案。

第5章

土方施工

【学习目标】

(1) 能编制土方开挖的准备工作计划。

(2) 能编制浅基坑(槽)土方开挖的施工方案。

(3) 能编制深基坑土方开挖施工方案。

(4) 能编制浅基槽土壁支护方案。

(5) 能编制土方回填方案。

(6) 能进行回填土的质量检测。

【学习任务】

(1) 土方施工的准备工作计划。

(2) 浅基坑、槽和管沟的土方开挖与支护。

(3) 土方机械化施工。

(4) 土方回填及安全措施。

【学习内容】

(1) 土方施工的准备工作。

(2) 浅基坑、槽和管沟的土方开挖与支护措施。

(3) 土方机械化施工。

(4) 深基坑土方开挖。

(5) 土方回填、质量检测及安全措施。

【任务描述】

如何合理选择土方工程施工方案和组织施工,是降低工程成本的有效措施之一。在组织土方工程施工时,既要尽可能地采用新技术和机械化施工,以加快工程进度,又要保证土方工程施工的质量及施工的安全。

5.1 土方施工准备工作

1. 学习和审查施工图纸

检查图纸和资料是否齐全,核对平面尺寸和坑底标高,图纸间有无错误和矛盾;掌握设计内容及各项技术要求,了解工程规模、结构形式、特点、工程量和质量要求;熟悉土层地质、水文勘察资料；审查地基处理和基础设计；会审图纸，弄清地下构筑物、基础平面与周围地下设施管线的关系，图纸间有无错误和冲突；研究好开挖程序，明确各专业工序间的配合关系、施工工期要求；并向参加施工的人员进行技术交底。

2. 查勘施工现场

摸清工程场地情况，收集施工需要的各项资料，包括：施工场地地形，地貌、地质水文、河流、气象、运输道路、邻近建筑物、地下基础、管线、电缆坑基、防空洞、地面上施工范围内的障碍物和堆积物状况，供水、供电、通信情况，防洪排水系统等，以便为施工规划和准备提供可靠的资料与数据。

3. 编制施工方案

研究制定现场场地平整、基坑开挖施工方案；绘制基坑土方开挖图，确定开挖路线、顺序、范围、槽（坑）底标高、边坡坡度、排水沟、集水井位置，以及挖出的土方堆放地点；提出需用施工机具、劳力、推广新技术计划。

4. 平整施工场地

按设计或施工要求范围和标高平整场地，将土方弃到规定弃土区；凡在施工区域内，影响工程质量的软弱土层、淤泥、腐殖土、大卵石、孤石、垃圾、树根、草皮以及不宜做填土和回填土料的稻田湿土，应视情况分别采取全部挖除或设排水沟疏通、抛填块石、砂砾等方法进行妥善处理，以免影响地基承载力。

5. 清除现场障碍物

将施工区域内所有障碍物，如高压电线、电杆、塔架、地上和地下管道、电缆、坟墓、树木、沟渠以及旧有房屋、基础等进行拆除或进行搬迁、改建、改线；对附近原有建筑物、电杆、塔架等采取有效的防护加固措施，可利用的建筑物应充分利用。

6. 进行地下基探

在黄土地区或有古墓地区，应在工程基础部位，按设计要求位置，用洛阳铲进行铲探，发现墓穴、土洞、地道（地窖）、废井等，应对地基进行局部处理。

7. 做好排水降水设施

在施工区域内设置临时性或永久性排水沟，将地面水排走或排到低洼处，再用水泵排走；或疏通原有排水系统，使场地不积水；山坡地区，在离边坡上沿 5～6m 处，设置截水沟、排洪沟，阻止坡顶雨水流入开挖基坑区域内或在需要的地段修筑挡水堤坝阻水。地下水位高的基坑，在开挖前一周将水位降低到要求的深度。

8. 设置测量控制网

根据给定的国家永久性控制坐标和水准点，按建筑物总平面要求，引测到现场。在工程施工区域设置测量控制网。其包括控制基线、轴线和水平基准点；做好轴线控制的测量和校核。控制网要避开建筑物、构筑物、土方机械操作及运输线路，并有保护标志；场地平整应设 10m×10m～20m×20m 方格网，在各方格点上做控制桩，并测出各标桩处的自然地形、标高，作为计算挖、填土方量和施工控制的依据。对建筑物应做定位轴线的控制测量和校核；进行土方工程的测量定位放线，设置龙门板、放出基坑（槽）挖土灰线、上部边线、底部边线和水准标志。龙门板桩一般应离开坑缘 1.5～2.0m，以利保存，灰线、标高、轴线应进行复核无误后，方可进行场地平整和基坑开挖。

9. 修建临时设施及道路

根据土方和基础工程规模、工期长短、施工力量安排等修建简易的临时性生产和生活设施（如工具库、材料库、油库、机具库、修理棚、休息棚、茶炉棚等），同时敷设现场供水、供电、供压缩空气（爆破石方用）管线路，并进行试水、试电、试气。

修筑施工场地内机械运行的道路，主要临时运输道路宜结合永久性道路的布置修筑。行车路面按双车道，宽度不应小于 7m，最大纵向坡应不大于 6%，最小转弯半径不小于 15m；路基底层可铺砌 20～30cm 厚的块石或卵（砾）石层作简易泥结石路面，尽量使一线多用，重车下坡行驶。道路的坡度、转弯半径应符合安全要求，两侧做排水沟。道路通过沟渠应设涵洞，道路与铁路、电信线路、电缆线路以及各种管线相交处，应按有关安全技术规定设置平交道和标志。

10. 准备机具、物资及人员

做好设备调配，对进场挖土、运输车辆及各种辅助设备进行维修检查。试运转，并运至使用地点就位；准备好施工用料及工程用料，按施工平面图要求堆放。

组织并配备土方工程施工所需各专业技术人员、管理人员和技术工人；组织安排好作业班次；制定较完善的技术岗位责任制和技术、质量、安全、管理网络；建立技术责任制和质量保证体系；对拟采用的土方工程新机具、新工艺、新技术，组织力量进行研制试验。

5.2 开挖的一般要求

1. 场地开控

挖方边坡应根据使用时间、土的种类、物理力学性质、水文情况等确定。对于永久性场地，挖方边坡坡度应按设计要求放坡，如设计无规定，可按表 5.1 所列采用。对使用时间较长的临时性挖方边坡坡度，应根据工程地质和边坡高度，结合当地实践经验确定。在山坡整体稳定的情况下。如地质条件良好，土质较均匀，高度在 10m 内的边坡坡度可按表 5.2 确定。

表 5.1　永久性土工构筑物挖方的边坡坡度

项次	挖 土 性 质	边坡坡度
1	在天然提高、层理均匀、不易膨胀的黏土、粉质黏土和砂土（不包括细砂，粉砂）内挖方深度不超过 3m	1∶1.00～1∶1.25
2	土质同上，深度为 3～12m	1∶1.25～1∶1.50
3	干燥地区内土质结构未经破坏的干燥黄土及类黄土，深度不超过 12m	1∶0.10～1∶1.25
4	在碎石土和泥灰岩土的地方，深度不超过 12m，根据土的性质、层理特性和挖方深度确定	1∶0.50～1∶1.50
5	在风化岩内的挖方，根据岩石性质，风化程度、层理特性和挖方深度确定	1∶0.20～1∶1.50
6	在微风化岩石内的挖方，岩石无裂缝开无倾向挖方坡脚的岩层	1∶0.10
7	在未风化的完整岩石内的挖方	直立的

表 5.2 土质边坡坡度允许值

土的类别	密实度或状态	坡度允许值（高宽比）	
		坡高在 5m 以内	坡高为 5～10m
碎石土	密实	1：0.35～1：0.50	1：0.50～1：0.75
	中密	1：0.50～1：0.75	1：0.75～1：1.00
	稍密	1：0.75～1：1.00	1：1.00～1：1.25
黏性土	坚硬	1：0.75～1：1.00	1：1.00～1：1.25
	硬塑	1：1.00～1：1.25	1：1.25～1：1.50

注 1. 碎石土的充填物为坚硬或硬塑状态的黏性土。
2. 对于砂土或充填物为砂土的碎石土，其边坡坡度允许值均按自然休止角确定。

挖方上边缘至土堆坡脚的距离，当土质干燥密实时，不得小于 3m；当土质松软时，不得小于 5m，在挖方下侧弃土时，应将弃土堆表面平整至低于挖方场地标高并向外倾斜。

2. 边坡开挖

(1) 场地边坡开挖应采取沿等高线自上而下，分层、分段依次进行，在边坡上采取多台阶同时进行机械开挖时，上台阶应比下台阶开挖进深不少于 30m，以防塌方。

(2) 边坡台阶开挖，应做成一定坡势，以利泄水。边坡下部设有护脚及排水沟时，应尽快处理台阶的反向排水坡，进行护脚矮墙和排水沟的砌筑与疏通，以保证坡脚不被冲刷和在影响边坡稳定的范围内不积水，否则应采取临时性排水措施。

(3) 边坡开挖。对软土土坡或易风化的软质岩石边坡在开挖后应对坡面、坡脚采取喷浆、抹面、嵌补、护砌等保护措施，并做好坡顶、坡脚排水，避免在影响边坡稳定的范围内积水。

3. 浅基坑开挖

(1) 开挖前，应根据工程结构形式、基坑深度、地质条件、周围环境、施工方法、施工工期和地面荷载等资料，确定基坑开挖方案和地下水控制施工方案。

(2) 基坑边缘堆置土方和建筑材料，或沿挖方边缘移动运输工具和机械。一般应距基坑上部边缘不少于 2m，堆置高度不应超过 1.5m。在垂直的坑壁边，此安全距离还应适当加大。软土地区不宜在基坑边堆置弃土。

(3) 基坑周围地面应进行防水、排水处理，严防雨水等地面水渗入基坑周边土体。

(4) 基坑开挖完成后，应及时清底、验槽，减少暴露时间，防止暴晒和雨水浸刷破坏地基土的原状结构。

5.3 浅基坑、槽和管沟开挖

(1) 浅基坑（槽，下同）开挖，应先进行测量定位，抄平放线，定出开挖长度，按放线分块（段）分层挖土。根据土质和水文情况，在四侧或两侧直立或放坡开挖，以保证施工操作安全。

当土质为天然湿度、构造均匀、水文地质条件良好，且无地下水时，开挖基坑亦可不必放坡，采取直立开挖不加支护，但挖方深度应符合表 5.3 的规定，如超过表 5.3 规定的深度，应采取放坡或支护方式。临时性挖方的边坡坡度值可按表 5.4 采用。放坡后基坑上口宽度由基坑底面宽度及边坡坡度来决定，坑底宽度应按设计规定，同时考虑工作面，以便施工操作。

表 5.3　基坑（槽）和管沟不加支撑时的容许深度表

项次	土 的 种 类	容许深度/m
1	密实、中密的砂子和碎Ⅰ类土（充填物为砂土）	1.00
2	硬塑、可塑的粉质黏土及粉土	1.25
3	硬塑、可塑的黏土和碎Ⅱ类土（充填物为黏性土）	1.50
4	坚硬的黏土	2.00

表 5.4　临时性挖方边坡坡度值

土 的 类 别		边坡坡度值（高：宽）
砂土（不包括细砂、粉砂）		1：1.25～1：1.50
一般性黏土	硬	1：0.75～1：1.00
	硬塑	1：1～1：1.25
	软	1：1.5 或更缓
碎石类土	充填坚硬、硬塑黏性土	1：0.5～1：1.0
	充填砂土	1：1～1：1.5

注　1. 有成熟施工经验，可不受本表限制，设计有要求时，应符合设计标准。
2. 如采用降水或其他加固措施，也不受本表限制。
3. 开挖深度对软土不超过 4m，对硬土不超过 8m。

（2）当开挖基坑（槽）的土体含水量大而不稳定，或基坑较深，或受到周围场地限制而需用较陡的边坡或直立开挖而土质较差时，应采用临时性支撑加固，基坑、槽每边的宽度应比基础宽 15～20cm，以便设置支撑加固结构。挖土时，土壁要求平直。挖好一层，支一层支撑，挡土板要紧贴土面，并用小木桩或横撑木顶住挡板。开挖宽度较大的基坑，当在局部地段无法放坡或下部土方受到基坑尺寸限制不能放较大坡度时，应在下部坡脚处采取加固措施，如采用短桩与横隔板支撑或砌砖、毛石或用编织袋、草袋装土堆砌临时矮挡土墙保护坡脚。

（3）基坑开挖程序：测量放线→切线分层开挖→排降水→修坡→整平→留足预留土层等。相邻基坑开挖时，应遵循先深后浅或同时进行的施工程序。挖土应自上而下水平分段分层进行，每层 0.3m 左右，边挖边检查坑底宽度及坡度，不够时应及时修整。每 3m 左右修一次坡，至设计标高，再统一进行一次修坡清底，检查坑底宽和标高，要求坑底凹凸不超过 2.0cm。

（4）基坑开挖应尽量防止对地基土的扰动。人工挖土时，基坑挖好后不能立即进行下道工序时，应预留 15～30cm 一层土不挖，待下道工序开始时再挖至设计标高。机械开挖时，为避免破坏基底土，应在基底标高以上预留一层由人工挖掘修整。使用铲运机、推土机时，预留土层厚度为 15～20cm，使用正铲、反铲或拉铲挖土时为 20～30cm。

(5) 在地下水位以下挖土，应在基坑（槽）四侧或两侧挖好临时排水沟和集水井，或采用井点降水，将水位降低至坑、槽底以下 0.50m，以利挖方进行。降水工作应持续到基础（包括地下水位下回填土）施工完成。

(6) 雨季施工时，基坑槽应分段开挖，挖好一段，浇筑一段垫层，并在基槽两侧围以土堤或挖排水沟，以防地面雨水流入基坑槽，同时应经常检查边坡和支撑情况，以防止坑壁受水浸泡造成塌方。

(7) 基坑开挖时，应对平面控制桩、水准点、基坑平面位置、水平标高、边坡坡度等经常复测检查。

(8) 基坑挖完后应进行验槽，做好记录，如发现地基土质与地质勘探报告、设计要求不符时，应与有关人员研究及时处理。

5.4 浅基坑、槽和管沟的支护方法

(1) 基坑、槽和管沟的支撑方法见表 5.5，一般浅基坑的支撑方法见表 5.6。

表 5.5 基坑、槽和管沟的支撑方法

支撑方式	简　图	支撑方法及适用条件
间断式水平支撑	木楔 横撑 水平挡土板	两侧挡土板水平放置。用工具或木横撑借木楔顶紧，挖一层土，支顶一层。 适于能保持立壁的干土或天然湿度的黏土类土，地下水很少，深度在 2m 以内
断续式水平支撑	立楞木 横撑 木楔 水平挡土板	挡土板水平放置，中间留出间隔，并在两侧同时对称立竖方木，再用工具式或木横撑顶紧。 适用于能保持直立壁的干土或天然湿度的黏土类土，地下水很少，深度在 3m 以内
连续式水平支撑	立楞木 横撑 水平挡土板 木楔	挡土板水平连续放置，不留间隔，然后两侧同时对称立竖方木，上、下各顶一根撑木，端头加木楔顶紧。 适用较松散的干土或天然湿度的黏土类土，地下水很少，深度在 3～5m
连续或间断式垂直支撑	木楔 横撑 水平挡土板 横楞木	挡土板垂直放置，可连续或留适当间隔，然后每侧上、下各水平顶一根方木，再用横撑顶紧。 适用土质较松散或湿度很高的土，地下水很少，深度不限

续表

支撑方式	简　图	支撑方法及适用条件
水平垂直混合式支撑	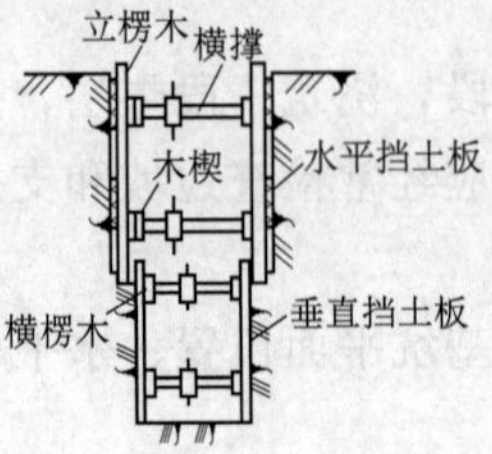 立楞木　横撑　木楔　水平挡土板　横楞木　垂直挡土板	沟槽上部连续式水平支撑，下部设连续式垂直支撑。 适用沟槽深度较大，下部有含水土层的情况

表 5.6　一般浅基坑的支撑方法

支撑方式	简　图	支撑方法及适用条件
斜柱支撑	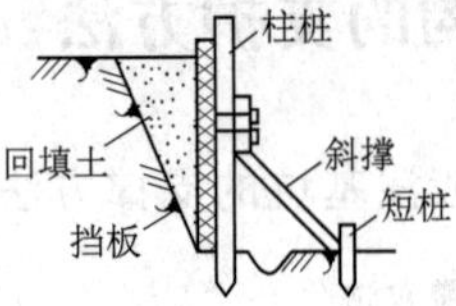 柱桩　回填土　斜撑　短桩　挡板	水平挡土板钉在柱桩内侧，柱桩外侧用斜撑支顶，斜撑底端支在木桩上，在挡土板内侧回填土。 适于开挖较大型、深度不大的基坑或使用机械挖土时使用
锚拉支撑	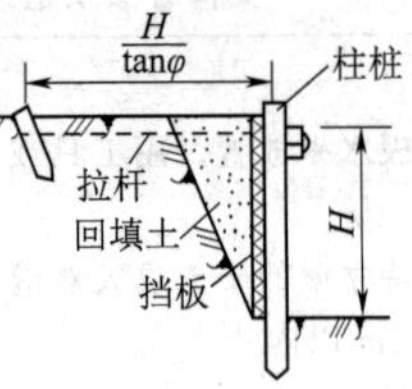 $\frac{H}{\tan\varphi}$　柱桩　拉杆　回填土　H　挡板	水平挡土板支在柱桩的内侧。柱桩一端打入土中，另一端用拉杆与锚桩拉紧，在挡土板内侧回填土。 适用于开挖较大型、深度不大的基坑或使用机械挖土，不能安设横撑时使用
型钢桩横挡板支撑	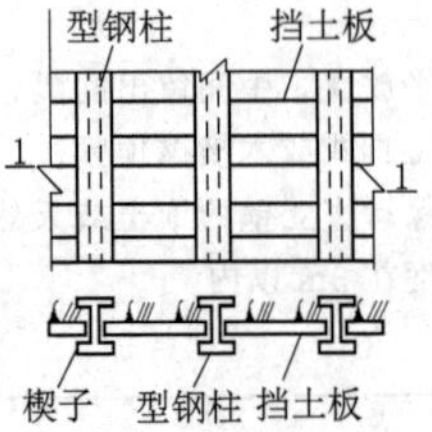 型钢柱　挡土板　1　1　楔子　型钢柱　挡土板	沿挡土位置预先打入钢轨、工字钢或 H 型钢桩，间距 1.0～1.5m，然后边挖土边将 3～6cm 厚的挡土板塞进钢桩之间挡土，并在横向挡板与型钢桩之间打上楔子，使横板与土体紧密接触。 适于地下水位较低、深度不很大的一般黏性土或砂土层中使用
短桩横隔板支撑	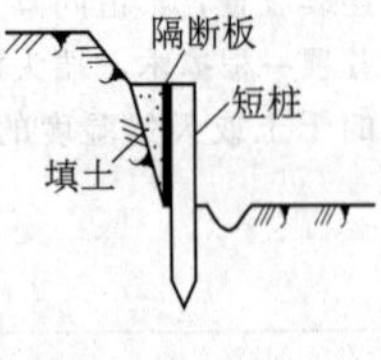 隔断板　短桩　填土	打入小短木桩，部分打入土中。部分露出地面，钉上水平挡土板，在背面填土、夯实。 适于开挖宽度大的基坑，当部分地段下部放坡不够时使用
临时挡土墙支撑	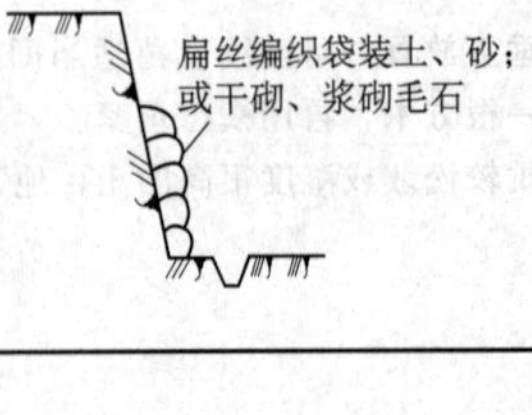 扁丝编织袋装土、砂；或干砌、浆砌毛石	沿坡脚用砖、石叠砌或用装水泥的聚丙烯编织袋、草袋装土、砂堆砌，使坡脚保持稳定。 适于开挖宽度大的基坑，当部分地段下部放坡不够时使用

续表

支撑方式	简 图	支撑方法及适用条件
挡土灌注桩支护	连系梁 挡土灌注桩 挡土灌注桩	在开挖基坑的范围。用钻机或洛阳铲成孔，桩径 400～500mm，现场灌注钢筋混凝土桩，桩间距为 1.0～1.5m，在桩间土方挖成外拱形使之起土拱作用。 适用于开挖较大、较浅（小于 5m）基坑，邻近有建筑物，不允许背面地基有下沉、位移时采用
叠袋式挡墙支护	1.0～1.5m 编织袋装碎石堆砌 <5000mm 500mm 砌块石	采用编织袋或草袋装碎石、砂、砾石或土，堆砌成重力式挡墙作为基坑的支护，在墙下部砌 500mm 厚块石基础，墙底宽 1500～2000mm，顶宽 500～1200mm，顶部适当放坡卸土 1.0～1.5m，表面抹砂浆保护。 适用于一般黏性土、面积大、开挖深度应在 5m 以内的浅基坑支护

（2）土方开挖和支撑施工注意事项。

1）大型挖土及降低地下水位时，应经常注意观察附近已有建筑或构筑物、道路、管线，有无下沉和变形。如有下沉和变形，应与设计和建设单位研究采取防护措施。

2）土方开挖中如发现文物或古墓，应立即妥善保护并及时报请当地有关部门来现场处理，待妥善处理后，方可继续施工。

3）挖掘发现地下管线（管道、电缆、通信）等应及时通知有关部门来处理，如发现测量用的永久性标桩或地质、地震部门设置的观测孔等亦应加以保护。如施工必须毁坏时，亦应事先取得原设置或保管单位的书面同意。

4）基坑槽、管沟支撑宜选用质地坚实、无枯节、透节、穿心裂折的松木或杉木，不宜使用杂木。

5）支撑应挖一层支撑好一层，并严密顶紧、支撑牢固，严禁一次将土挖好后再支撑。

6）挡土板或板桩与坑壁间的填土要分层回填夯实，使之严密接触。

7）埋深的拉锚需用挖沟方式埋设，沟槽尽可能小，不得采取将土方全部挖开，埋设拉锚后再回填的方式。这样会使土体固结状态遭受破坏。拉锚安装后要预拉紧。预紧力不小于设计计算值的 5%～10%，每根拉锚松紧程度应一致。

8）施工中应经常检查支撑和观测邻近建筑物的情况，如发现支撑有松动、变形、位移等情况，应及时加固或更换。加固办法可打紧受力较小部分的木楔或增加立柱及横撑等。如换支撑时，应先加新支撑后拆旧支撑。

9）支撑的拆除应按回填顺序进行。多层支撑应自下而上逐层拆除，拆除一层，经回填夯实后，再拆上层。拆除支撑时，应注意防止附近建筑物或构筑物产生下沉和破坏，必要时采取加固措施。

(3) 基坑边坡保护。当基坑放坡高度较大，施工期和暴露时间较长或岩土质地较差，易于风化、疏松或滑坍。为防止基坑边坡因气温变化或失水过多而风化或松散，或防止坡面受雨水冲刷而产生溜坡现象，应根据土质情况和实际条件采取边坡保护措施，以维护基坑边坡的稳定。常用基坑坡面保护方法如下。

1) 薄膜覆盖或砂浆覆盖法。对基础施工期较短的临时性基坑边坡，采取在边坡上铺塑料薄膜，在坡顶及坡脚用草袋或编织袋装土压住或用砖压住；或在边坡上抹水泥砂浆 2～2.5cm 厚保护。为防止薄膜脱落，在上部及底部均应搭盖不少于 80cm，同时在土中插适当锚筋连接。在坡脚设排水沟 [图 5.1 (a)]。

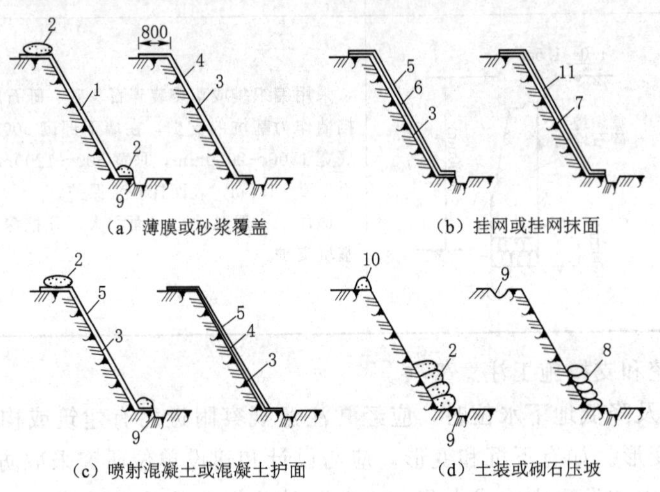

图 5.1 基坑边坡护面方法

1—塑料薄膜；2—草袋或编织袋装土；3—插筋 $\phi10$～$\phi12$；4—抹 M5 混合砂浆；5—20 号钢丝网；6—C15 喷射混凝土；7—C15 组石混凝土；8—M5 砂浆砌石；9—排水沟；10—土堤；11—$\phi4$～$\phi6$ 钢筋网片，纵横间距 250～300mm

2) 挂网或挂网抹面法。对基础施工期短，土质较差的临时性基坑边坡，可在垂直坡面楔入直径 10～12mm，长 40～60cm 插筋，纵横间距 1m，上铺 20 号铁丝网。上下用草袋或聚丙烯编织袋装土或砂压住，或再在铁丝网上抹 2.5～3.5cm 厚的 M5 混合砂浆（配合比为水泥：白灰膏：砂子＝1：1：1.5）。在坡顶坡脚设排水沟 [图 5.1 (b)]。

3) 喷射混凝土或混凝土护面法。对邻近有建筑物的深基坑边坡，可在坡面垂直楔入直径 10～12mm。长 40～50cm 插筋，纵横间距 1m，上铺 20 号铁丝网，在表面喷射 4～6cm 厚的 C15 细石混凝土直到坡顶和坡脚；亦可不铺铁丝网，而坡面铺 $\phi4$～$\phi6$@中 250～300 钢筋网片，浇筑 5～6cm 厚的细石混凝土，表面抹光 [图 5.1 (c)]。

4) 土袋或砌石压坡法。对深度在 5m 以内的临时基坑边坡，在边坡下部用草袋或聚丙烯编织袋装土堆砌或砌石压住坡脚。边坡高 3m 以内可采用单排顶砌法，5m 以内，水位较高，用二排顶砌或一排一顶构筑法，保持坡脚稳定。在坡顶设挡水土堤或排水沟，防止冲刷坡面，在底部做排水沟。防止冲坏坡脚 [图 5.1 (d)]。

5.5 土方开挖的质量控制要点

1. 对定位放线的控制

控制内容主要为复核建筑物的定位桩、轴线、方位和几何尺寸。

根据规划红线或建筑物方格网，按设计总平面图复核建筑物的定位桩。可采用经纬仪及标准钢卷尺进行检查校对。按设计基础平面图对基坑、槽的灰线进行轴线和几何尺寸的复核，并检查方向是否符合图纸的朝向。工程轴线控制桩设置离建筑物的距离一般应大于两倍的挖土深度；水准点标高可引测在已建成的沉降已稳定的建（构）筑物上，或在建筑物稍远的地方设置水准点并妥加保护，挖土过程中要定期进行复测，校验控制桩的位置和水准点标高。

2. 对土方开挖的控制

控制内容主要为检查挖土标高、截面尺寸、放坡和排水。

土方开挖一般应按从上往下分层分段依次进行，随时做成一定的坡势。如用机械挖土，深5m以内的浅基坑可一次开挖。在接近设计坑底标高或边坡边界时应预留200～300mm厚的土层，用人工开挖和修整，边挖边修坡，以保证不扰动土和标高符合设计要求。遇标高超深时，不得用松土回填，应用砂、碎石或低强度等级混凝土填压（夯）实到设计标高；当地基局部存在软弱土层，不符合设计要求时，应与勘察、设计、建设部门共同提出方案进行处理。

挖土边坡值应按表5.1和表5.2确定。截面尺寸应按照龙门板上标出的中心轴线和边线进行，经常检查挖土的宽度。检查可用经纬仪或挂线吊线锤进行。

挖土必须做好地表和坑内排水、地面截水和地下降水，地下水位应保持低于开挖面500mm以下。

3. 基坑（槽）验收

基坑开挖完毕应由施工单位、设计单位、监理单位或建设单位等有关人员共同到现场进行检查、鉴定验槽。核对地质资料，检查地基土与工程地质勘察报告、设计图纸要求是否相符合，有无破坏原状土结构或发生较大的扰动现象。一般用表面检查验槽法，必要时采用钎探检查或洛阳铲钎探检查，经检查合格，填写基坑（槽）验收、隐蔽工程记录，及时办理交接手续。

4. 土方开挖工程质量检验标准

土方开挖工程质量检验标准见表5.7。

表5.7　土方开挖工程质量检验标准　　单位：mm

项	序	项目	允许偏差或允许值					检验方法
			柱基、基坑、基槽	挖方场地平整		管沟	地（路）面基层	
				人工	机械			
主控项目	1	标高	−50	±30	±50	−50	−50	水准仪
	2	长度、宽度（由设计中心线向两边量）	+200 −50	+300 −100	+500 −150	+100	—	经纬仪、用钢尺量

续表

项	序	项目	允许偏差或允许值					检验方法
			柱基、基坑、基槽	挖方场地平整		管沟	地（路）面基层	
				人工	机械			
主控项目	3	边坡	设计要求					观察或用坡度尺检查
一般项目	1	表面平整度	20	20	50	20	20	用2m靠尺和楔形塞尺检查
	2	基底土性	设计要求					观察或土样分析

注 地（路）面基层的偏差只适用于直接在挖、填方做地（路）面的基层。

5.6 土方机械化施工

5.6.1 土方机械的选择

土方机械化开挖应根据基础形式、工程规模、开挖深度、地质、地下水情况、土方量、运距、现场和机具设备条件、工期要求以及土方机械的特点等合理选择挖土机械，以充分发挥机械效率，节省机械费用，加速工程进度。

土方机械化施工常用机械有：推土机、铲运机、挖掘机（包括正铲、反铲、拉铲、抓铲等）、装载机等。

一般讲，深度不大的大面积基坑开挖，宜采用推土机或装载机推土、装土，用自卸汽车运土；对长度和宽度均较大的大面积土方一次开挖，可用铲运机铲土、运土、卸土、填筑作业；对面积较深的基础多采用 $0.5m^3$ 或 $1.0m^3$ 斗容量的液压正铲挖掘机，上层土方也可用铲运机或推土机进行；如操作面狭窄，且有地下水，土体湿度大，可采用液压反铲挖掘机挖土，自卸汽车运土；在地下水中挖土，可用拉铲，效率较高；对地下水位较深、采取不排水时，亦可分层用不同机械开挖，先用正铲挖土机挖地下水位以上土方，再用拉铲或反铲挖地下水位以下土方，用自卸汽车将土方运出。

（1）推土机。常用推土机型号及技术性能见表5.8。

表5.8　常用推土机型号及技术性能

项目		型号					
		T3-100	T-120	上海-120A	T-180	TL1800	T-220
铲刀（宽×高）/mm		3030×1100	3760×1100	3760×1000	4200×1100	3190×990	3725×1315
最大提升高度/mm		900	1000	1000	1260	900	1210
最大切土深度/mm		180	300	330	530	400	540
移动速度	前进/(km/h)	2.36～10.13	2.27～10.44	2.23～10.23	2.43～10.12	—	2.5～9.9
	后退/(km/h)	2.79～7.63	2.73～8.99	2.68～8.82	3.16～9.78	7～49	3.0～9.4
额定牵引力/kN		90	120	130	188	85	240
发动机额定功率/kW		73.6	99.3	88.3	132.4	132.4	161.8
对地面单位压力/MPa		0.065	0.059	0.064	—	—	0.091

(2) 铲运机。常用铲运机型号及技术性能见表5.9。

表5.9　常用铲运机的技术性能与规格

项　目	拖式铲运机			自行式铲运机		
	C6～2.5	C5～6	C3～6	C3～6	C4～7	CL7
铲斗几何容量/m^3	2.5	6	6～8	6	7	7
堆尖容量/m^3	2.75	8	—	8	9	9
铲刀宽度/mm	1900	2600	2600	2600	2700	2700
切土深度/mm	150	300	300	300	300	300
铺土厚度/mm	230	380	—	380	400	—
铲土角度/(°)	35～68	30	30	30	—	—
最小转弯半径/m	2.7	3.75	—		6.7	—

(3) 挖掘机。

1) 正铲挖掘机。常用液压正铲挖掘机的型号及技术性能见表5.10。

表5.10　常用液压挖掘机主要技术性能与规格

项　目		机　型							
		WY10	WLY40	WY60	WY60A	WY80	WY100	WY160	WY250
正铲	铲斗容量/m^3	—	0.4	0.6	0.6	0.8	1.0	1.6	2.5
	最大挖掘半径/m	—	7.95	7.78	6.71	6.71	8.0	8.05	9.0
	最大挖掘高度/m	—	6.12	6.34	6.60	6.60	7.0	8.1	9.5
	最大卸载高度/m	—	3.66	4.15	3.79	3.79	2.5	5.7	6.55
反铲	铲斗容量/m^3	0.1	0.4	1.6	0.6	1.8	0.7～1.2	1.6	—
	最大挖掘半径/m	4.3	7.76	8.17	8.46	8.86	9.0	10.6	—
最大挖掘高度/m		—	5.39	7.93	7.49	7.84	7.6	8.1	—
最大卸载高度/m		2.5	3.81	6.36	5.60	5.57	5.4	5.83	—
最大挖掘深度/m		1.84	4.09	4.2	5.14	5.52	5.8	6.1	—
发动机	功率/kW	2.4	58.8	58.8	69.1	—	95.5	132.3	220.5
	行走速度/(km/h)	1.54	3.6	1.8	3.4	3.8	0.05	1.77	2.0
	爬坡能力/%	45	40	45	47	47	45	80	35
	回转速度/(m/min)	10	7.0	6.5	8.65	8.65	7.9	6.9	5.35

2) 反铲挖掘机。常用液压反铲挖掘机的型号及技术性能见表5.10。

3) 抓铲挖掘机。常用抓铲挖掘机型号及技术性能见表5.11。

表5.11　常用抓铲挖掘机型号及技术性能

项　目	型　号							
	W-501				W-1001			
抓斗容量/m^3	0.5				1.0			
伸臂长度/m	10				13		16	
回转半径/m	4.0	6.0	8.0	9.0	12.5	4.5	14.5	5.0
最大卸载高度/m	7.6	7.5	5.8	4.6	1.6	10.8	4.8	13.2

4）装载机。常用铰接式轮胎装载机型号及技术性能见表 5.12。

表 5.12　常用铰接式轮胎装载机主要技术性能与规格

项　目	型　号						
	WZ_2A	ZL10	ZL20	ZL30	ZL40	ZL0813	ZL08A（ZL08E）
铲斗容量/m^3	0.7	0.5	1.0	1.5	2.0	0.4	0.4（0.4）
装载量/t	1.5	1.0	2.0	3.0	4.0	0.8	0.8
卸料高度/m	2.25	2.25	2.6	2.7	2.8	2.0	2.0
行走速度/(km/h)	18.5	10～28	0～30	0～32	0～35	21.9	21.9（20.7）
爬坡能力/%	18	30	30	25	28～30	30	24（30）
回转半径/m	4.9	4.48	5.03	5.5	5.9	4.8	4.8（3.7）
离地间隙/m	—	0.29	0.39	0.40	0.45	0.25	0.20（0.25）

注　1. WZ_2A 型带反铲斗容量 0.2m^3，最大挖掘深度 4.0m，挖掘半径 5.25m，卸料高度 2.99m。
2. 转向方式均为铰接液压缸。

5.6.2　土方机械基本作业方法

1. 推土机

（1）作业方法。推土机开挖的基本作业是铲土、运土和卸土三个工作行程和空载回驶行程。铲土时应根据土质情况，尽量采用最大切土深度在最短距离（6～10m）内完成，以便缩短低速运行时间，然后直接推运到预定地点。回填土和填沟渠时，铲刀不得超出土坡边沿。

（2）提高生产率的方法。

1）下坡推土法：推土机顺下坡方向切土与推运（图 5.2），借机械向下的重力作用切土，增大切土深度、增加运土数量，可提高生产率 30%～40%，但坡度不宜超过 15°。

2）槽形推土法：推土机重复多次在一条作业线上切土和推土，使地面逐渐形成一条浅槽（图 5.3），再反复在沟槽中进行推土，以减少土从铲刀两侧漏散，可增加 10%～30%的推土量。槽的深度以 1m 左右为宜。槽与槽之间的土坑宽约 50m，适于运距较远、土层较厚时使用。

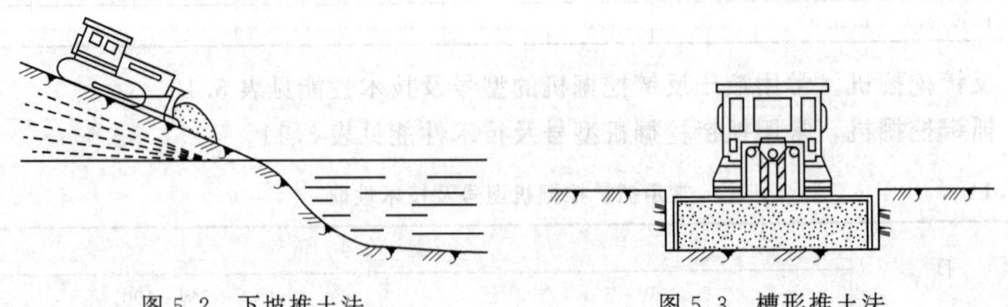

图 5.2　下坡推土法　　　　图 5.3　槽形推土法

3）并列推土法：用 2～3 台推土机并列作业（图 5.4），以减少土体漏失量。铲刀相距 15～30cm，一般采用两机并列推土，可增大推土量 15%～30%，适于大面积场地平整及运送土用。

4）分堆集中，一次推送法：将土先积聚在一个或数个中间点，然后再整批推送到卸土区，使铲刀前保持满载（图5.5）。堆积距离不宜大于30m，推土高度以2m内为宜。本法能提高生产效率15%左右，适于运送距离较远、而土质又比较坚硬，或长距离分段送土时采用。

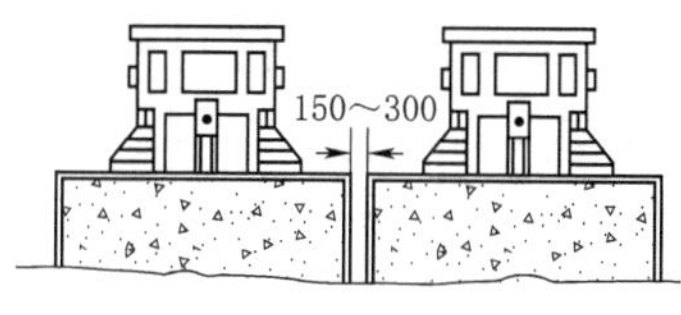

图5.4　并列推土法（单位：cm）

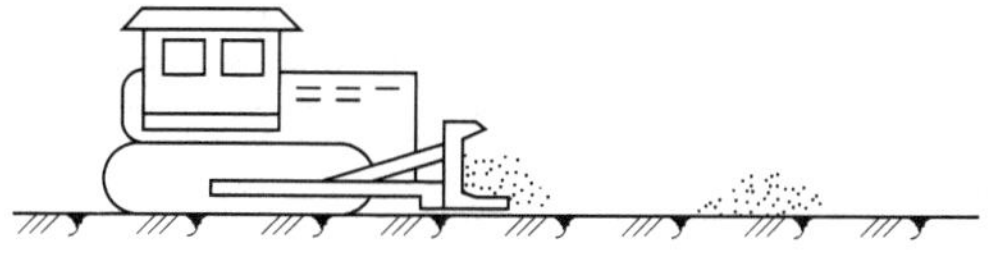

图5.5　分堆集中，一次推送法

5）斜角推土法：将铲刀斜装在支架上，并与前进方向成一倾斜角度（松土为60°，坚实土为45°）进行推土（图5.6）。可减少机械来回行驶，提高效率，但推土阻力较大，需较大功率的推土机，适于管沟推土回填、垂直方向无倒车余地或在坡脚及山坡下推土用。

6）之字斜角推土法：推土机与回填的管沟或洼地边缘成"之"字或一定角度推土（图5.7）。本法可减少平均负荷距离、改善推集中土的条件，并可使推土机转角减少一半，可提高台班生产率，但需较宽的运行场地，适于回填基坑、槽、管沟时采用。

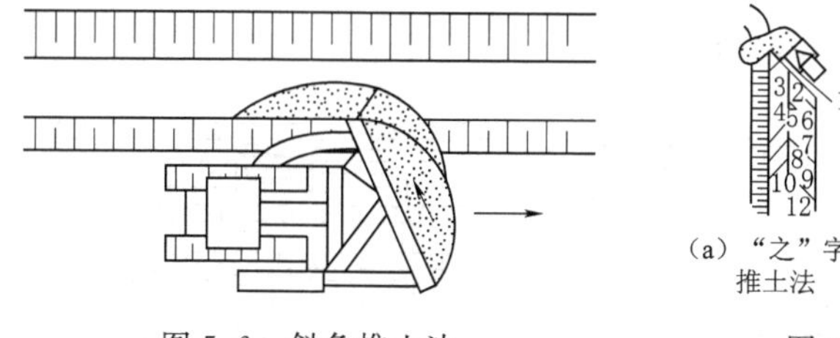

图5.6　斜角推土法

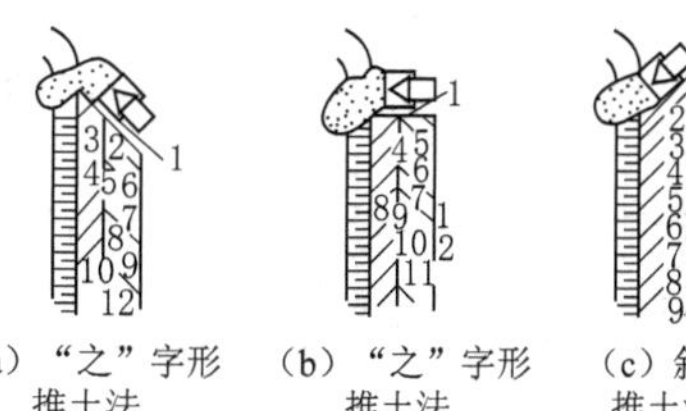

图5.7　之字斜角推土法

7）铲刀附加侧板法：对于运送疏松土壤，且运距较大时，可在铲刀两边加装侧板，增加铲刀前的土方体积和减少推土漏失量。

2. 铲运机

（1）作业方法。铲运机的基本作业是铲土、运土、卸土三个工作行程和一个空载回驶行程。在施工中，由于挖填区的分布情况不同，为了提高生产效率，应根据不同施工条件，选择合理的开挖路线和施工方法。

运行路线有如下几种。

1）椭圆形运行路线：从挖方到填方按椭圆形路线回转［图5.8（a）］，作业时应常调换方向行驶，以避免机械行驶部分的单侧磨损，适于长100m内，填土高1.5m内的路堤、路堑及基坑开挖、场地平整等工程采用。

2）"8"字形运行路线：装土、运土和卸土时按"8"字形运行，一个循环完成两次挖土和卸土作业［图5.8（b）］，适于开挖管沟、沟边卸土或取土坑较长（300～500m）的侧向取土、填筑路基以及场地平整等工程采用。

3）大环形运行路线：从挖方到填方均按封闭的环形路线回转。当挖土和填土交替，而刚好填土区在挖土区的两端时，则可采用大环形路线（图 5.9），适于工作面很短（50～100m）和填方不高（0.1～1.5m）的路堤、路堑、基坑以及场地平整等工程采用。

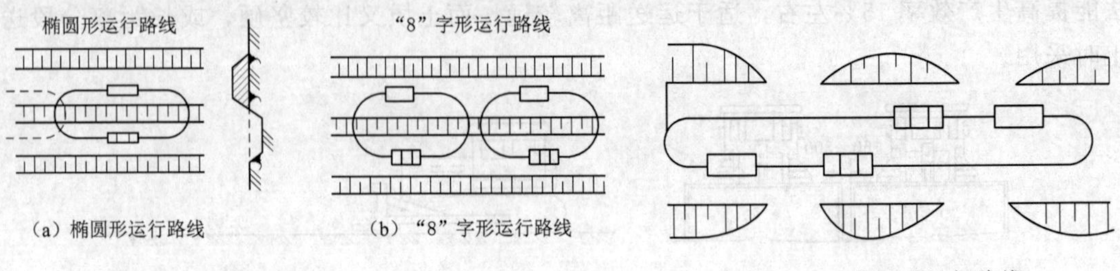

图 5.8 椭圆形及“8”字形开行路线

1—铲土；2—卸土；3—土坑；4—路堤

图 5.9 大环形运行路线

4）连续式运行路线：铲运机在同一直线段连续地进行铲土和卸土作业（图 5.9）。可消除跑空车现象、减少转弯次数、提高生产效率，适于大面积场地整平填方和挖方轮次交替出现的地段采用。

5）锯齿形运行路线：铲运机从挖土地段到卸土地段以及从卸土地段到挖土地段都是顺转弯，铲土和卸土交替地进行。直到工作段的末端才转 180°弯，然后再按相反方向作锯齿形运行（图 5.10），适于工作地段很长（500m 以上）的路堤、堤坝修筑时采用。

6）螺旋形运行路线：铲运机呈螺旋形运行，每一循环可装卸土两次（图 5.11），适于填筑很宽的堤坝或开挖很宽的基坑、路堑。

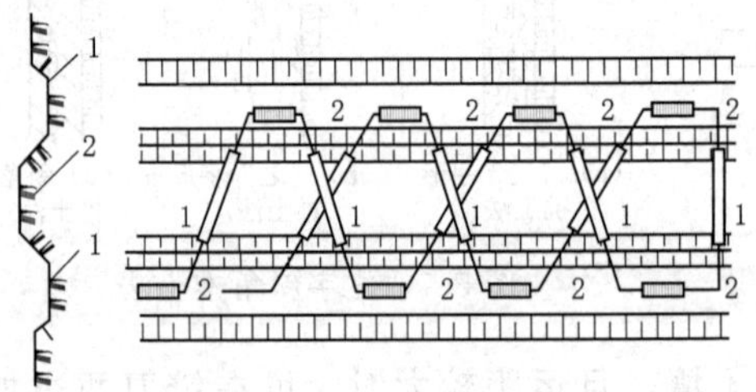

图 5.10 锯齿形运行路线

1—铲土；2—卸土

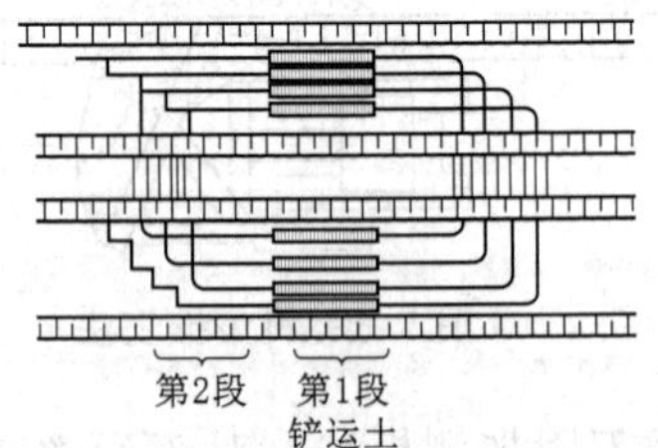

图 5.11 螺旋形运行路线

（2）提高生产率的方法。

1）下坡铲土法：铲运机顺地势（坡度一般 3°～9°）下坡铲土（图 5.12），借机械往下运行重量产生的附加牵引力来增加切土深度和充盈数量，可提高生产率 25%左右，最大坡度不应超过 20°，铲土厚度以 20cm 为宜，适于斜坡地形大面积场地平整或推土回填沟渠用。

2）跨铲法：采取预留土埂间隔铲土（图 5.13）。土埂两边沟槽深度以不大于 0.3m、宽度在 1.6m 以内为宜。因土埂增加了两个自由面，阻力减少，比一般方法效率高，适于较坚硬的土铲土回填或场地平整。

3）交错铲土法：铲运机开始铲土的宽度取大一些，随着铲土阻力的增加，适当减少铲土宽度，使铲运机能很快装满土。当铲第一排时，互相之间相隔铲斗一半宽度，铲第二排土则退离第一排挖土长度的一半位置，与第一排所挖各条交错开，以下所挖各排均与第

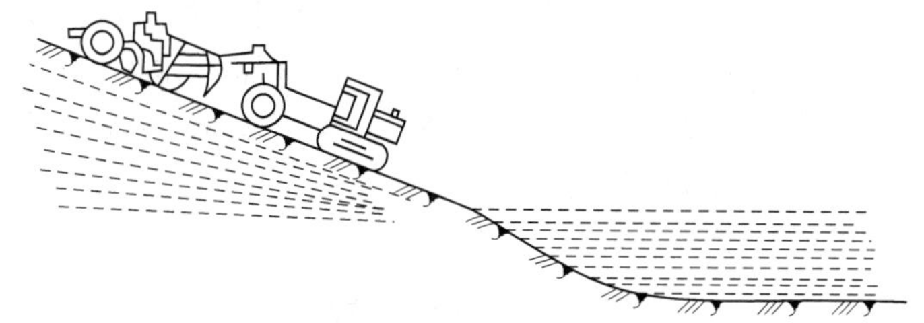

图 5.12　下坡铲土法

二排相同。适于一般比较坚硬的土的场地平整。

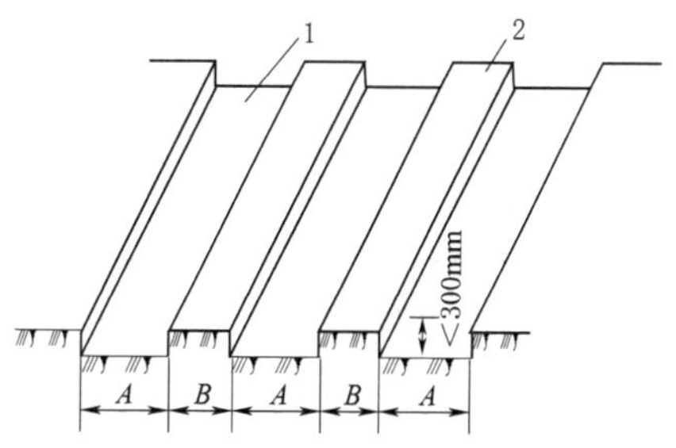

图 5.13　跨铲法
1—淘槽；2—土埂；A—铲斗宽；
B—不大于拖拉机履带净距

4）助铲法：在坚硬的土体中，使用自行铲运机，另配一台推土机在铲运机的后拖杆上进行顶推，协助铲土（图 5.14），可缩短每次铲土时间，装满铲斗，可提高生产率 30%左右。助铲法取土场宽不宜小于 20m，长度不宜小于 40m。适于地势平坦、土质坚硬、宽度大、长度长的大型场地平整工程采用。

5）双联铲运法：铲运机运土时所需牵引力较小，当下坡铲土时，可将两个铲斗前后串在一起，形成一起一落依次铲土、装土（图 5.15），可提高工效 20%～60%，适于较松软的土。进行大面积场地平整及筑堤时采用。

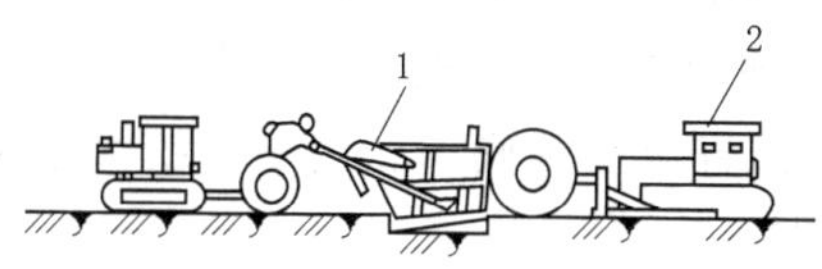

图 5.14　助铲法
1—铲运机铲土；2—推土机助铲

图 5.15　双联铲运法

3. 挖掘机

（1）正铲挖掘机。

1）作业方法。正铲挖掘机的挖土特点是："前进向上，强制切土。"根据开挖路线与运输汽车相对位置的不同，一般有以下两种。

（a）正向开挖　（b）侧向装土法　（c）正向开挖，后方装土法

图 5.16　正铲挖掘机开挖方式

a. 正向开挖，侧向装土法：正铲向前进方向挖土。汽车位于正铲的侧向装车［图 5.16（a）、（b）］。本法铲臂卸土回转角度最小（小于 90°）。装车：方便，循环时间短，生产效率高。用于开挖工作面较大，深度不大的边坡、基坑（槽）、沟渠和路堑等，为最常用的开挖方法。

b. 正向开挖，后方装土法：正铲向

前进方向挖土，汽车停在正铲的后面［图5.16（c）］。本法开挖工作面较大，但铲臂卸土回转角度较大（在180°左右），且汽车要侧向行车，增加工作循环时间，生产效率降低（回转角度180°，效率约降低23%，回转角度130°，约降低13%）。用于开挖工作面较小且较深的基坑（槽）、管沟和路堑等。

正铲经济合理的挖土高度见表5.13。

表5.13　正铲开挖高度参考数值　单位：m

土的类别	铲斗容质/m³			
	0.5	1.0	1.5	2.0
一、二类	1.5	2.0	2.5	3.0
三类	2.0	2.5	3.0	3.5
四类	2.5	3.0	3.5	4.0

挖土机挖土装车时，回转角度对生产率的影响数值，见表5.14。

表5.14　影响生产率参考表

土的类别	回转角度		
	90°	130°	180°
一至四类	100%	87%	77%

2）提高生产率的方法。

a. 分层挖土法：将开挖面按机械的合理高度分为多层开挖［图5.17（a）］；当开挖面高度不能成为一次挖掘深度的整数倍时，则可在挖方的边缘或中部先开挖一条浅槽作为第一次挖土运输的线路［图5.17（b）］，然后再逐次开挖直至基坑底部。用于开挖大型基坑或沟渠，工作面高度大于机械挖掘的合理高度时采用。

b. 多层挖土法：将开挖面按机械的合理开挖高度，分为多层同时开挖，以加快开挖速度，土方可以分层运出，亦可分层递送，至最上层（或下层）用汽车运出（图5.18）。但两台挖土机沿前进方向，上层应先开挖。与下层保持30～50m距离，适于开挖高边坡或大型基坑。

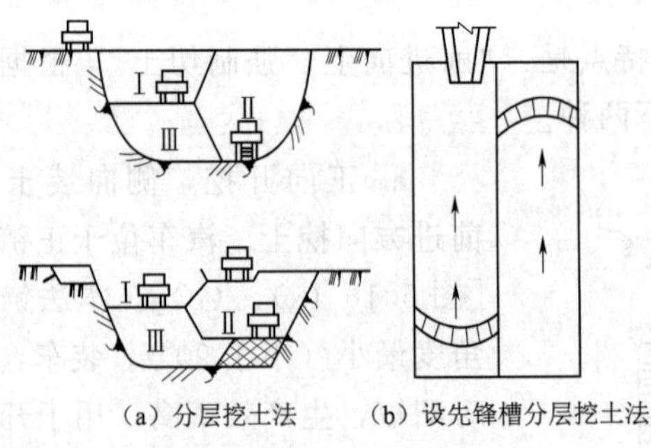

（a）分层挖土法　（b）设先锋槽分层挖土法

图5.17　分层挖土法

1—下坑通道；Ⅰ、Ⅱ、Ⅲ—一、二、三

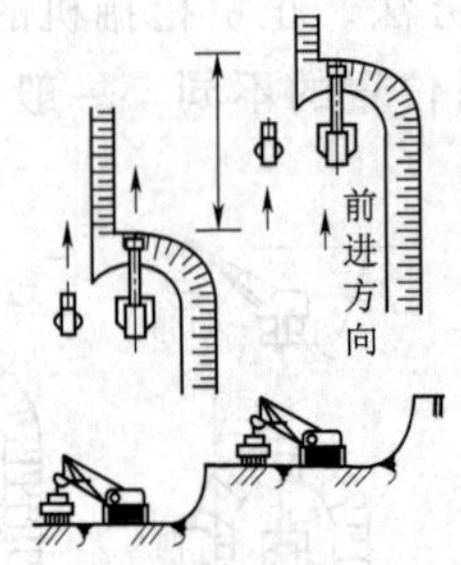

图5.18　多层挖土法

c. 中心开挖法：正铲先在挖七区的中心开挖，当向前挖至回转角度超过 90°时，则转向两侧开挖，运土汽车按八字形停放装土（图 5.19）。本法开挖移位方便，回转角度小（小于 90°）。挖土区宽度宜在 40m 以上，以便汽车靠近正铲装车。适用于开挖较宽的山坡地段或基坑、沟渠等。

d. 上下轮换开挖法：先将土层上部 1m 以下土挖深 30～40cm。然后再挖土层上部 1m 厚的土。如此上下轮换开挖（图 5.20）。本法挖土阻力小，易装满铲斗，卸土容易，适于土层较高，土质不太硬，铲斗挖掘距离很短时使用。

e. 顺铲开挖法：正铲挖掘机铲斗从一侧向另一侧。一斗挨一斗地顺序进行开挖［图 5.21（a）］。每次挖土增加一个自由面，使阻力减小，易于挖掘。也可依据土质的坚硬程度使每次只挖 2～3 个斗牙位置的土，适于土质坚硬，挖土时不易装满铲斗，而且装土时间长时采用。

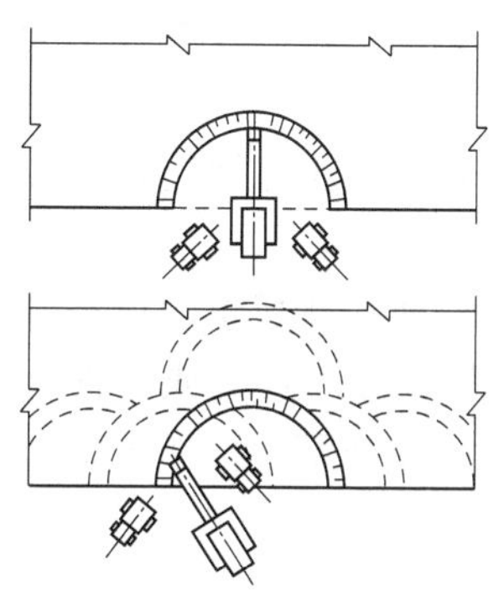

图 5.19　中心开挖法

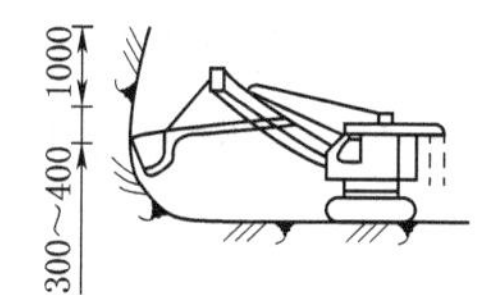

图 5.20　上下轮换开挖法
（单位：mm）

（a）顺铲开挖法　（b）间隔开挖法

图 5.21　顺铲和间隔开挖法

f. 间隔开挖法：即在扇形工作面上第一铲与第二铲之间保留一定距离［图 5.21（b）］，使铲斗接触土体的摩擦面减少，两侧受力均匀，铲土速度加快，容易装满铲斗，生产效率高，适于开挖土质不太硬、较宽的边坡或基坑、沟渠等。

（2）反铲挖掘机。反铲挖掘机的挖土特点是："后退向下，强制切土"。根据挖掘机的开挖路线与运输汽车的相对位置不同，其一般有以下几种。

1）沟端开挖法：反铲机停于沟端，后退挖土，同时往沟一侧弃土或装汽车运走［图 5.22（a）］。挖掘宽度可不受机械最大挖掘半径的限制，臂杆回转半径仅 45°～90°，同时可挖到最大深度。对较宽的基坑可采用［图 5.22（b）］的方法，其最大一次挖掘宽度为反铲有效挖掘半径的两倍，但汽车须停在机身后面装土，生产效率降低，或采用几次沟端开挖法完成作业，适于一次成沟后退挖土，挖出土方随即运走，或就地取土填筑路基或修筑堤坝时采用。

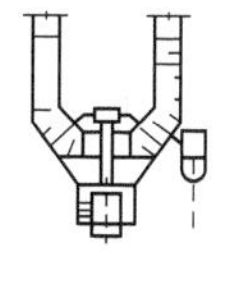

（a）沟端开挖法一

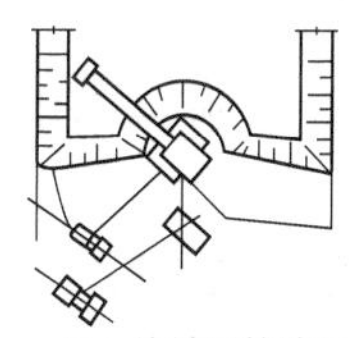

（b）沟端开挖法二

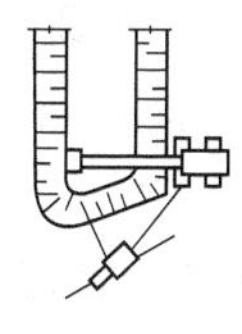

（c）沟侧开挖法

图 5.22　反铲沟端及沟侧开挖法

2）沟侧开挖法：反铲停于沟侧沿沟边开挖，汽车停在机旁装土或往沟一侧卸土［图 5.22（c）］。本法铲臂回转角度小，能将上弃于距沟边较远的地方，但挖土宽度比挖掘半径小，边坡不好控制，同时机身靠沟边停放，稳定性较差，适于横挖土体和需将土方甩到离沟边较远的距离时使用。

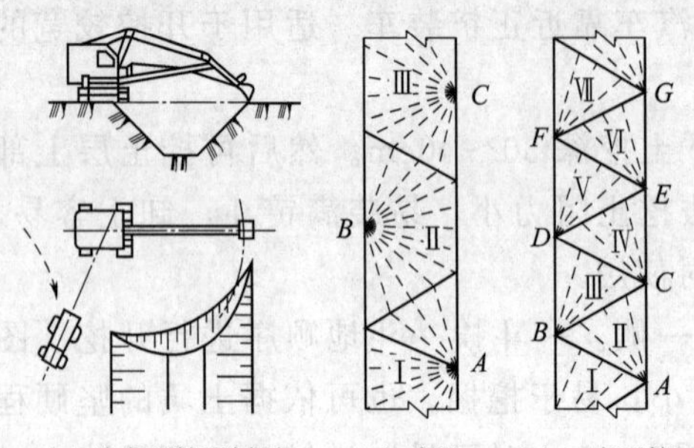

(a) 沟角开挖平剖面 (b) 扇形 (c) 三角开挖平面

图 5.23 反铲沟角开挖法

3）沟角开挖法：反铲位于沟前端的边角上，随着沟槽的掘进。机身沿着沟边往后做"之"字形移动（图 5.23）。臂杆回转角度平均在45°，机身稳定性好，可挖较硬的土体，并能挖出一定的坡度，适于开挖土质较硬、宽度较小的沟槽（坑）。

4）多层接力开挖法：用两台或多台挖土机设在不同作业高度上同时挖土，边挖土，边将土传递到上层，由地表挖土机连挖土带装土（图 5.24），适于开挖土质较好、深 10m 以上的大型基坑、沟槽和渠道。

(3) 抓铲挖掘机。抓铲挖掘机的挖土特点是：直上直下，自重切土抓铲能在回转半径范围内开挖基坑上任何位置的土方，并可在任何高度上卸土。

对小型基坑，抓铲立于一侧抓土；对较宽的基坑，则在两侧或四侧抓土。抓铲应离基坑边一定距离，土方可直接装入自卸汽车运走（图 5.25），或堆弃在基坑旁或用推土机推到远处堆放。挖淤泥时，抓斗易被淤泥吸住，应避免用力过猛，以防翻车。抓铲施工一般均需加配重。

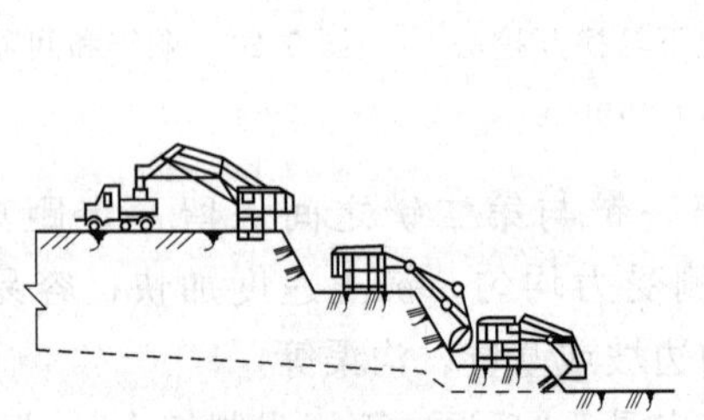

图 5.24 反铲多层接力开挖法

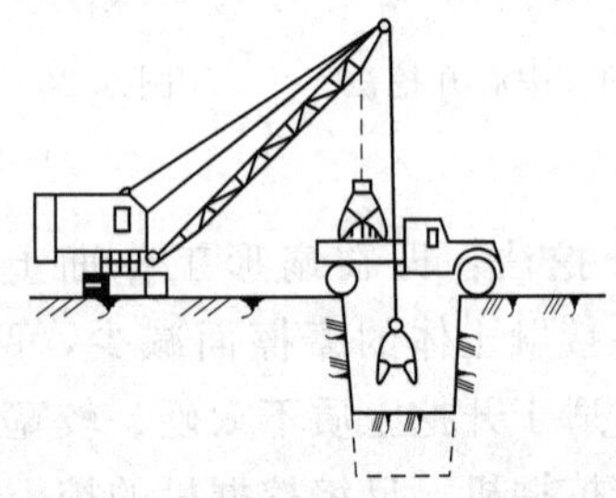

图 5.25 抓铲挖掘机挖土

4. 装载机

作业方法与推土机基本类似，在土方工程中，也有铲装、转运、卸料、返回四个过程（略）。

5.6.3 土方机械施工要点

(1) 土方开挖应绘制土方开挖图（图 5.26），确定开挖路线、顺序、范围、基底标高、边坡坡度、排水沟、集水井位置以及挖出的土方堆放地点等。绘制土方开挖图应尽可能使机械多挖，减少机械超挖和人工挖方。

(2) 大面积基础群基坑底标高不一，机械开挖次序一般采取先整片挖至一平均标高，然后再挖个别较深部位。当一次开挖深度超过挖土机最大挖掘高度（5m 以上）时，宜分二～三层开挖，并修筑 10%～15%坡道，以便挖土及运输车辆进出。

(3) 基坑边角部位，机械开挖不到之处，应用少量人工配台清坡，将松土清至机械作业半径范围内，再用机械掏取运走。人工清土所占比例一般为1.5%～4%。修坡以厘米做限制误差。大基坑宜另配一台推土机清土、送土、运土。

(4) 挖掘机、运土汽车进出基坑的运输道路，应尽量利用基础一侧或两侧相邻的基础（以后需开挖的）部位，使它贯通作为车道。或利用提前挖除土方后的地下设施部位作为相邻的几个基坑开挖地下运输通道，以减少挖土量。

(5) 机械开挖应由深而浅，基底及边坡应预留一层150～300mm厚土层用人工清底、修坡、找平，以保证基底标高和边坡坡度正确，避免超挖和土层遭受扰动。

(6) 做好机械的表面清洁和运输道路的清理工作，以提高挖土和运输效率。

(7) 基坑土方开挖可能影响邻近建筑物、管线安全使用时，必须有可靠的保护措施。

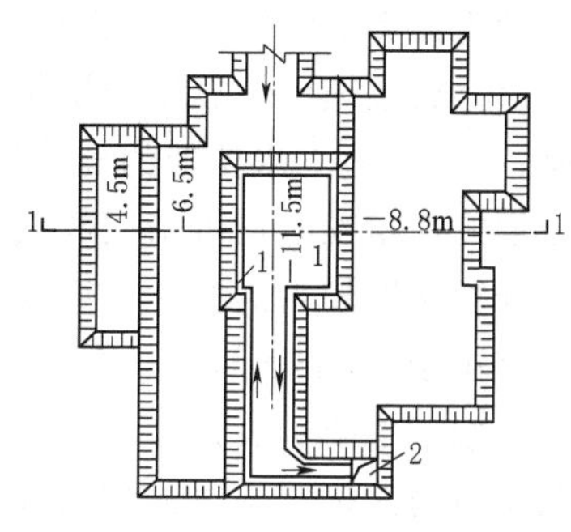

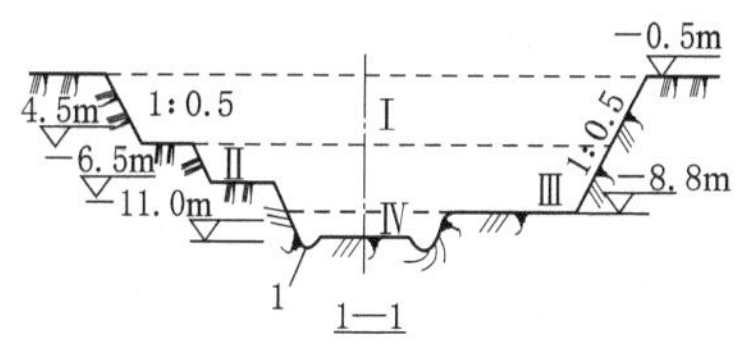

图5.26 土方开挖图
1—排水沟；2—集水井；
3—土方机械进出口
Ⅰ、Ⅱ、Ⅲ、Ⅳ—开挖次序

(8) 机械开挖施工时，应保护井点、支撑等不受碰撞或损坏，同时应对平面控制桩、水准点、基坑平面位置、水标高、边坡坡度等定期进行复测检查。

(9) 雨期开挖土方，工作面不宜过大，应逐段分期完成。如为软土地基。进入基坑行走需铺垫钢板或铺路基垫道，坑面、坑底排水系统应保持良好；汛期应有防洪措施，防止雨水浸入基坑。冬期开挖基坑。如挖完土隔一段时间施工，基础需预留适当厚度的松土，以防基层遭受冻结。

(10) 当基坑开挖局部遇露头岩石，应先采用控制爆破方法，将基岩松动、爆破成碎块，其块度应小于铲斗宽的2/3，再用挖土机挖出，可避免破坏邻近基础和地基；对大面积较深的基坑，宜采用打竖井的方法进行松爆。

5.6.4 深基坑土方开挖

1. *开挖方式*

深基坑挖土是基坑工程的重要部分，对于土方数量大的基坑，基坑工程工期的长短在很大程度上取决于挖土的速度。另外，支护结构的强度和变形控制是否满足要求，降水是否达到预期的目的，都靠挖土阶段来进行检验。因此，基坑工程成功与否也在一定程度上有赖于基坑挖土。

在基坑上方开挖之前，要详细了解施工区域的地形和周围环境。土层种类及其特性，地下设施情况，支护结构的施工质量，土方运输的出口，政府及有关部门关于土方外运的要求和规定（有的大城市规定只有夜间才允许土方外运）。要优化选择挖土机械和运输设备，要确定堆土场地或弃土处，要确定挖土方案和施工组织，要对支护结构、地下水位及周围环境进行必要的监测和保护。

基坑工程的挖土方案主要有放坡挖土、中心岛式挖土、盆式挖土和逆作法挖土四种，第一种为无支护结构，后三种皆为有支护结构。

(1) 放坡挖土。放坡开挖是最经济的挖土方案。当基坑开挖深度不大（软土地区挖深不超过 4m；地下水位低的土质较好地区挖深亦可较大）、周围环境又允许，经验算能确保土坡的稳定性时均可采用放坡开挖。

开挖深度较大的基坑。当采用放坡挖土时，宜设置多级平台分层开挖，每级平台的宽度不宜小于 1.5m。

放坡开挖要验算边坡稳定，可采用圆弧滑动简单条分法进行验算，对于正常固结土，可用总应力法确定土体的抗磨强度，采用固结快凹峰值指标。至于安全系数，可根据土层性质和基坑大小等条件确定。上海的基坑工程设计规程规定，对一级基坑安全系数取 1.38～1.43；二、三级基坑取 1.25～1.30。

采用简单条分法验算边坡稳定性，对土层性质变化较大的土坡，应分别采用各土层的重度和抗剪强度。当含有可能出现流砂的土层时，宜采用井点降水等措施。

对土质较差且施工工期较长的基坑，对边坡宜采用钢丝网水泥喷浆或用高分子聚合材料覆盖等措施进行护坡。

坑顶不宜堆上或存在堆载，遇有不可避免的附加荷载时，在进行边坡稳定性验算时，应计入附加荷载的影响。

在地下水位较高的软土地区，应在降水达到要求后再进行土方开挖。宜采用分层开挖的方式进行开挖。分层挖土厚度不宜超过 2.5m。挖土时要注意保护工程桩防止碰撞或因挖土过快、高差过大使工程桩受侧压力而倾斜。

如有地下水，放坡开挖应采取有效措施以降低坑内水位和排出地表水，严防地表水或坑内排出的水倒流回渗入基坑。

基坑采用机械挖土，坑底应保留 200～300mm 厚基土，用人工清理整平，防止坑底土扰动。待挖至设计标高后，应清除浮土，经验槽合格后，及时进行垫层施工。

基坑机械挖土，国产常用的单斗挖掘机见表 5.15。

北京地区的西苑饭店和长城饭店即为放坡开挖与部分放坡开挖的大型基坑。

表 5.15　　国产单斗液压挖掘机的主要技术性能参数

项目		单位	型号						
			E海建筑机械厂 WY15	北京建筑机械厂 WY50	合肥矿山机械厂 WY60A	上海建筑 WY100	抚顺挖掘机制造厂 WY100B	上海建筑机械厂 R942HD	长江挖掘机厂 WY160A
主参数	斗容量	m^3	0.15	0.5	0.6	1.0	1.0	0.4～2.0	1.6
	整机质量	t	4.2	10.6	17.8	45	29.4	31.1	38.5
	电动机功率	kW	20.59	66	69.17	110.33	117.68	125.04	128.71
回转机构	驱动方式 转角最大		液压马达	液压马达	液压马达	液压马达	液压马达	液压马达	液压马达
			全回转动臂摆动土	全回转	全回转	全回转	全回转	全同转	全网转
	回转速度	r/min	50～10	8.9	8.65	7.88	6.7	0～7.8	6.9

续表

项目			单位	型号						
				E海建筑机械厂 WY15	北京建筑机械厂 WY50	合肥矿山机械厂 WY60A	上海建筑 WY100	抚顺挖掘机制造厂 WY100B	上海建筑机械厂 R942HD	长江挖掘机厂 WY160A
行走装置	履带式	行走速度	km/h	1.5～2.2	3	3.4	1.6/3.2	2.2	0～2.6	1.77
		爬坡能力	%	240	70	45	45	45	80	80
		接地比压	kPa	35	40	50.31.28	66.52.42	60	67	88
	轮胎A	驱动方式								
		行走速度	km/h							
		爬坡能力	%							
	离地间隙		mm	330	410	452	475	514	520	528
工作装乓工作尺寸	工作装置			反铲	反铲	反铲、正铲装载	反铲、正铲、抓斗	反铲	正铲、反铲、抓斗	正铲、反铲、抓斗
	正铲	最大挖掘深度	mm	3000	4500	5140	5703	5855	8100	6100
		普大挖掘半径	mm	4800	7380	8460	9030/1200	10535	11600	10600
		掀大挖掘高度	mm	3640	7300	7490	7570	9015	9500	8100
		最大卸载高度	mm	2400	5040	5600	5390	7345	7550	5830
		最大挖掘力	kN	17	51	100	120	113.4	斗杆155 铲斗146	压铲180 正铲200
	反铲	最大挖掘高度	mm			6350	7000		7800	8100
		最大挖掘半径	mm			6540	7900		8600	8050
		最大挖掘深度	mm			2960	2850		2800	3250
		最大卸载高度	mm			3960	4200		3900	5700
理论生产率			m^3/h	38	90～120	120	200	200		280
外形尺寸	全长		mm	5030	7160	9280	9530		10265	反铲10900 正铲7600
	全宽		mm	1687	2430	2650	3100	3000	3258	3500
	全高		mm	2200	2670	3220	3400	3148	3330	4050

西苑饭店的基础分主楼（A）、大厅（B）和北厅（C）三个部分。主楼基础设置在卵石层上，基础底标高－12m；大厅和北厅的基础设置在细砂及轻黏砂层上。大厅基础的底标高为－9.13m，北厅基础的底标高为－9.50m和－7.55m。

基坑用反铲挖土机放坡开挖。主楼部分分三层开挖，大厅和北厅部分分两层开挖。开挖前先用推土机破冻土层。

自然地坪的绝对标高为51.20m，相对标高为－0.8m。第一层开挖。A、B、C三部分全挖至－5.80m处，实际挖深5m。第二层留设坡道，挖土机下槽开挖，B、C部分挖至－8.73m处，挖深2.93m。余下的土方由人工进行清理；A部分挖至－7.30m处，挖深1.50m。第三层A部分挖至－11.10m处，挖深3.8m，余下的土方由人工进行清理（图5.27）。

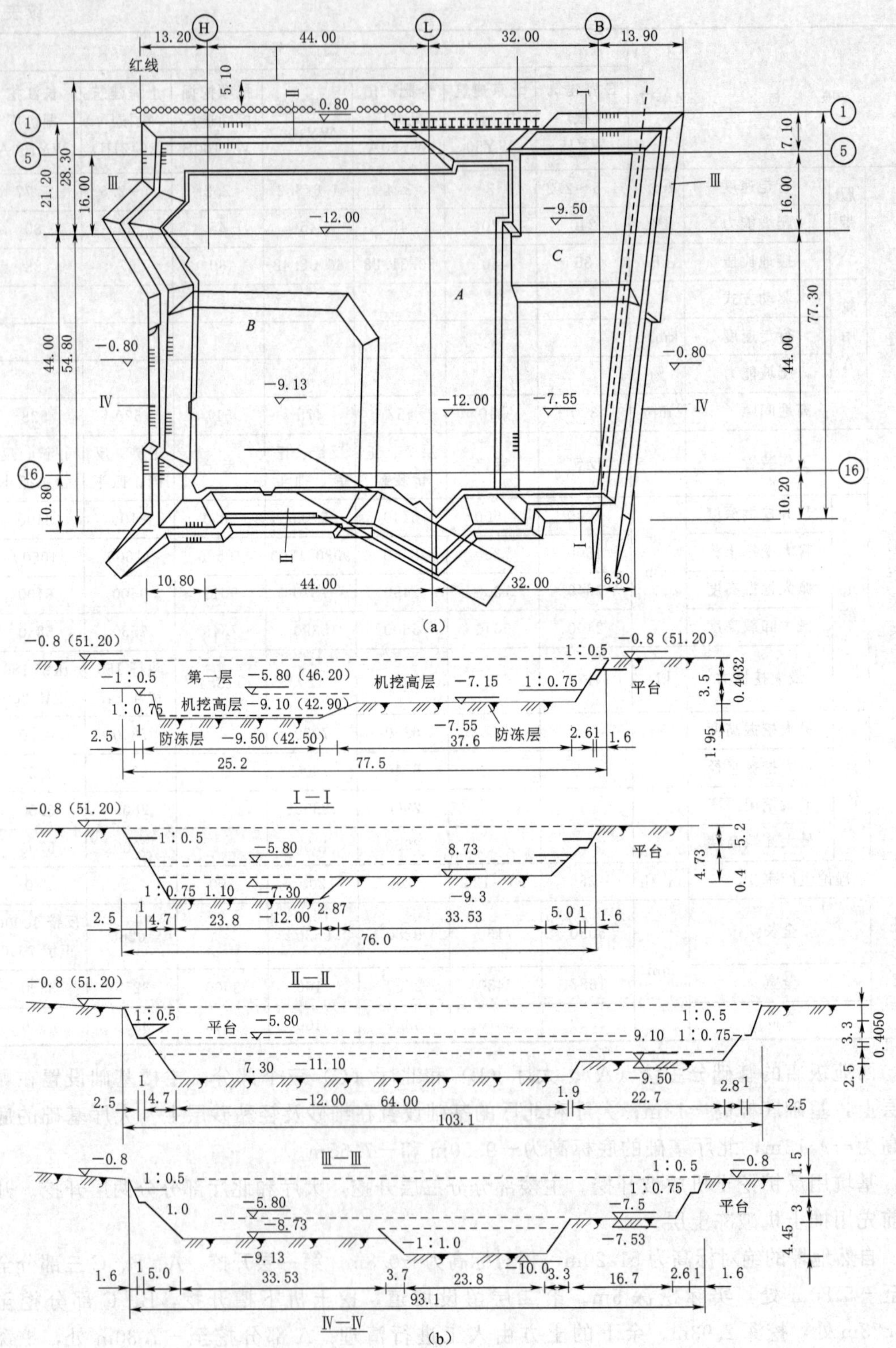

图 5.27 基坑放坡开挖布置图（单位：m）

总的施工顺序是：A、B、C 部分的第一层→A、C 部分的第二层→A 部分的第三层→B 部分的第二层。为使挖土机能下槽开挖，留设 1∶6 坡度的坡道。

施工中共用 3 台反铲挖土机，总挖土量为 60096m^3。

（2）中心岛式挖土。中心岛式挖土，宜用于大型基坑，支护结构的支撑形式为角撑、环梁式或边桁（框）架式，中间具有较大空间情况下。此时可利用中间的土墩作为支点搭设栈桥。挖土机可利用栈桥下到基坑挖土，运土的汽车亦可利用栈桥进入基坑运土。这样可以加快挖土和运土的速度（图 5.28）。

中心岛式挖土，中间土墩的留土高度、边坡的坡度、挖土层次与高差都要经过仔细研究确定。由于在雨季遇有大雨，土墩边坡易滑坡。必要时对边坡尚需加固。

挖土亦分层开挖，多数是先全面挖去第一层，然后中间部分留置土墩。周围部分分层开挖。开挖多用反铲挖土机，如基坑深度大则用向上逐级传递方式进行装车外运。

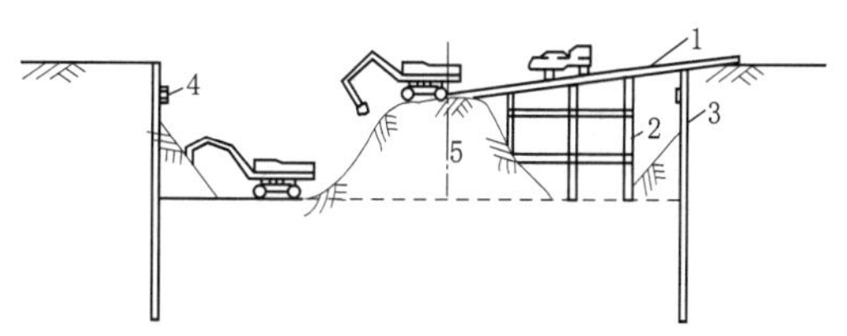

图 5.28　中心岛式挖土示意图

1—栈桥；2—支架；3—圆护墙；4—腰梁；5—土墩

整个的土方开挖顺序，必须与支护结构的设计工况严格一致，要遵循开槽支撑、先撑后挖、分层开挖、严禁超挖的原则。

挖土时，除支护结构设计允许外，挖土机和运土车辆不得直接在支撑上行走和操作。为减小时间效应的影响，挖土时应尽量缩短围护墙无支撑的暴露时间。一般对一、二级基坑，每一工况挖至规定标高后，钢支撑的安装周期不宜超过一昼夜，混凝土支撑的完成时间不宜超过两昼夜。

对面积较大的基坑，为减小空间效应的影响，基坑土方宜分层、分块、对称、限时进行开挖，土方开挖顺序要为尽可能早地安装支撑创造条件。

土方挖至设计标高后，对有钻孔灌注桩的工程，宜边破桩头边浇筑垫层，尽可能早一些浇筑垫层，以便利用垫层对围护墙起支撑作用。以减少围护墙的变形。

挖土机挖土时严禁碰撞工程桩、支撑、立柱和降水的井点管。分层挖土时，层高不宜过大，以免土方侧压力过大使工程桩变形倾斜。

同一基坑内当深浅不同时，土方开挖宜先从浅基坑处开始，如条件允许，可待浅基坑处底板浇筑后，再挖基坑较深处的土方。

如两个深浅不同的基坑同时挖土，土方开挖宜先从较深基坑开始，待较深基坑底板浇筑后，再开始开挖较浅基坑的土方。

如基坑底部有局部加深的电梯井、水池等深度较大，宜先对其边坡进行加固处理后再进行开挖。

上海梅龙镇广场工程施工时即采用中心岛（墩）式挖土方案。

该建筑为位于上海南京西路闹市中心的高层建筑，基坑尺寸约 92m×92m，开挖面积约 8500m^2，土方总量约 131000m^3，开挖深度－15.30m。支护结构为地下连续墙和三层钢筋混凝土水平支撑，支撑中心标高分别为－2.50m、－7.50m 和－12.30m。降水用 36

根深井泵（用于深层降水）和 6 套真空井点（用于浅层降水）。

考虑到基坑挖土期间只有东西方向运输车辆可进出，为此在东西方向搭设长 20m、宽 6m 的栈桥，栈桥内端与中心土墩相连，这样在东西方向可形成通道，便于车辆在其上运土。栈桥支柱尽可能利用工程桩，否则需专门打设灌注桩。栈桥面的坡度约 8°。栈桥是混凝土框架结构，是整个挖土期间的运土通道，要确保其畅通无阻。

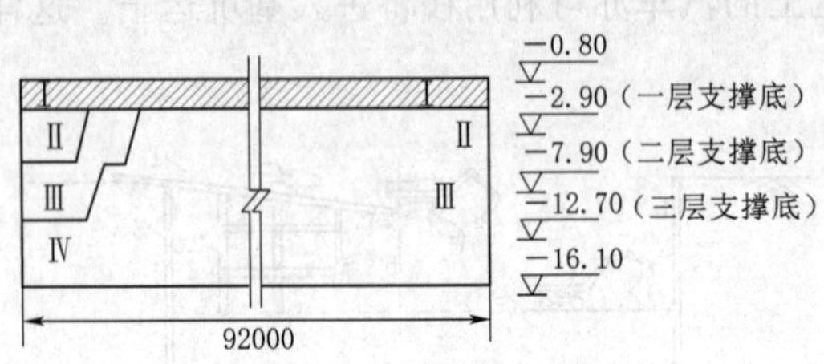

图 5.29　墩式土方开挖顺序
（高程单位：m，尺寸单位：mm）
Ⅰ—第一次挖土；Ⅱ—第二次挖土；
Ⅲ—第三次挖土；Ⅳ—第四次挖土

土方开挖采用墩式开挖，主要是利用中心土墩搭设栈桥，以加快土方外运。为此挖土顺序如图 5.29 所示。第一次挖土用 3 台大型反铲挖土机从天然地面挖至第一层支撑底，即挖除标高－2.90～－0.80m 的土。用 50 辆 15t 的自卸汽车运土，每天挖土可达 1500m^3。Ⅰ层土挖走后浇筑第一层钢筋混凝土支撑和搭设运土的栈桥。第二次挖土要待第一层钢筋混凝土支撑达到规定强度、栈桥搭设完毕开始进行，挖除基坑四周第一层支撑下面的土，即挖除基坑四周标高－7.90～－2.90m 的土，用大、中、小型反铲挖土机各 2 台，分成两个工作面同时进行挖土，为使支撑均匀受力，挖土要对称进行。大型挖土机停于支撑面（标高－2.10m）上挖土和装车，中、小型挖土机在支撑下挖土。挖土结束后浇筑第二层钢筋混凝土支撑。第三次挖土要待第二层钢筋混凝土支撑达到规定强度后进行，挖除基坑四周Ⅲ层土 1 台大型挖土机、2 台中型挖土机和 2 台小型挖土机组成一个组，两个组分两个工作面同时进行。1 台大型挖土机位于－2.90m 标高处进行装车，2 台中型挖土机位于第二层支撑面上（标高－7.10m）进行挖土和将土向上驳运给大型挖土机装车，2 台小型挖土机则在第二层支撑下面进行挖土，挖土结束后浇筑第三层支撑。第四层挖土挖除中心墩，同时向中间挖。需待第三层支撑达到规定强度后开始进行，仍为 1 台大型挖土机、2 台中型挖土机和 2 台小型挖土机组成一个组，两个组分两个工作面同时进行，大型挖土机位于－2.90m 标高处进行装车。1 台中型挖土机位于－7.10m（第二层支撑面上）标高处，另 1 台中型挖土机位于第三层支撑面上（标高－11.90m）进行挖土和向上运土。小型挖土机则在坑底进行挖土和运土（图 5.30）。

挖土结束后，将全部挖土机吊出基坑退场。

岛式挖土，对于加快土方外运和提高挖土速度是有利的，但对于支护结构受力不利。由于首先挖去基坑四周的土，支护结构受荷时间长，在软黏土中时间效应显著，有可能增大支护结构的变形量。与此不同的，还有一种盆式挖土，即先挖去基坑中间部分的土，后挖除靠近支护挡墙处四周的土，这样对于支护挡墙受力有利，时间效应小，但对于挖土和土方外运的速度有一定影响。

(3) 盆式挖土。盆式挖土是先开挖基坑中间部分的土，周围四边留土坡，土坡最后挖除。这种挖土方式的优点是周边的土坡对围护墙有支撑作用。有利于减少围护墙的变形。其缺点是大量的土方不能直接外运。需集中提升后装车外运（图 5.31）。

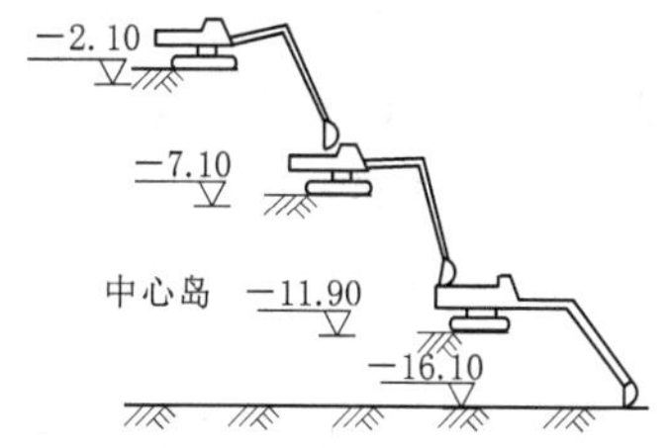

图 5.30 挖除中心土墩时挖土机布置（单位：m）

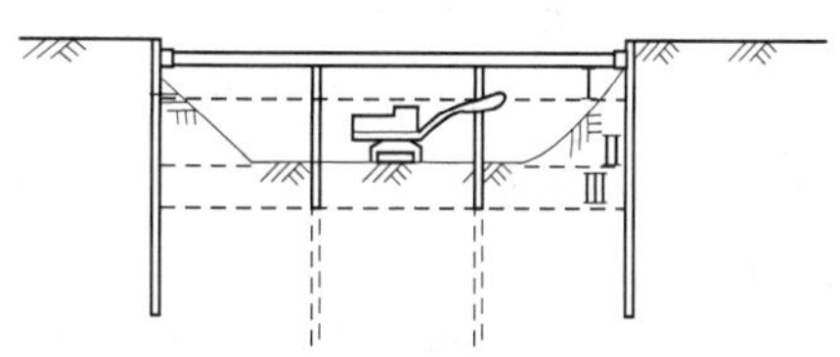

图 5.31 盆式挖土

盆式挖土周边留置的土坡，其宽度、高度和坡度大小均应通过稳定验算确定。如留得过小，对围护墙支撑作用不明显，失去盆式挖土的意义。如坡度太陡边坡不稳定，在挖土过程中可能失稳滑动，不但失去对围护墙的支撑作用，影响施工，而且有损于工程桩的质量。

盆式挖土需设法提高土方上运的速度，对加速基坑开挖起很大作用。

2. 深基坑土方开挖的注意事项

（1）土方开挖顺序、方法必须与设计工况一致，并遵循“开槽支撑，先撑后挖，分层开挖，严禁超挖”的原则。

（2）防止深基坑挖土后土体回弹变形过大。深基坑土体开挖后地基卸载，土体中压力减少，土的弹性效应将使基坑底面产生一定的回弹变形（隆起）。回弹变形量的大小与土的种类、是否浸水、基坑深度、基坑面积、暴露时间及挖土顺序等因素有关。如基坑积水，黏性土因吸水使土的体积增加，不但抗剪强度降低，回弹变形亦增大，所以对于软土地基更应注意土体的回弹变形。回弹变形过大将加大建筑物的后期沉降。宝钢施工时曾用有限元法预测过挖深 32.2m 的热轧厂铁皮坑的回弹变形，最大值约 354mm，实测值也与之接近。

由于影响回弹变形的因素比较复杂，回弹变形计算尚难准确，如基坑不积水。暴露时间不太长，可认为土的体积在不变的条件下产生回弹变形，相当于瞬时弹性变形，可把挖去的土重作为负荷载按分层总和法计算回弹变形。

施工中减少基坑回弹变形的有效措施，是设法减少土体中有效应力的变化、减少暴露时间，并防止地基土浸水。因此，在基坑开挖过程中和开挖后，均应保证井点降水正常进行，并在挖至设计标高后，尽快浇筑垫层和底板。必要时，可对基础结构下部土层进行加固。

（3）防止边坡失稳。深基础的土方开挖，要根据地质条件（特别是打桩之后）、基础埋深、基坑暴露时间、挖土及运土机械、堆土等情况，拟订合理的施工方案。

目前挖土机械多用斗容量 $1m^3$ 的反铲挖土机，其实际有效挖土半径为 5～6m，而挖土深度为 4～6m，习惯上往往一次挖到深度，这样挖土形成的坡度约 1∶1。由于快速卸荷、挖土与运输机械的振动大，若再在开挖基坑的边缘 2～3m 范围内堆土，则易于造成边坡失稳。

挖土速度快即卸载快，迅速改变了原来土体的平衡状态，降低了土体的抗剪强度，呈流塑状态的软土对水平位移极敏感，易造成滑坡。

边坡堆载（堆土、停机械等）给边坡增加附加荷载，如事先未经详细计算，易形成边坡失稳。上海某工程在边坡边缘堆放3m高的土。已挖至－4m标高的基坑。一夜间又上升到－3.8m，后经突击卸载，组织堆土外运，才避免大滑坡事故。

(4) 防止桩位移和倾斜。打桩完毕后基坑开挖，应制定合理的施工顺序和技术措施，防止桩的位移和倾斜。

对先打桩后挖土的工程，由于打桩的挤土和动力波的作用，原处于静平衡状态的地基土遭到破坏。对砂土甚至会形成砂土液化，地下水大量上升到地表面，原来的地基强度遭到破坏。对黏性土由于形成很大的挤压应力，孔隙水压力升高，形成超静孔隙水压力，土的抗剪强度明显降低。如果打桩后紧接着开挖基坑，由于开挖时的应力释放，再加上挖土高差形成一侧卸荷的侧向推力，土体易产生一定的水平位移，使先打设的桩易产生水平位移。软土地区施工，这种事故已屡有发生。值得重视。为此，在群桩基础的桩打设后宜停留一定时间，并用降水设置预抽地下水，待土中由于打桩积聚的应力有所释放，孔隙水压力有所降低，被扰动的土体重新固结后，再开挖基坑土方。而且土方的开挖宜均匀、分层，尽量减少开挖时的土压力差，以保证桩位正确和边坡稳定。

(5) 配合深基坑支护结构施工。深基坑的支护结构。随着挖土加深侧压力加大，变形增大，周围地面沉降亦加大。及时加设支撑（土锚），尤其是施加预紧力的支撑，对减少变形和沉降有很大的作用。为此，在制定基坑挖土方案时，一定要配合支撑（土锚）加设的需要，分层进行挖土，避免片面只考虑挖土方便而妨碍支撑的及时加设，造成有害影响。

近年来，在深基坑支护结构中混凝土支撑应用渐多，如采用混凝土支撑，则挖土要与支撑浇筑配合，支撑浇筑后要养护至一定强度才可继续向下开挖。挖土时，挖土机械应避免直接压在支撑上，否则要采取有效措施。

如支护结构设计采用盆式挖土时，则先挖去基坑中心部位的土。周边留有足够厚度的土，以平衡支护结构外面产生的侧压力，待中间部位挖土结束、浇筑好底板并加设斜撑后，再挖除周边支护结构内面的土。采用盆式挖土时，底板要允许分块浇筑，地下室结构浇筑后有时尚需换撑以拆除斜撑，换撑时支撑要支承在地下室结构外墙上，支承部位要慎重选择并经过验算。

挖土方式影响支护结构的荷载，要尽可能使支护结构均匀受力，减少变形。为此，要坚持采用分层、分块、均衡、对称的方式进行挖土。

(6) 土方开挖阶段的应急措施。土方开挖有时会使围护墙或邻近建筑物、管线等产生一些异常现象。此时需要配合有关人员及时进行处理，以免造成大祸。

1) 支护墙渗水与漏水。土方开挖后支护墙出现渗水或漏水，给基坑施工带来不便，如渗漏严重时则往往会造成土颗粒流失，引起支护墙背地面沉陷甚至支护结构坍塌。

在基坑开挖过程中，一旦出现渗水或漏水应及时处理，常用的方法有：对渗水量较小，不影响施工也不影响周边环境的情况，可采用坑底设沟排水的方法。对渗水量较大，但没有泥沙带出，造成施工困难。而对周围影响不大的情况，可采用“引流→修补”方法，即在渗漏较严重的部位先在支护墙上水平（略向上）打入一根钢管，内径20～30mm，使其穿透支护墙体进入墙背土体内。由此将水从该管引出。而后将管边支护墙的薄弱处用防水混凝土或砂浆修补封堵，待修补封堵的混凝土或砂浆达到一定强度后，再将钢管出水口封住。如封住管口后出现第二处渗漏时，按上面方法再进行“引流→修补”。如果引流出的水为清水，周边环境较简单或出水不大，则不做修补也可，只需将引入基坑的水设法排出即可。

对渗、漏水量很大的情况，应查明原因，采取相应的措施；如漏水位置在离地面不深处，可将支护墙背开挖至漏水位置下 500～1000mm，在支护墙后用密实混凝土进行封堵。如漏水位置埋深较大，则可在墙后采用压密注浆方法。浆液中应掺入水玻璃，为使其尽早凝结，也可采用高压喷射注入方法。采用压密注浆时应注意，其施工对支护墙会产生一定压力，有时会引起支护墙向坑内较大的侧向位移，这在重力式或悬臂支护结构中更应注意，必要时应在坑内局部回土后进行。待注浆达到止水效果后再重新开挖。

2）防止围护墙侧向位移发展。基坑开挖后，支护结构发生一定的位移是正常的。但如位移过大或位移发展过快，则往往会造成较严重的后果。如发生这种情况，应针对不同的支护结构采取相应的应急措施。

a. 重力式支护结构。对水泥土墙等重力式支护结构，其位移一般较大，如开挖后位移量在基坑深度的 1/100 以内，尚应属正常；如果位移发展渐趋于缓和，则可不必采取措施。如果位移超过 1/100 或设计估计值，则应予以重视。首先应做好位移的监测，绘制位移时间曲线，掌握发展优势。重力式支护结构一般在开挖后 1～2 天内位移发展迅速，来势较猛，以后 7 天内仍会有所发展，但位移增长速率明显下降。如果位移超过估计值不太多，以后又趋于稳定，一般不必采取特殊措施，但应注意尽量减小坑边堆载，严禁动荷载作用于支护墙或坑边区域；加快垫层浇筑与地下室底板施工的速度，以减少基坑敞开时间；应将墙背裂缝用水泥砂浆或细石混凝土灌满，防止雨水、地面水进入基坑及浸泡支护墙背土体。对位移超过估计值较多，而且数天后仍无减缓趋势或基坑周边环境较复杂的情况，同时还应采取一些附加措施，常用的方法有：水泥土墙背后卸荷，卸土深度一般 2m 左右，卸土宽度不宜小于 3m；加快垫层施工，加厚垫层厚度。尽早发挥垫层的支撑作用；加设支撑，支撑位置宜在基坑深度的 1/2 处，加设腰梁加以支撑（图 5.32）。

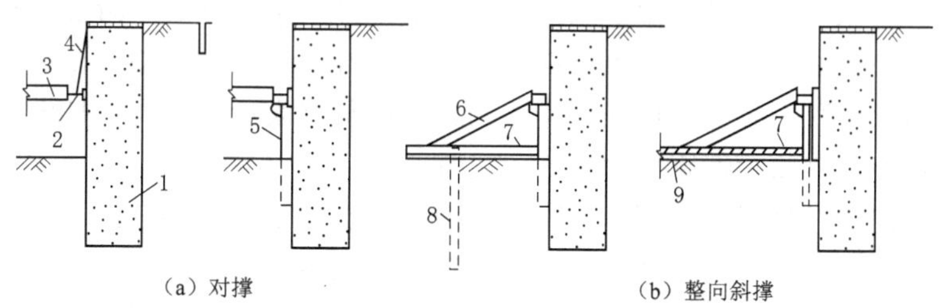

图 5.32　水泥土墙加临时支撑

1—水泥土墙；2—围檩；3—对撑；4—叶吊索；5—支承型钢；6—竖向斜撑；7—铺地型钢；8—板桩；9—混凝土垫层

b. 悬臂式支护结构。悬臂式支护结构发生位移主要是其上部向基坑内倾斜，也有一定的深层滑动。

防止悬臂式支护结构上部位移过大的应急措施较简单，加设支撑或拉锚都是十分有效的，也可采用支护墙背卸土的方法。

防止深层滑动也应及时浇筑垫层，必要时也可加厚垫层，以形成下部水平支撑。

c. 支撑式支护结构。由于支撑的刚度一般较大，带有支撑的支护结构一般位移较小，其位移主要是插入坑底部分的支护桩墙向内变形。为了满足基础底板施工需要，最下一道支撑离坑底总有一定距离。对一道支撑的支护结构，其支撑离坑底距离更大，支护墙下段的约束较小，因此在基坑开挖后，围护墙下段位移较大，往往由此造成墙背土体的沉陷。因此，对于支撑式支护结构，如发生墙背土体的沉陷，主要应设法控制围护桩（墙）嵌入部分的位移，着重加固坑底部位，具体措施有如下：①增设坑内降水设备，降低地下水，如条件许可，也可在坑外降水；②进行坑底加固，如采用注浆、高压喷射注浆等提高被动区抗力；③垫层随挖随浇，对基坑挖土合理分段，每段土方开挖到底后及时浇筑垫层；④加厚垫层、采用配筋垫层或设置坑底支撑。

对于周围环境保护很重要的工程，如开挖后发生较大变形后，可在坑底加厚垫层，并采用配筋垫层，使坑底形成可靠的支撑。同时加厚配筋垫层对抑制坑内土体隆起也非常有利。减少了坑内土体隆起，也就控制了支护墙下段位移。必要时还可在坑底设置支撑，如采用型钢或在坑底浇筑钢筋混凝土暗支撑（其顶面与垫层面相同），以减少位移。此时，在支护墙根处应设置围檩，否则单根支撑对整个支护墙的作用不大。

如果是由于支护墙的刚度不够而产生较大侧向位移，则应加强支护墙体，如在其后加设树根桩或钢板桩，或对土体进行加固等。

3）流砂及管涌的处理。在细砂、粉砂层土中往往会出现局部流砂或管涌的情况，给基坑施工带来困难。如流砂等十分严重则会引起基坑周围的建筑、管线的倾斜、沉降。

对轻微的流砂现象，在基坑开挖后可采用加快垫层浇筑或加厚垫层的方法“压注”流砂。对较严重的流砂应增加坑内降水措施，使地下水位降至坑底以下 0.5～1m。降水是防治流砂的最有效的方法。

管涌一般发生在支护墙附近，如果设计支护结构的嵌固深度满足要求，则造成管涌的原因一般是由于坑底的下部位的支护排桩中出现断桩，或施打未及标高，或地下连续墙出现较大的孔、洞，或由于排桩净距较大，其后止水帷幕又出现漏桩、断桩或孔洞，造成管涌通道所致。如果管涌十分严重，也可在支护墙前再打设一排钢板桩，在钢板桩与支护墙间进行注浆，钢板桩底应与支护墙底标高相同，顶面与坑底标高相同，打设范围必须向管涌区两侧对称延伸，单侧延伸宽度为 1.5～2.5m。

4）邻近建筑与管线位移的控制。基坑开挖后，坑内大量土方挖去，土体平衡发生很大变化。对坑外建筑或地下管线往往也会引起较大的沉降或位移。有时还会造成建筑的倾斜，并由此引起房屋裂缝，管线断裂、泄漏。基坑开挖时必须加强观察，当位移或沉降值达到报警值后，应立即采取措施。

对建筑的沉降的控制一般可采用跟踪注浆的方法。根据基坑开挖进程，连续跟踪注浆。注浆孔布置可在支护墙背及建筑物前各布置一排，两排注浆孔间则适当布置，注浆深度应在地表至坑底以下 2～4m 范围，具体可根据工程条件确定。此时注浆压力控制不宜过大，否则不仅对围护墙会造成较大侧压力，对建筑本身也不利。注浆量可根据支护墙的估算位移量及土的空隙率来确定。采用跟踪注浆时，应严密观察建筑的沉降状况，防止由注浆引起土体搅动而加剧建筑物的沉降或将建筑物抬起。对沉降很大而压密注浆又不能控制的建筑，如其基础是钢筋混凝土的，则可考虑采用静力锚杆压桩的方法。

如果条件许可，在基坑开挖前对邻近建筑物下的地基或支护墙背土体先进行加固处理，如采用压密注浆、搅拌桩、静力锚杆压桩等加固措施，此时施工较为方便，效果更佳。

对基坑周围管线保护的应急措施一般有两种方法。

a. 打设封闭桩或开挖隔离沟。对地下管线离开基坑较远，但开挖后引起的位移或沉降又较大的情况，可在管线靠基坑一侧设置封闭桩，为减小打桩挤土，封闭桩宜选用树根桩，也可采用钢板桩、槽钢等，施打时应控制打桩速率，封闭板桩离管线应保持一致距离，以免影响管线。

在管线边开挖隔离沟也对控制位移有一定作用，隔离沟应与管线有一定距离，其深度宜与管线埋深接近或略深，在靠管线一侧还应做出一定坡度。

b. 管线架空。对地下管线离基坑较近的情况，设置隔离桩或隔离沟既不易行也无明显效果，此时可采用管线架空的方法。管线架空后与围护墙后的土体基本分离，土体的位移与沉降对它影响很小，即使产生一定位移或沉降，还可对支承架进行调整复位。

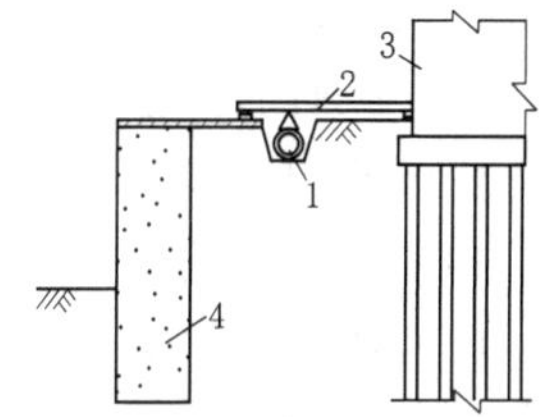

图 5.33 管道支承架

1—管道；2—支承架；3—近高层建筑；4—支护结构

管线架空前应先将管线周围的土挖空，在其上设置支承架，支承架的搁置点应可靠牢固，能防止过大位移与沉降，并应便于调整其搁置位置。然后将管线悬挂于支承架上，如管线发生较大位移或沉降，可对支承架进行调整复位，以保证管线的安全。图 5.33 是某高层建筑边管道保护支承架示意图。

5.7 地 基 验 槽

5.7.1 基地钎探的技术交底

本技术交底内容适用于建筑物或构筑物的基础、坑（槽）底土质钎探检查。

1. 材料要求

要求的材料有灰土、砂（一般中砂）。

2. 主要机具

（1）人工打钎。一般钢钎：ϕ22～ϕ25 钢筋制成，钎尖呈 60°尖锥形状，钎长 1.8～2.0m。大锤：重量 3.6～4.5kg。

（2）机械打钎（轻便触探器，北京地区规定必用）。穿心锤重 10kg，尖锥头、触探杆、钎杆 ϕ25 钢筋，长度 1.5～1.8m。

（3）其他有麻绳或铅丝、梯子（凳子）、手推车、撬棍（拔钢钎用）、钢卷尺等。

3. 作业条件

（1）基土已挖至设计基坑（槽）底标高，表面应平整，轴线及坑（槽）宽、长均符合设计图纸要求。

(2) 根据设计图纸绘制钎探孔位平面布置图。

(3) 按钎探孔位平面布置图放线：孔位钉上小木桩或撒白灰点。

(4) 钎杆上预先画好 30cm 横线。

4. 操作工艺

工艺流程：确定打钎顺序→就位打钎（记录锤击数）→拔钎→移位→整理记录→检查孔深→灌灰土（或砂）。

(1) 就位打钎。

1) 人工打钎：将钎尖对准孔位，一人扶正钢钎，一人站在操作凳子上，用大锤打钎端头，锤举高度一般为 50～70cm，将钎垂直打入土层中。

2) 机械打钎：将触探杆尖对准孔位，再把穿心锤套在钎杆上，扶正钎杆、拉起穿心锤，使其自由下落，锤距为 50cm，将触探杆竖直打入土层中。

(2) 记录锤击数：钎杆每打入土层 30cm 记录一次锤击数。钎探深度如设计无规定，一般按规定执行。

(3) 拔钎：用麻绳或铅丝将钎杆绑好，留出活套，套内插入撬棍或铁管，利用杠杆原理，将钎拔出。每拔出一段，将绳套往下移一段，以此类推，直至完全拔出。

(4) 移位：将钎杆或触器搬到下一孔位，以便继续打钎。

(5) 灌砂：打完的钎孔，经过质量检查人员和有关工长检查孔深与记录无误后，即可进行灌砂。灌砂时，每填入 30cm 左右时，可用钢筋棒捣实一次。灌砂有两种形式：一种是每孔打完或几孔打完灌一次，另一种是每天打完，统一灌一次。

(6) 整理记录：按孔顺序编号，将锤击数填入统一表格内，字迹要清楚，再经过打钎人员签字后归档。

(7) 冬雨期施工。

1) 基土受雨后不能进行钎探。

2) 基土在冬季钎探时，每打几孔后及时掀盖保温材料一次，不能大面积掀盖，以免基土受冻。

5. 质量标准

(1) 保证项目。钎探深度必须符合要求，锤击数记录准确，不得做假钎。

(2) 基本项目。钎位基本准确，探孔不得遗漏。钎孔灌砂应密实。

6. 成品保护

钎探完毕后，应做好标记，保护好钎孔，未经质量检查、有关工长复验，不得堵塞或灌砂。

7. 应注意的质量问题

(1) 如打钎不下去，应请示有关工长，或取消钎孔或移位打钎。不得不打，而任意填锤击数。

(2) 记录和平面布置图的整理。

1) 在记录表上用红蓝铅笔或符号将不同（锤击数）的钎孔分开。

2) 在钎孔平面布置图上，注明过硬或过软孔号的位置，把枯井或坟墓等尺寸画上，以便设计勘察人员或有关部门验槽时分析处理。

5.7.2 验槽方法

1. 表面检查验槽法

(1) 根据槽壁土层分布情况和走向，初步判明全部基地是否挖至设计要求的土层。

(2) 检查槽底是否已挖至原（老）土，是否需继续下挖或进行处理。

(3) 检查整个槽底土的颜色是否均匀一致；土的坚硬程度是否一样，是否有局部过松软或过硬的部位；是否有局部含水量异常现象，走在地基上是否有颤动感觉等。若有异常，要进一步用钎探检验并会通过设计等有关单位进行处理。

2. 钎探检查脸槽法

基坑（槽）挖好后用锤把钢钎打入槽底的基土内，据每打入一定深度的锤击次数，来判断地基土质的情况。

(1) 钢钎的规格和重量：钢钎用直径 22～25mm 的圆钢制成，钎头尖呈 60°尖锥形，长度用 1.8～2.0m。大锤用 3.6～4.5kg 的铁锤。打锤时，锤举至离钎顶 500～700mm，将钢钎垂直打入土中，并记录每打入土层 300mm 的锤击次数。

(2) 钎孔布置和钎探深度：应根据地基土质的情况和基槽宽度、形状确定，钎孔布置见表 5.16。

表 5.16　钎孔布置和钎探深度

槽宽/m	排列方式和图示		间距/m	钎探深度/m
<0.8	中心一排		1～2	1.2
0.8～2.0	两排错开		1～2	1.5
>2.0	梅花形		1～2	2.0
柱基	梅花形		1～2	不小于 1.5，并不浅于短边宽度

钎孔记录和结果分析：先绘制基坑（槽）平面图，在图上根据要求确定钎探点的平面位置，并编号制成钎探平面图。钎探时按钎探平面图标定的钎探点顺序进行，最后整理成钎探记录表。

全部钎探完后，逐层分析研究钎探记录，然后逐点进行比较，将锤击数过多或过少的钎孔在钎探平面上做标记，然后再在该部位进行重点检查，如有异常情况，要认真进行处理。

3. 洛阳铲探验槽法

在黄土地区基坑（槽）挖好后或大面积基坑挖土前，根据建筑物所在地区的具体情况或设计要求，对基坑以下的土质、古墓、洞穴等专用洛阳铲进行钎探检查。

(1) 探孔布置见表 5.17。

表 5.17 探孔布置

基槽宽/m	排列方式和图示	间距/m	探孔深度/m
<2		1.5～2.0	3.0
>2		1.5～2.0	3.0
柱基		1.5～2.0	3.0（荷重较大时为 4.0～5.0）
加孔		<2.0（基础过宽时中间在加孔）	3.0

（2）探查记录和结果分析：先绘制基础平面图，在图上根据要求确定探孔的平面位置，并依次编号，再按编号顺序进行探孔。用洛阳铲钎土，每 3～5 铲土检查一次，查看土质变化和含有物的情况。如果土质有变化或含有杂物，应测量深度并用文字记录清楚。如果遇到墓穴、地道、地窖和废井等，应在此部位缩小探孔距离（一般为 1m 左右），沿其周围仔细检查其大小、深浅和平面形状，在探孔图上标示清楚。全部探完后，绘制探孔平面图和各探孔不同深度的土质情况表，为地基处理提供完整的资料。探完以后，尽快用素土或灰土将探孔回填好，以防地表水侵入钎孔。

5.8 土 方 回 填

5.8.1 机械回填土技术交底

本技术交底内容适用于工业与民用建筑物、构筑物大面积平整场地、大型基坑和管沟等回填土工程。

1. 材料要求

（1）碎石类土、砂土（使用细、粉砂时应取得设计单位同意）和爆破石碴，可用作表层以下填料。其最大粒径不得超过每层铺填厚度的 2/3 或 3/4（使用振动碾时），含水率应符合规定。

（2）黏性土应检验其含水率，必须达到设计及施工规范规定要求方可使用。

（3）盐渍土一般不可使用。但填料中不得含有盐晶、盐块或含盐植物的根茎，并符合《土方与爆破工程施工及验收规范》（GB 50201—2012）附录一表 1～表 8 规定的可以使用。

2. 主要机具

（1）装运土方机械有铲土机、自卸汽车、推土机、铲运机、翻半斗车等。

（2）碾压机械有手碾、羊足碾和振动碾等。

（3）一般工具有蛙式或柴油打夯机、手推车、铁锹（平头及尖头两种）、2m 钢卷尺、20 号铅丝、胶皮管等。

3. 作业条件

（1）施工前应根据工程特点、填方土料种类、密实度要求、施工条件等合理确定填方土料含水率控制范围、虚铺厚度和压实遍数等参数；重要回填土方工程，其参数应通过压实试验来确定。

（2）填土前，应对填方基底和已完工程进行检查与中间验收，合格后要做好记录及验收手续。

（3）施工前，应做好水平高程标志的布置。如基坑或沟边上每 10m 钉上水平桩杆或在邻近的固定建筑物上找上标准高程点。大面积场地上每隔 10m 左右也可钉上水平桩。

4. 操作工艺

工艺流程：基底清理→检验土质→分层铺土→碾压密实→找平验收。

（1）填土前，应将基底表面上的垃圾或树根等杂物、洞穴都处理完，清理干净。

（2）检验土质：检验各种土料的含水率是否在控制范围内。如含水率偏高可采用翻松、晾晒等措施；如含水率偏低，可采用预先浇水润湿等措施。

（3）填土应分层铺摊。每层铺土的厚度应根据土质、密实度要求和机具性能确定，或按表 5.18 选用。碾压时，轮（夯）迹应互相搭接，防止漏压、漏夯。

表 5.18　　填土每层铺土的厚度和压实遍数

压实机具	每层铺土厚度/mm	每层压实遍数/遍
平碾	200～300	6～8
羊足碾	200～350	8～16
振动平碾	600～1500	6～8
蛙式、柴油式打夯机	200～250	3～4

（4）碾压机械压实填方时，应控制行驶速度，一般不应超过下列规定：平碾为 2km/h，羊足碾为 3km/h，振动碾为 2km/h。

（5）长宽比较大时，填土应分段进行；每层接缝处应做成斜坡形，辗迹重登 0.5～1.0m。上下层错缝距离不应小于 1m。

（6）填方高于基底表面时，应保证边缘部位的压实质量。填土后，如设计不要求边坡修整，宜将填方边缘宽填 0.5m；如设计要求边坡整平拍实，宽填可为 0.2m。

（7）在机械施工碾压不到的填土，应配合人工推土，用蛙式或柴油打夯分层夯打密实（具体做法是人工回填土）。

（8）回填土每层压实后，应按规范规定进行环刀取样，测出干土的质量密度，达到要求后，再进行上一层的铺土。

（9）填方全部完成后，表面应进行拉线找平，凡高于标准高程的地方，及时依线铲平；凡低于标准高程的地方应补土夯实。

（10）雨、冬期施工。

1）雨期施工的工作面不宜过大，应逐段、逐片地分期完成。重要或特殊的土方工程，应尽量在雨期前完成。

2）基坑（槽）或管沟的回填土应连续进行，尽快完成。施工时应防止地面水流入基坑（槽）内，以免边坡塌方或基土遭到破坏。现场应有防雨及排水措施。

3）填方工程不宜在冬期施工，如必须在冬期施工时，其施工方案经技术经济比较后确定。

4）冬期填方前，应清除基底上的冰雪和保温材料；填方边坡表层1m以内不得用冻土填筑；填方上层应用未冻的、不冻胀的或透水性好的土料填筑，其厚度应符合设计要求。

5）冬期施工室外气温在－5℃以上时，填方高度不受限制；气温在－5℃以下时，填方高度不宜超过表5.19的规定。

表5.19　各期填方高度限制表

平均气温/℃	填方高度/m	平均气温/℃	填方高度/m
－10～－5	4.5	－20～－16	2.5
－15～－11	3.5		

注　用石块和不含冰块的砂土（不包括粉砂）、碎石类土填筑时，填方高度不受本表限制。

6）冬期回填土方，每层铺土厚度应比常温施工时减少20%～25%，其中冻土块体积不超过填土总体积的15%；其粒径不得大于150mm。铺冻土块要均匀分布，逐层压（夯）实。回填土工作应连续进行，防止基土或已填土层受冻，并应及时采取防冻措施。

5. 质量标准

（1）保证项目。

1）基底处理必须符合设计要求或施工规范的规定。

2）回填的土料，必须符合设计要求或施工规范的规定。

3）回填土必须按规定分层夯压密实。取样测定压实后土的干土质量密度，其合格率不应小于90%；不合格干土质量密度的最低值与设计值的差，不应大于0.08g/m³，且不应集中。环刀法取样的方法及数量应符合规定。

（2）允许偏差项目见表5.20。

表5.20　回填土工程允许偏差

项次	项目	允许偏差/mm	检验方法
1	顶面标高	＋0，－50	用水准仪成拉线尺量检查
2	表面平整度	20	用2m靠尺和横形密尺检查

6. 成品保护

（1）施工时应注意保护定位桩、轴线桩和标高桩，防止碰撞位移。

（2）夜间施工时，应合理安排施工顺序，要设有足够的照明设施，防止铺填超厚，严禁汽车直接倒入基（槽）内。

（3）基础或管沟、挡土墙的现浇混凝土应达到一定强度，不致因填土受损坏时，方可回填土。

7. 应注意的质量问题

（1）未按要求测定的干土质量密度：回填土每层都应测定压实后的干土质量密度，检验其密实度，符合设计要求后才能铺摊上层土。试验报告要注明土料种类、试验日期、试验结论及试验人员签字。未达到设计要求部位应有处理方法和复验结果。

（2）回填土下沉：因虚铺土超过规定厚度或冬期施工时有较大的冻土块，或压实不够遍数，甚至漏压；坑（槽）底有机物或落土等杂物清理不彻底等造成。这些问题均应在施工中认真执行规范规定，检查发现后及时纠正。

（3）回填土夯压不密实：应在夯压前对干土适当洒水加以润湿；对湿土造成的“橡皮土”要挖出换土重填。

（4）在地形、工程地质复杂地区内的填土，且对填土密实度要求较高时，应采取措施（如排水暗沟、护坡等），以防填方土粒流失，造成不均匀下沉和坍塌等事故。

（5）填方基土为杂填土时，应按设计要求加固地基，并妥善处理基底的软硬点、空间、旧基、暗塘等。

（6）回填管沟时，为防止管道中心线位移或损坏管道，应用人工先在管子周围填土夯实，并应从管道两边同时进行，直至管顶 0.5m 以上，在不损坏管道的情况下，方可采用机械回填和压实。在抹带接口处，防腐绝缘层或电缆周围，应使用细粒土料回填。

（7）填方应按设计要求预留沉降量，如设计无要求，可根据工程性质、填方高度、填料种类、密实要求和地基情况等与建设单位共同确定（沉降量一般不超过填方高度的 3%）。

5.8.2 填土方法

1. 人工填土

用手推车送土，以人工用铁锹、耙、锄等工具进行回填土。填土应从场地最低部分开始，由一端向另一端自下而上分层铺填。每层虚铺厚度，用人工木夯夯实时不大于 20cm，用打夯机械夯实时不大于 25cm。

深浅坑（槽）相连时，应先填深坑（槽），相平后与浅坑全面分层填夯。如采取分段填筑，交接处应填成阶梯形。墙基及管道回填应在两侧用细土同时均匀回填、夯实，防止墙基及管道中心线位移。

夯填土采用人工用 60～80kg 的木夯或铁、石夯，由 4～8 人拉绳，二人扶夯，举高不小于 0.5m，一夯压半夯，按次序进行。较大面积人工回填用打夯机夯实。两机平行时其间距不得小于 3m，在同一夯打路线上，前后间距不得小于 10m。

2. 机械填土

（1）推土机填土。填土应由下而上分层铺填，每层虚铺厚度不宜大于 30cm。大坡度堆填土，不得居高临下，不分层次，一次堆填。推土机运土回填。可采用分堆集中，一次运送方法，分段距离为 10～15m，以减少运土漏失量。土方推至填方部位时，应提起一次铲刀，成堆卸土。并向前行驶 0.5～1.0m，利用推土机后退时将土刮平。用推土机来回行驶进行碾压，履带应重叠宽度的一半，填土程序宜采用纵向铺填顺序，从挖土区段至填土区段，以 40～60m 距离为宜。

（2）铲运机填土。铲运机铺土，铺填土区段，长度不宜小于 20m，宽度不宜小于 8m。铺土应分层进行，每层铺土厚度按压实机械类型限定上限：振动压路机≤50cm，静压设备≤30cm，冲击夯≤25cm。厚度需插签检测，超厚立即刮除。每层铺土后，利用空车返回时将地表面刮平。填土程序一般尽量采取横向或纵向分层卸土，以利行驶时初步压实。

(3) 汽车填土。自卸汽车为成堆卸土，须配以推土机推土、摊平。每层铺土厚度按压实机械类型限定上限：振动压路机≤50cm，静压设备≤30cm，冲击夯≤25cm。厚度需插签检测，超厚立即刮除。填土可利用汽车行驶做部分压实工作，行车路线须均匀分布于填土层上。汽车不能在虚土上行驶，卸土推平和压实工作须采取分段交叉进行。

5.8.3 填土的压实

1. 压实的一般要求

(1) 密实度要求。填方的密实度要求和质量指标通常以压实系数 A 表示。压实系数为土的控制（实际）干土密度 p 与最大干土密度 p_m 的比值。最大干土密度。是当最优含水量时，通过标准的击实方法确定的。密实度要求一般由设计根据工程结构性质、使用要求以及土的性质确定，如未做规定，可参考表5.21数值。

(2) 地坪垫层以下及基础底面标高以上的压实填土，压实系数不应小于0.94。压实填土的最大干密度 ρ_{dmax} (t/m^3) 宜采用击实实验确定。

表5.21　压实填土的质量控制

结构类型	填 土 部 位	压实系数 λ_c	控制含水量/%
砌体承重结构和框架结构	在地基土要受力层范围内	≥0.97	$\omega_{op}\pm2$
	在地基主要受力层范围以下	≥0.95	
排架结构	在地基主要受力层范围内	≥0.96	$\omega_{op}\pm2$
	在地基主要受力层范围以下	≥0.94	

注　1. 压实系数 λ_c，为压实填土的控制干密度 ρ_d 与最大干密度 ρ_{dmax} 的比值，ω_{op} 为最优含水量。

当无试验资料时，可按式(5.1)计算：

$$\rho_{dmax}=\eta\frac{\rho_w d_s}{1+0.01\omega_{op}d_s} \tag{5.1}$$

式中：η 为经验系数，对于黏土取0.95，粉质黏土取0.96，粉土取0.97；ρ_w 为水的密度，t/m^3；d_s 为土粒相对密度；ω_{op} 为最优含水量，%（以小数计），可按当地经验或取 ω_p+2（ω_p 为土的塑限），或参考表5.21取用。

(3) 土料要求与含水量控制。填方土料应符合设计要求，保证填方的强度和稳定性，如设计无要求，应符合以下规定：①碎石类土、砂土和爆破石碴（粒径不大于每层铺土厚的2/3)，可用于表层下的填料；②含水凡符合压实要求的黏性土，可做各层填料；③淤泥和淤泥质土，一般不能用作填料，但在软土地区，经过处理含水量符合压实要求的，可用于填方中的次要部位。

填土土料含水量的大小，直接影响到夯实（碾压）质量。在夯实（碾压）前应先试验，以得到符合密实度要求条件下的最优含水量和最少夯实（或碾压）遍数。含水量过小，夯压（碾压）不实；含水量过大，则易成橡皮土。各种土的最优含水量和最大密实度参考数值见表5.22。黏性土料施工含水量与最优含水量之差可控制在−4%～+2%（使用振动碾时，可控制在−6%～+2%）。

表 5.22　　土的最优含水量和最大干密度参考表

项次	土的种类	变动范围	
		最优含水量/%	最大干密度/(t/m³)
1	砂土	8～12	1.80～1.88
2	黏土	19～23	1.58～1.70
3	粉质黏土	12～15	1.85～1.95
4	粉土	16～22	1.61～1.80

注　1. 表中土的最大干密度应以现场实际达到的数字为准。
2. 一般性的回填，可不做此项测定。

土料含水量一般以手握成团、落地开花为适宜。当含水量过大，应采取翻松、晾干、风干、换土回填、掺入干土或其他吸水性材料等措施；如土料过干，则应预先洒水润湿，每 1m³ 铺好的土层需要补充水量（L）按式（5.2）计算：

$$V=\frac{\rho_w}{1+\omega}(\omega_{op}-\omega) \tag{5.2}$$

式中：V 为单位体积内需要补充的水量，L；m 为土的天然含水量，%（以小数计）；ω_{op} 为土的最优含水量，%（以小数计）；ρ_w 为填土碾压前的密度，kg/m³。

当含水量小时，亦可采取增加压实遍数或使用大功率压实机械等措施。

在气候干燥时，须采取加速挖土、运土、平土和碾压过程，以减少土的水分散失。当填料为碎石类土（充填物为砂土）时，碾压前应充分洒水湿透，以提高压实效果。

（4）铺土厚度和压实遍数。填土每层铺土厚度和压实遍数视土的性质、设计要求的压实系数和使用的压（夯）实机具性能而定，一般应进行现场碾（夯）压试验确定。表 5.23 为压实机械和工具每层铺土厚度与所需的碾压（夯实）遍数的参考数值，如无试验依据，可参考应用。

表 5.23　　填土施工时的分层厚度及压实遍数

压实机具	分层厚度/mm	每层压实遍数
平碾	250～300	6～8
振动压实机	250～350	3～4
柴油打夯机	200～250	3～4
人工打夯	不大于 200	3～4

2. 压实机具的选择

平碾压路机又称光碾压路机，按重量等级分轻型（3～5t）、中型（6～10t）和重型（12～15t）三种。按装置形式的不同又分单轮压路机、双轮压路机及三轮压路机等几种，按作用于土层荷载的不同，分静作用压路机和振动压路机两种。

平碾压路机具有操作方便、转移灵活、碾压速度较快等优点，但碾轮与土的接触面积大，单位压力较小，碾压上层密实度大于下层。

静作用压路机适用于薄层填土或表面压实、平整场地、修筑堤坝及道路工程；振动平碾适用于填料为爆破石碴、碎石类土、杂填土或粉土的大型填方工程。

常用平碾压路机的型号及技术性能见表5.24。

表5.24 常用静作用压路机技术性能与规格

项目		型号				
		两轮压路机 2Y6/8	两轮压路机 2Y8/10	三轮压路机 3Y10/12	三轮压路机 3Y12/15	三轮压路机 3Y15/18
重量	不加载	6	8	10	12	15
	加载后	8	10	12	15	18
压轮直径/mm	前轮	1020	1020	1020	1120	1170
	后轮	1320	1320	1500	1750	1800
压轮宽度/mm		1270	1271	530×2	530×2	530×2
单位压力/(kN/cm)						
前轮	加载后	0.192	0.259	0.332	0.346	0.402
	不加载	0.259	0.393	0.445	0.470	0.481
后轮	加载后	0.290	0.385	0.632	0.801	0.503
	不加载	0.385	0.481	0.724	0.930	1.150
行走速度/(km/h)		2～4	2～4	1.6～5.4	2.2～7.5	2.3～7.7
最小转弯半径/m		6.2～6.5	6.2～6.5	7.3	7.5	7.5
爬坡能力/%		14	14	20	20	20
牵引功率/kW		29.4	29.4	29.4	58.9	73.6
转速/(r/min)		1500	1500	1500	1500	1500

注 制造单位洛阳建筑机械厂、邯郸建筑机械厂。

常用振动压路机的型号及技术性能见表5.25。

表5.25 常用振动压路机技术性能与规格

项目		型号				
		YZS0.6B 手扶式	YZ2	YZ17	YZ101P	YZJ14 拖式
重量/t		0.75	2	6.53	10.8	13
振动轮直径/mm		405	750	1220	1524	1800
振动轮宽度/mm		600	895	1680	2100	2000
振动频率/Hz		48	50	30	28/32	30
激探力/kN		12	19	19	197/137	290
单位线压力/(N/cm)	静线压力	62.5	134	—	257	650
	动线压力	100	212	—	938/652	1450
	总线压力	162.5	346	—	1195/909	2100
行走速度/(km/h)		2.5	2.43～5.77	9.7	4.4～22.6	
牵引功率/kW		3.7	13.2	50	73.5	73.5

续表

项　目	型　号				
	YZS0.6B 手扶式	YZ2	YZ17	YZ101P	YZJ14 拖式
转速/(r/min)	2200	2000	2200	1500/2150	1500
最小转弯半径 r/m	2.2	5	5.13	5.2	—
爬坡能力/%	40	20	—	308	—

3. 小型打夯机

小型打夯机有冲击式和振动式之分，由于体积小，质量轻，构造简单，机动灵活、实用，操纵、维修方便，夯击能量大，夯实工效较高，在建筑工程上使用很广。但劳动强度较大，常用的有蛙式打夯机、柴油打夯机、电动立夯机等，其技术性能见表 5.26，适用于黏性较低的土（砂土、粉土、粉质黏土）基坑（槽）、管沟及各种零星分散、边角部位的填方的夯实，以及配合压路机对边缘或边角碾压不到之处的夯实。

表 5.26　　蛙式打夯机、自动夯实机、内燃打夯机技术性能与规格

项　目	型　号				
	蛙式打夯机 HW-70	蛙式打夯机 HW-201	振动压实机 HZ-280	振动压实机 HZ-400	柴油打夯机 ZH7-120
夯板面积/cm^2	—	450	2800	2800	550
夯击次数/(次/min)	140～165	140～150	1100～1200（Hz）	1100～1200（Hz）	60～70
行走速度/(m/min)	—	8	10～16	10～16	—
夯实起落高度/mm	—	145	300（影响深度）	300（影响深度）	300～500
生产率/(m^3/h)	5～10	12.5	33.5（m^2/min）	33.6（m^2/min）	18～27

4. 平板式振动器

平板式振动器为现场常备机具，体形小，轻便、适用，操作简单，但振实深度有限。适于小面积黏性土薄层回填土振实、较大面积砂土的回填振实以及薄层砂卵石、碎石垫层的振实。

5. 其他机具

对密实度要求不高的大面积填方，在缺乏碾压机械时，可采用推土机、拖拉机或铲运机结合行驶、推（运）土、平土来压实。对已回填松散的特厚土层，可根据回填厚度和设计对密实度的要求采用重锤夯实或强夯等机具方法来夯实。

5.8.4　填土压实方法

1. 一般要求

（1）填土应尽量采用同类土填筑，并宜控制土的含水率在最优含水量范围内。当采用不同的土填筑时，应按土类有规则地分层铺填，将透水性大的土层置于透水性较小的土层之下，不得混杂使用。边坡不得用透水性较小的土封闭，以利水分排出和基土稳定，并避免在填方内形成水流和产生滑动现象。

(2) 填土应从最低处开始，由下向上整个宽度分层铺填碾压或夯实。

(3) 在地形起伏之处，应做好接槎，修筑1：2阶梯形边坡，每台阶高可取50cm、宽100cm。分段填筑时每层接缝处应做成大于1：1.5的斜坡，碾迹重叠0.5～1.0m，上下层错缝距离不应小于1m。接缝部位不得在基础、墙角、柱墩等重要部位。

(4) 填土应预留一定的下沉高度，以备在行车、堆重或干湿交替等自然因素作用下，土体逐渐沉落密实。预留沉降量根据工程性质、填方高度、填料种类、压实系数和地基情况等因素确定。当土方用机械分层夯实时，其预留下沉高度（以填方高度的百分数计）：对砂土为1.5%；对粉质黏土为3%～3.5%。

2. 人工夯实方法

(1) 人力打夯前应将填土初步整平，打夯要按一定方向进行，一夯压半夯，夯夯相接，行行相连，两遍纵横交叉，分层夯打。夯实基槽及地坪时，行夯路线应由四边开始，然后再夯向中间。

(2) 用柴油打夯机等小型机具夯实时，一般填土厚度不宜大于25cm，打夯之前对填土应初步平整。打夯机依次夯打，均匀分布，不留间隙。

(3) 基坑（槽）回填应在相对两侧或四周同时进行回填与夯实。

(4) 回填管沟时，应用人工先在管子周围填土夯实，并应从管道两边同时进行，直至管顶0.5m以上。在不损坏管道的情况下，方可采用机械填土回填夯实。

3. 机械压实方法

(1) 为保证填土压实的均匀性及密实度，避免碾轮下陷，提高碾压效率，在碾压机械碾压之前，宜先用轻型推土机、拖拉机推平，低速预压4～5遍，使表面平实；采用振动平碾压实爆破石渣或碎石类土。应先静压，而后振压。

(2) 碾压机械压实填方时，应控制行驶速度，一般平碾、振动碾不超过2km/h，并要控制压实遍数。碾压机械与基础或管道应保持一定的距离，防止将基础或管道压坏或使位移。

(3) 用压路机进行填方压实，应采用“薄填、慢驶、多次”的方法，振动压路机不得超过30cm，静压式压路机不得超过25cm。碾压方向应从两边逐渐压向中间，碾轮每次重叠宽度15～25cm，避免漏压。运行中碾轮边距填方边缘应大于500mm，以防发生溜坡倾倒。边角、边坡边缘压实不到之处，应辅以人力夯或小型夯实机具夯实。压实密实度，除另有规定外，应压至轮迹沉降量砂土地段不超过2cm、黏土地段不超过1cm为合格标准。

(4) 平碾碾压一层完后，应用人工或推土机将表面拉毛。土层表面太干时，应洒水湿润后，继续回填，以保证上、下层接合良好。

(5) 用铲运机及运土工具进行压实，铲运机及运土工具的移动须均匀分布于填筑层的全面，逐次卸土碾压。

4. 压实排水要求

(1) 填土层如有地下水或滞水时，应在四周设置排水沟和集水井，将水位降低。

(2) 已填好的土如遭水浸，应把稀泥铲除后，方能进行下一道工序。

(3) 填土区应保持一定横坡或中间稍高、两边稍低，以利排水。当天填土，应在当天压实。

5.8.5 质量控制与检验

(1) 填土施工过程中应检查排水措施，每层填筑厚度、含水量控制和压实程序。

(2) 对有密实度要求的填方，在夯实或压实之后，要对每层回填土的质量进行检验。一般采用环刀法（或灌砂法）取样测定土的干密度，求出土的密实度，或用小轻便触探仪直接通过锤击数来检验干密度和密实度，符合设计要求后，才能填筑上层。

(3) 基坑和室内填土，每层按 100～500m^2 取样 1 组；场地平整填方，每层按 400～900m^2 取样 1 组；基坑和管沟回填每 20～50m^2 取样 1 组，但每层均不少于 1 组，取样部位在每层压实后的下半部。用灌砂法取样应为每层压实后的全部深度。

(4) 填土压实后的干密度应有 90%以上符合设计要求，其余 10%的最低值与设计值之差，不得大于 0.08t/m^2，且不应集中。

(5) 填方施工结束后应检查标高、边坡坡度、压实程度等，检验标准参见表 5.27。

表 5.27　填土工程质量检验标准　单位：mm

<table>
<tr><th rowspan="3">项</th><th rowspan="3">序</th><th rowspan="3">检验项目</th><th colspan="5">允许偏差或允许值</th><th rowspan="3">检查方法</th></tr>
<tr><th rowspan="2">桩基、基坑、基槽</th><th colspan="2">场地平整</th><th rowspan="2">管沟</th><th rowspan="2">地（路）面基础层</th></tr>
<tr><th>人工</th><th>机械</th></tr>
<tr><td rowspan="2">主控项目</td><td>1</td><td>标高</td><td>−50</td><td>±30</td><td>±50</td><td>−50</td><td>−50</td><td>水准仪</td></tr>
<tr><td>2</td><td>分层压实系数</td><td colspan="5">设计要求</td><td>按规定方法</td></tr>
<tr><td rowspan="3">一般项目</td><td>1</td><td>回填土料</td><td colspan="5">设计要求</td><td>取样检查或直观鉴别</td></tr>
<tr><td>2</td><td>分层厚度及含水量</td><td colspan="5">设计要求</td><td>水准仪及抽样检查</td></tr>
<tr><td>3</td><td>表面平整度</td><td>20</td><td>20</td><td>30</td><td>20</td><td>20</td><td>用靠尺或水准仪</td></tr>
</table>

5.9 土方开挖与回填安全技术措施

(1) 基坑开挖时，两人操作间距应大于 2.5m。多台机械开挖，挖土机间距应大于 10m。在挖土机工作范围内，不许进行其他作业。挖土应由上而下、逐层进行，严禁先挖坡脚或逆坡挖土。

(2) 挖土方不得在危岩、孤石的下边或贴近未加固的危险建筑物的下面进行。

(3) 基坑开挖应严格按要求放坡。操作时应随时注意土壁的变动情况，如发现有裂纹或部分坍塌现象，应及时进行支撑或放坡，并注意支撑的稳固和土壁的变化。当采取不放坡开挖，应设置临时支护，各种支护应根据土质及基坑深度经计算确定。

(4) 机械多台阶同时开挖，应验证边坡的稳定。挖土机离边坡应有一定的安全距离，以防坍方，造成翻机事故。

(5) 在有支撑的基坑槽中使用机械挖土时，应防止碰坏支撑。在坑槽边使用机械挖土时，应计算支撑强度，必要时应加强支撑。

（6）基坑槽和管沟回填土时，下方不得有人，所使用的打夯机等要检查电器线路，防止漏电、触电。停机时要关闭电闸。

（7）拆除护壁支撑时，应按照回填顺序，从下而上逐步拆除；更换支撑时，必须先安装新的，再拆。

5.10 职业活动训练

（1）试依据辽宁生态工程职业学院单位工程实训场施工图编制土方开挖方案。

（2）试依据辽宁生态工程职业学院操场南侧排水沟施工图编制土方开挖方案。

第6章

爆 破 工 程

【学习目标】

（1）能掌握爆破原理。

（2）能计算药包量。

（3）能选择起爆方法。

【学习任务】

（1）爆破的范围。

（2）药包量的计算。

（3）起爆方法。

（4）爆破方法。

【学习内容】

（1）爆破原理。

（2）爆破材料。

（3）药包量的计算。

（4）起爆方法。

（5）爆破方法。

【任务描述】

如何合理选择爆破工程施工方案和组织实施。在组织爆破工程施工时，既要确定药包量，又要保证爆破工程施工的质量及施工的安全。

6.1 爆 破 原 理

爆破就是炸药产生剧烈的化学反应，在瞬间释放大量的高温、高压气体，冲击和压缩周围的介质，使其受到不同程度的破坏。

6.1.1 爆破作用圈

埋在具有一定临空面土石内的炸药引爆后，原来体积很小的炸药，在极短的时间内由固（液）体状态转变为气体状态，体积增大数百倍甚至数千倍，从而产生极大的压力和冲击力，以及很高的温度，使周围的土石受到各种不同程度的破坏。靠近装药处的土石受到的压力最大，距离装药处越远的土石，受到的压力越小。一般将爆破影响的范围分为以下

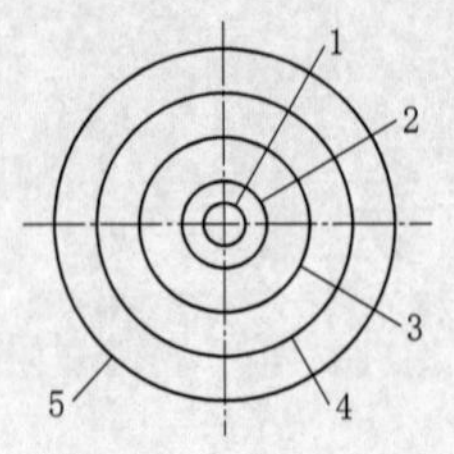

图 6.1 爆破作用圈
1—药包；2—压缩圈；3—抛掷圈；4—松动圈；5—振动圈

四个爆破作用圈，如图 6.1 所示。

1. 压缩圈

在这个范围内的土石直接受到药包爆炸产生的巨大的作用力，如若为可塑性土，便会遭到压缩而形成孔穴；如若为坚硬的岩石便会被粉碎，故压缩圈又称破碎圈。

2. 抛掷圈

在这个范围内的土石受到的破坏力较压缩圈小。但土石的原有结构受到破坏，分裂成各种尺寸、形状的碎块，并且破碎作用力尚有余力，足以使这些碎块获得运动速度。若这个范围的某一部分处于临空的状态，这些碎块便会产生抛掷现象。

3. 松动圈

在这个范围内的土石虽然其结构受到不同程度的破坏，但爆破没有余力使之产生抛掷运动。

4. 振动圈

在这个范围内，爆破作用已减弱到不能使介质结构破坏，只是使其发生振动。

6.1.2 爆破漏斗

当埋设在地下的药包爆破后，抛掷半径 R 达到或超过临空面时，药包上面的土石被炸成碎块，部分抛撒在其周围地面上，一部分仍坠落在坑内，形成一个倒立圆锥体形状的爆破坑，称为爆破漏斗（图 6.2）。漏斗中心为药包中心，W 为最小抵抗线，r 为爆破漏斗上口半径，R 为抛掷半径，h 为最大可见深度。

爆破漏斗的大小，一般以爆破作用指数（n）来表示：

$$n=\frac{r}{W} \tag{6.1}$$

式中：n 为计算药包量，决定漏斗大小和药包距离的重要参数。当 $n>1$ 时，称为加强抛掷爆破漏斗；当 $n=1$ 时，称为标准抛掷爆破漏斗；当 $0.75<n<1$ 时，称为减弱抛掷爆破漏斗；当 $n\leqslant 0.75$ 时，称为松动爆破漏斗。

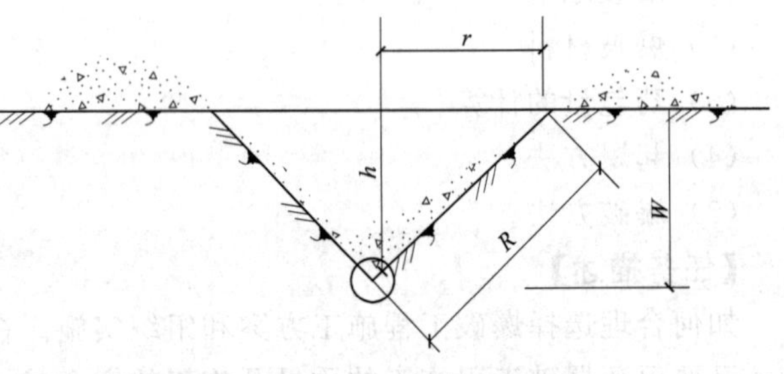

图 6.2 爆破漏斗

6.2 爆 破 材 料

6.2.1 炸药

工程中常用炸药的种类及性能如下。

1. *岩石硝铵炸药*

岩石硝铵炸药有 1 号和 2 号两种，是一种低威力的炸药，适用于爆破中等硬度或软质岩石。这种炸药对冲击、摩擦不敏感，长时间加热后慢慢燃烧，离火即灭，因此非常安全。但易溶于水，吸湿后固结硬化，不能充分爆炸或拒爆，故要注意防潮。

2. 露天硝铵炸药

露天硝铵炸药有 1 号和 2 号两种。这种炸药因爆炸后产生有毒气体较多，只能在露天爆破工程中使用。

3. 铵萘炸药

铵萘炸药也属硝铵炸药，具有良好的抗水性，可用于一般岩石爆破工程。

4. 铵油炸药

铵油炸药是以硝酸铵为氧化剂，以柴油为可燃剂与木粉混合而成的低威钝感炸药，其原料及炸药的储存和运输都较安全，配制工艺简单，成本低，适用范围广，但不防水，吸湿结块性强。

5. 胶质炸药

胶质炸药又名硝化甘油炸药，是粉碎性较大的烈性炸药，爆速高，威力大，适用于爆破坚硬岩石。此种炸药较敏感，在 8～10℃时冻结，且在半冻结时敏感性极高，稍有摩擦即爆炸，因此适用于 10℃以上地区。胶质炸药不吸水，可用于水中爆破。

6. 梯恩梯

梯恩梯（TNT）又称三硝基甲苯，其主要特性：对撞击和摩擦的敏感度不大，但若掺有砂石粉类固体杂质时，则对撞击和摩擦的敏感度急剧增高；不溶于水，但在水中时间太长，会影响爆炸力；在爆炸时易产生有氧的一氧化碳，黑烟大，不能在通风不良的环境下使用。

7. 黑火药

黑火药为惰性炸药，易溶于水，吸湿性强，受潮时不能使用；对撞击和摩擦的敏感性高，易燃烧，火星即可点燃。适用于内部药包爆破松软岩石和土层，开采料石和制作导火索。在有瓦斯或矿尘危险的工作面不准使用。

8. 起爆炸药

起爆炸药是一种高级烈性炸药，用以制造密管。按其敏感度分为正起爆药和副起爆药。正起爆药如雷汞、叠氮铅等对撞击、摩擦或火的敏感性很高，容易引起爆炸：副起爆药，如特屈儿、黑索金、泰安等，其敏感性稍低，但威力大。它们的共同特点是爆炸速度很快，在瞬时产生极大的冲击能，因此常用以起爆其他炸药。

6.2.2 起爆材料

1. 雷管

雷管是用来起爆炸药或起爆传爆线的。雷管是一种起爆装置，利用它产生的爆炸能来起爆炸药。雷管按起爆方式不同，可分为火雷管（普通雷管）和电雷管两种。电雷管又分为即发（瞬发）电雷管和延发（迟发）电雷管。延发电雷管又有秒延期雷管和毫秒延期雷管之分。管壳有铜、铝、铁、纸及塑料等五种，根据管内装起爆药量的不同，又分 1～10 种号码；号码越大，装药量越多，一般常用的是 6 号和 8 号。

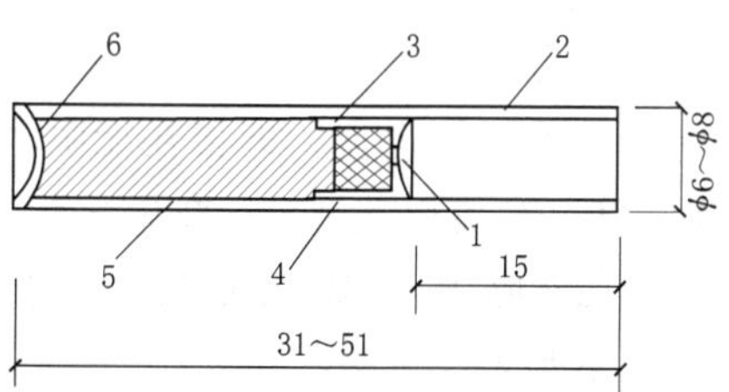

图 6.3 火雷管构造图（单位：mm）
1—外壳；2—加强帽；3—帽孔；4—正起爆炸药；5—副起爆炸药；6—窝槽

(1) 火雷管的技术性能、检验方法及适用范围。火雷管的构造、尺寸如图6.3所示，火雷管的规格、技术性能、检验方法及适用范围见表6.1。

表6.1 火雷管的规格及技术性能

雷管号码	6号	8号	8号
雷管壳材料	铜、铝、铁	铜、铅、铁	纸
管壳［外径（mm）×全长（mm）］	6.5×35	6.6×40	7.8×45
加强帽［外径（mm）×全长（mm）］	6.16×6.5	6.16×6.5	6.25～6.32×6
特性	对撞击、摩擦、刮擦、按压、火花、高温等刺激极度敏感，可引发突发爆炸，且受潮后必然失效		
点燃方法	利用导火索		
试验方法	外观检查：如有裂口、锈点、砂眼、受潮、起爆药浮出等，不能使用 振动试验：振动5min，不允许爆炸、撒药、加强帽移动 铅板炸孔：5mm厚的铅板（6号用4mm厚），炸穿孔径不小于排管外径		
适用范围	用于一般爆破工程，但在有沼气及矿尘较多的坑道工程中不宜使用		
包装	内包装为纸盒，每盒100发，外包装为木箱，每箱50盒5000发		
保证期	两年		

(2) 电雷管的技术性能、检验方法及适用范围。电雷管的构造与火雷管大体相同，不同的是在管壳开口的一端，设有一个电气点火装置，如图6.4所示。常用南秒延发雷管有4s、6s、8s、10s、12s等规格，主要用于多排药包需要间歇起爆的微差爆破中。

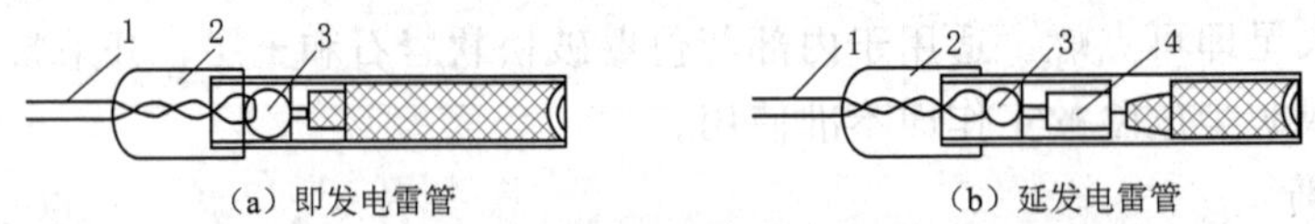

(a) 即发电雷管　　(b) 延发电雷管

图6.4 电雷管构造

1—脚线；2—绝缘涂料；3—球形发火剂；4—缓燃剂

使用电雷管时，必须了解其主要参数。

1) 电阻。一般为1.0～1.5Ω。按规定，串联在一起的电雷管，其电阻差不大于0.25Ω。

2) 最大安全电流，即长期通电（一般为5min）而不会引起雷管爆炸的最大电流，不得超过0.05A。

3) 最小准爆电流，即指在无限的时间内通电而使每个雷管起爆的最小电流，对康铜桥丝雷管，交流电为3A，直流电为2A。对镍铬桥丝雷管，交流电为2.5A，直流电为1.5A。在实际中，如能保证有3A电流通过每个雷管，准爆就有保证。

2. 导火索

导火索又称导火线，是用于一般爆破环境中（有瓦斯的场所、洞库工程除外）传递火焰、起爆火雷管或引燃黑火药包等。根据燃烧速度的不同，其可分为正常燃烧导火索及缓燃导火索两种。其技术指标、检验方法及适用范围见表6.2。

表 6.2　导火索的技术指标、质量要求及检验方法

构造	内部为黑火药芯，外面依次包缠棉线、黄麻（亚麻）、涂沥青、包牛皮纸等，外面再用棉线缠紧，涂以石蜡沥青涂料；两端亦涂有防潮剂，分普通（正常燃烧）导火索和缓燃导火索
技术指标	外径：5.2～5.8mm；药芯直径 2.2mm 长度：10m±0.1m 爆速：普通导火索为 100～125m/s，缓燃导火索为 180～210m/s 喷火强度：不低于 50mm
质量要求	(1) 粗细均匀，无折伤、变形、受潮、发霉、严重油污、剪断处散头等现象 (2) 包裹严密，纱线编织均匀，包皮无松开、无破损、外观整洁 (3) 在存放温度不超过 40℃，通风、干燥条件下，保证期为两年
检验方法	(1) 在 1m 深静水中浸泡 4h 后，燃速和燃烧性能正常 (2) 燃烧时，无断火、透火、外壳燃烧及爆声 (3) 使用前做燃速检查，先将原导火索头剪去 50～100mm，然后根据燃速将导火索剪成所需长度，两端须平整，不得有毛头，检查两端药芯是否正常
适用范围	用于一般爆破工程，不宜用于有瓦斯或矿尘爆炸危险的作业面

3. 导爆索

导爆索又称导爆线，传爆线，外表与导火索相似。其性质与作用与导火索不同，导火索传导火焰，导爆索传导爆轰波，具有爆速快、引燃药卷不用雷管等特点。导爆索的技术指标、质量要求及适用范围见表 6.3。

表 6.3　导爆索的技术指标、质量要求及适用范围

构造	由药芯及外皮组成，药芯用爆速高的烈性黑索金制成，以棉线、纸条为包缠物，并涂以防潮剂，外层包皮线，表面涂以红色，索头涂以防潮剂
技术指标	外径：5.5～6.2mm，药芯直径 3～4mm 爆速：不低于 6506m/s 拉力：不小于 3060N 点燃：用火焰点燃时，不爆燃、不起火（应用 8 号火雷管或电雷管起爆） 起爆性能：2m 长的导爆索能完全起爆一个 200g 的压装梯恩梯药块
质量要求	(1) 外观无破损、折伤、药粉撒出、松皮、中空现象，扭曲时不折断，炸药不散落，无油脂和油污 (2) 在 0.5m 深、温度为 10～25℃的水中浸泡 24h，仍能完全爆轰 (3) 在−28～50℃内，不失起爆性能 (4) 在温度不超过 40℃，通风、干燥条件下，保证期为两年
适用范围	用于一般爆破作业中直接起爆 2 号岩石炸药；用于深孔爆破和大量爆破药室的引爆。并可用于几个药室同时准确起燃，不用雷管。不宜用于有瓦斯、矿尘的作业面及一般炮孔法爆破

4. 导爆管

导爆管是一种半透明的内涂有一薄层高燃混合炸药的塑料软管起爆材料。起爆时，以 1700m/s 左右的速度通过软管而引爆火雷管，但软管并不破坏。这种材料具有抗火、抗电、抗冲击、抗水及传爆安全等性能，因此是一种安全的导爆材料。与雷管、导爆索、导火索等相比，导爆管具有作业简单、安全抗杂散电流、起爆可靠、成本低、运输方便等独特优点。

6.3 药包量的计算

6.3.1 药包的分类

药包按爆破作用区分为以下几种：内部作用药包、松动药包、抛掷药包和裸露药包，如图 6.5 所示。内部作用药包爆炸时，只作用于地层内部，不显露到临空面；松动药包只能使介质破坏到临空面为止，其破坏了的介质不产生抛掷运动，只是在原来位置的附近有一个较小距离的移动；抛掷药包的作用是形成爆破漏斗；裸露药包是指设置于其他物体表面上的药包，它的爆炸主要是使爆破对象破碎。

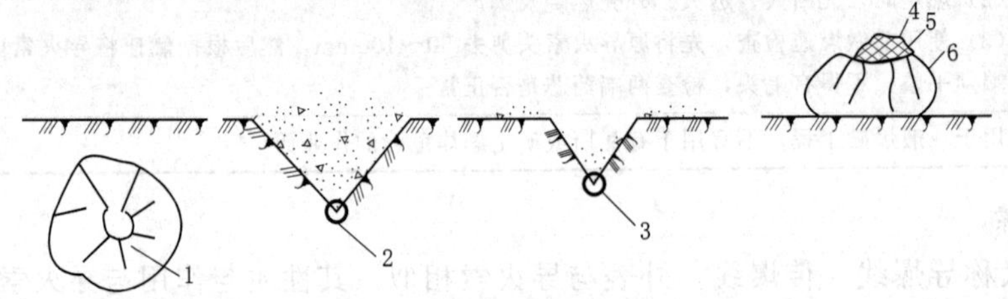

图 6.5 药包爆破作用分类示意图

1—内部作用药包；2—松动药包；3—抛掷药包；4—裸露药包；5—覆盖物；6—被爆破的物体

6.3.2 药包量的计算步骤

药包量的大小，要根据炸药的品种、岩石的坚硬程度和缝隙情况及临空面的多少、爆破方法、预计爆破的岩体体积和现场施工经验等因素来确定，其理论上的计算，系假定药包量的大小与被爆破的岩石体积成正比。

1. 标准抛掷药包量的计算

在标准抛掷药包量爆破的情况下，所炸除的岩石体积，即为标准爆破漏斗的体积。所需的药包量为

$$Q=qeW^3 \tag{6.2}$$

式中：Q 为药包量，kg；q 为爆炸岩土单位体积炸药消耗量，kg/m^3，与土的性质有关，见表 6.4；e 为炸药换算系数，见表 6.5；W 为药包的最小抵抗线，m。

表 6.4　炸药单位消耗量 q

土的类别	一	二	三	四	五	六	七	八
$q/(kg/m^3)$	0.5～1.0	0.6～1.1	0.9～1.3	1.2～1.5	1.4～1.65	1.6～1.85	1.8～2.6	2.1～3.25

注 1. 本表以 2 号岩石硝铵炸药为准，当用其他炸药时，须乘以换算系数 e 值，见表 6.5。
2. 表中所列值是指一个自由面的情况，如为两个自由面，应乘以 0.83；三个自由面乘以 0.67；四个自由面乘以 0.50；五个自由面乘以 0.33；六个自由面乘以 0.17。
3. 表中土的工程分类见第 3 章。
4. 表中 q 值在药孔堵塞良好，即堵塞系数（实际堵塞长度与计算堵塞长度之比）为 1 的情况下定出。

表 6.5　　　　炸药换算系数 e

炸药名称	型号	换算系数	炸药名称	型号	换算系数
岩石硝铵	1号	0.9	35%胶质炸药	普通	1.06
岩石硝铵	2号	1.0	混合胶质炸药	普通	1.0
露天硝铵	2号、3号	1.14	梯恩梯		1.05~1.14
62%胶质炸药	普通	0.89	胺油炸药		1.14~1.36
62%胶质炸药	耐冻	0.89	黑火药		1.14~1.42

2. 加强松动及抛掷药包量计算

加强松动及抛掷药包量，可以用式（6.3）~式（6.5）计算。

当 $W<25$ 时
$$Q=(0.4+0.6n^3)eqW^3 \tag{6.3}$$

当 $W>25$ 时
$$Q=(0.4+0.6n^3)eqW^3\sqrt{\frac{W}{25}} \tag{6.4}$$

对斜坡地面
$$Q=(0.4+0.6n^3)eqW^3\sqrt{\frac{W\cos\theta}{25}} \tag{6.5}$$

式中：n 为爆破作用指数，不应超过 1.25~1.5；$\sqrt{\frac{W}{25}}$ 为重力修正系数。

如 $W\cos\theta<25$m，Q 不进行修正。

3. 松动药包量计算

一般计算公式：
$$Q=0.33qeW^3 \tag{6.6}$$

对斜坡地形或阶梯式地形：
$$Q=0.36qeW^3 \tag{6.7}$$

4. 内部作用药包量计算

计算公式如下：
$$Q=0.2qeW^3 \tag{6.8}$$

【例 6.1】 在坚实的泥岩上开一个深 1.6m、直径 42mm 的炮孔，采用 2 号岩石硝铵炸药（装药密度为 0.9g/cm^3），进行松动爆破。求在堵塞良好情况下的药包重量。

解： 由表 3.11 查得坚实的泥岩为六类土，参考表 6.4 取 $q=1.75$kg/m^3，采用 2 号岩石硝铵炸药 $e=1.0$，炮孔装药长度 L，一般为炮孔深度的 1/3~1/2。

现假定药包长 $L=h/2=1600/2=800$(mm)

则堵塞物长 $B=1600-800=800$(mm)

药包最小抵抗线长 $W=1600-800+800/2=1200$(mm)

由式（6.6）得
$$Q=0.33qeW^3=0.33\times1.75\times1.0\times1.2^3=0.998(\text{kg})$$

800mm 长药包重 $\frac{\pi\times4.2^2}{4}\times80\times0.9=997(\text{g})=0.997(\text{kg})$，与假定相符，堵塞长度有 800mm 已充足，故所需药量定为 1kg。

6.4 起 爆 方 法

6.4.1 钻孔方法

土方工程爆破施工的钻孔方法，有人工钻孔法和机械钻孔法两种。

1. 人工钻孔法

炮孔在 3m 以内，可采用人工钻孔，人工钻孔法又分为冲钎法和锤击法。冲钎法适用于软石中成孔；锤击法则用于坚石中成孔。

2. 机械钻孔法

机械钻孔具有劳动强度低、速度快、工效高、操作安全等优点，适用于爆破工程量大的任何硬度的岩石中成孔。机械钻孔的机具设备可分为两类：一类是风镐和风动凿岩机，另一类是钻孔机（钻机）。

6.4.2 起爆方法的种类

1. 火花起爆法

火花起爆法是利用导火索燃烧时产生的火花引爆火雷管，先使药卷爆炸，从而使整个药包的炸药爆炸的方法。火花起爆法使用的材料主要是火雷管、导火索和起爆药卷，多用于一般炮孔法、深孔法爆破单个或少量药包。火花起爆法具有操作简单、准备工作少、不需要特殊点火设备、仪表等优点；但存在准备工作不易检查、点燃导火索根数受限制、操作人员处于爆破地点、不安全等缺点。

2. 电力起爆法

电力起爆法是利用电雷管中的电力引火剂通电发热燃烧，使起爆药卷爆炸，从而引起整个药包爆炸的方法。它是工程上最常用的一种方法，在大规模爆破中，或在同时起爆多个炮眼时，多采用电力起爆法。它所用材料除电雷管外，还有电线、电源，以及检查、测量仪表。

(1) 电线、电源、仪表。电线用来连接电雷管，组成电爆网络。其按在电爆网络中作用的不同，又分为脚线、端线、连接线和主线等。脚线采用直径为 0.5～0.7mm 的纱包线或塑料绝缘线；端线和连接线采用直径 1.13～1.37mm 的橡胶绝缘线或塑料绝缘线；主线通常采用七股 1.6～2.11mm 绝缘线。用作电力起爆的电源，有放炮器、干电池、蓄电池、移动式发电装置、照明电力线或动力线路等。用作检查电雷管和电爆网络电阻、电压或电流的仪表有小型欧姆计、爆破电桥、伏特计和安培计、万能表等。

(2) 电爆网络的连接与计算。电爆网络是由电雷管起爆、由端线和连接线等导线组成的一种爆破网络。电爆网络的连接形式，有串联、并联、串并联、并串联等数种。在土方工程爆破施工中，可根据爆破规模、爆破方法、工程的重要性及爆破器材等情况而选择适宜的连接形式。电爆网络计算，其主要任务就是要算出整个网络及其各支路上的电阻，从而求出通过网络的电流以及通过各电雷管的电流，用以检验该电流是否满足各电雷管的准爆电流要求。

电爆网络的连接形式、计算公式及适用条件见表 6.6。

表 6.6　　电爆网络的连接形式、计算公式及适用条件

名称	连接形式	网络计算公式	适用条件和特点
串联法	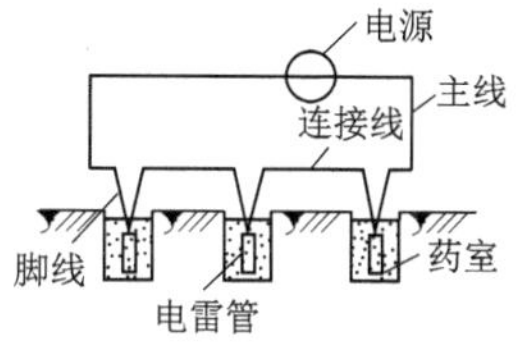 电源 主线 连接线 脚线 药室 电雷管	$R=R_{主}+R_{支}+nr+R'$ $I_{准}=i$ $E=RI=(R_{主}+R_{支}+nr+R')i$ $I=\dfrac{E}{R_{主}+R_{支}+nr+R'}\geqslant i$	(1) 适用于爆破数量不多，炮孔分散，电源、电流不大的小规模爆破 (2) 接线简便，检查线路较易，导线消耗较少，需准爆电流小 (3) 易发生拒爆现象，一个雷管发生故障，便切断个电线路。复式电线路可克服所有电雷管准爆的可靠性差的缺点 (4) 可用放炮器、干电池、蓄电池做起爆电源
并联法	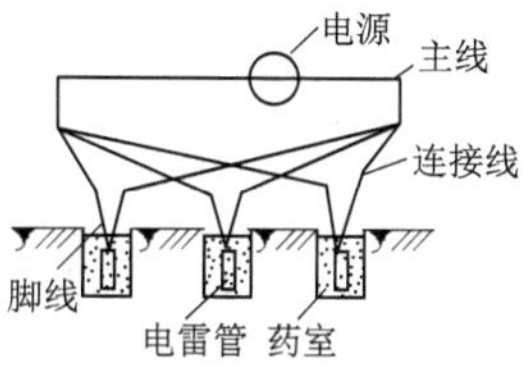 电源 主线 连接线 脚线 电雷管 药室	$R=R_{主}+\dfrac{1}{m}(R_{支}+r)+R'$ $I_{准}=i$ $E=RI=mi\left[R_{主}+\dfrac{1}{m}(R_{支}+r)\right]$ $I=\dfrac{E}{R_{主}+\dfrac{1}{m}(R_{支}+r)+R'}\geqslant mi$	(1) 适于炮孔集中，电源容量较大及起爆少量电雷管时应用 (2) 导线电流消耗大，需较大截面主线 (3) 连接较复杂，检查不便 (4) 与串联相比，不易发生拒爆，但若分支线电阻相差较大，可能产生不同时爆破或拒爆
串并联法	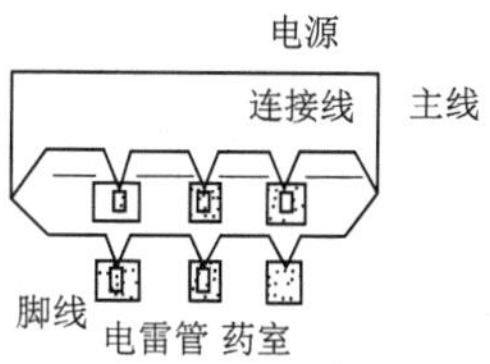 电源 连接线 主线 脚线 电雷管 药室	$R=R_{主}+\dfrac{1}{m}(R_{支}+nr)+R'$ $I_{准}=i$ $E=RI=mi\left[R_{主}+\dfrac{1}{m}(R_{支}+nr)+R'\right]$ $I=\dfrac{E}{R_{主}+\dfrac{1}{m}(R_{支}+r)+R'}\geqslant mi$	(1) 适于每次爆破的炮孔，药包组很多，且距离较远，或全部并联电流不足或采取分层迟发布置药室时使用 (2) 需要的电流容量比并联小 (3) 线路计算和敷设复杂 (4) 同组中的电流互不干扰各分支线路电阻宜接近平衡或基本接近
并串联法	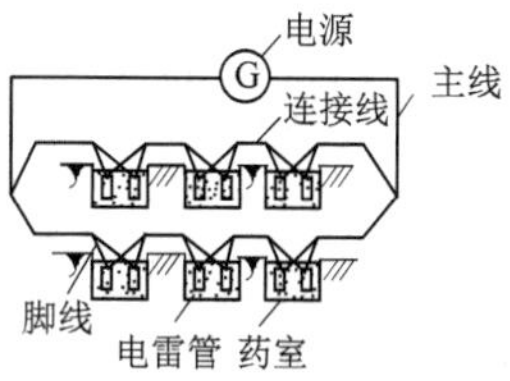 电源 G 连接线 主线 脚线 电雷管 药室	先算出每一支线路的电阻 $R_i=\dfrac{nr}{N}+R_{2i}$ 然后以其中最大的分支线路电阻（$R_{最大}$）为标准，则电爆网络计算 $R=R_{主}+\dfrac{1}{N}R_{最大}+R'$ $I_{准}=nN_i$ $E=RI=nNi\left(R+\dfrac{1}{N}R_{最大}+R'\right)$ $I=\dfrac{E}{R_{主}+\dfrac{1}{N}R_{最大}\ R'}\geqslant mNi$	(1) 适于一次起爆多个药包，且药室距离很长时，或每个药室设两个以上的电雷管而又要求进行迟发起爆时使用 (2) 可采用较小的电源容量和较低的电压 (3) 线路计算和敷设较复杂 (4) 爆网络可靠性较串联强，但有一个雷管拒爆时，仍将切断一个分组的线路

续表

名称	连接形式	网络计算公式	适用条件和特点
表中符号	式中： R——电爆网络中的总电阻，Ω； $I_{准}$——电爆网络分支线的准爆电流，A； I——电爆网络中所需总的准爆电流，A； E——电源电压或所需电源的电压，V； $R_{主}$——主线的电阻，Ω； $R_{支}$——端线、连接线、区域的电阻，Ω； R'——电源的内电阻，Ω，当用照明线路或动力线路时，可忽略不计； n——线路中雷管的数目，个； r——每个雷管的电阻，Ω，一般常用=1.5Ω计算； m——为并联分支线路的组数（图例为 $m=3$）； i——通过每个电雷管所需的准爆电流，A，交流电为 2.5A；直流电为 2.0A； $R_{最大}$——电阻平衡后各分支线路中最大的电阻，Ω； R_i——第 i 分支线路的电阻，Ω； N——每药室并联雷管数目，个； R_{2i}——第 i 分支线路上端线，连接线、区域线的电阻，Ω		

注 串并联法和并串联法这两种点爆网络，都要求各分支线路的电阻基本相同，否则要进行电阻平衡。

【例 6.2】 工程场地平整采用炮孔法，共钻孔 24 个，每孔设一雷管，电爆网络采用串联法，试计算用直流电源所需电源电压。

解：假定每个电雷管的电阻按 1.5Ω 计，由表 6.6 可知，通过每个电雷管所需的准爆电流 i 值（当使用直流电时为 2.0A）。

根据表 6.6，可知直流来源电压为

$$E=(R_{主}+R_{支}+nr+R')i$$
$$=(6\Omega+1.2\Omega+24\times1.5\Omega+0\Omega)\times2\text{A}=86.4\text{V}$$

故所需直流电源电压应大于 87V。

【例 6.3】 工程基坑开挖采用浅孔爆破，钻孔 72 个，每孔装设一个电雷管，共设 6 组分支线路，采用串、并联网络，电源电压 220V 聪明线路。试计算能否达到电爆网络的准爆电流。

解：电源主线电阻估计 3.5Ω，每一组支线路电阻为 2Ω，电源内电阻 R' 忽略不计。由串并联电爆网络计算表 6.6，得

$$I=\frac{E}{R_{主}+\frac{1}{m}(R_{支}+r)+R'}=\frac{220\text{V}}{3.5\Omega+\frac{1}{6}(2\Omega+12\times1.5\Omega)+0\Omega}$$
$$=32.20A\geqslant mi=6\times2.5\text{A}=15\text{A}$$

故电流强度能达到准爆要求。

6.5 爆 破 方 法

土方工程爆破施工中，所采用的爆破方法通常可分为两类，即基本爆破方法和特殊

爆破方法。

6.5.1 基本爆破方法

土方工程爆破施工中的基本爆破方法可分为裸露爆破法、炮孔爆破法、药壶爆破法和小洞室爆破法数种。

1. 裸露爆破法

此法多用于炸碎岩石和大型爆破中的巨石改炮，其耗药量为一般浅孔爆破的3～5倍，爆破效果不易控制，且岩片飞散较远，易造成事故。

2. 炮孔爆破法

按照炮孔深度的不同，炮孔爆破法可分为浅孔爆破法和深孔爆破法两种。

(1) 浅孔爆破法。此法是在被爆破岩石上钻出直径为25～50mm、深度为0.5～5m的圆柱形炮孔，装入延长药包进行爆破，是用得最普通的一种爆破方法。

炮孔位置，要尽量利用临空面，或者有计划地改造地形，使前一次爆破为后一次爆破创造更大的临空面，以提升爆破效果。此外，应防止炮孔的方向与临空正交；否则，会使炮孔轴线与最小抵抗线的方向一致，导致在爆破时首先将堵塞炮孔的堵塞物冲出，从而形成所谓的“空炮”。

1) 炮孔深度 L 与最小抵抗线的确定。如图6.6所示，炮孔深度应视岩石硬度而定。在坚硬岩石中

$$L=(1.10\sim1.15)H \tag{6.9}$$

式中：H 为爆破层梯段高度。

在较软岩石中

$$L=(0.85\sim0.95)H \tag{6.10}$$

最小抵抗线也是随岩石硬度和爆破层阶梯高度而定，一般取为

$$W=(0.7\sim0.8)H \tag{6.11}$$

2) 炮孔距离的确定。炮孔布置，一般为梅花形，如图6.7所示，炮孔间距 a（同排炮孔之间的距离）是按照不同的起爆方法来确定的。

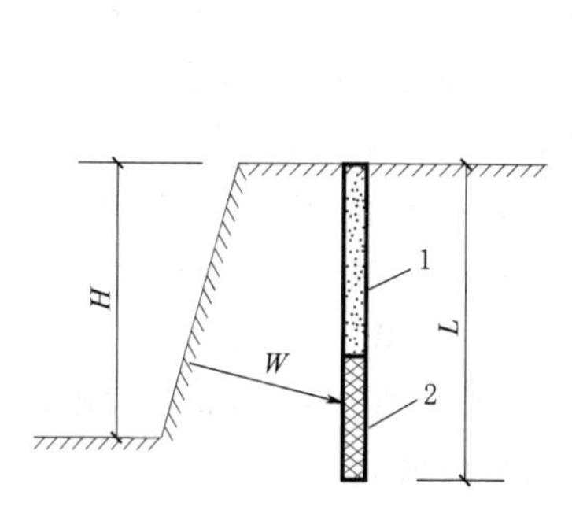

图6.6 炮孔深度关系图

1—堵塞物；2—炸药

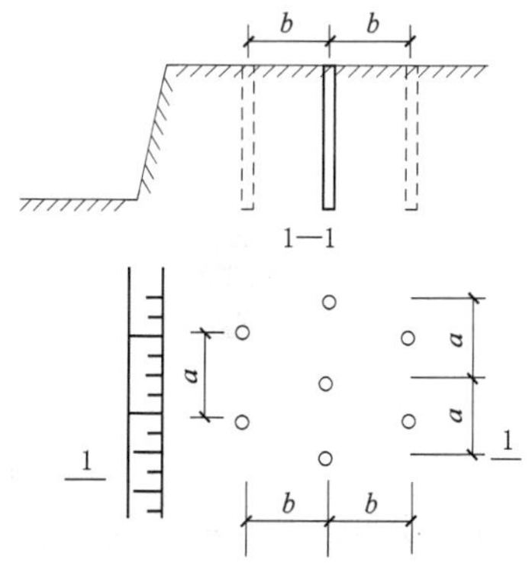

图6.7 炮孔布置

对于火花起爆：

$$a=(1.4\sim2.0)W \tag{6.12}$$

对于电力起爆：

$$a=(0.8\sim2.0)W \tag{6.13}$$

当有多排炮孔时，炮孔排距 b，可取为等于第一排炮孔的计算最小抵抗线 W，若第一排备炮孔的 W 不相同时，则取其平均值。

3）药包量计算。浅孔爆破法的药包量可按松动药包量计算公式计算，在实际工作中，装药量为炮孔深度的 1/3～1/2，最少不可少于炮孔深度的 1/4。

4）装药与堵塞方法。装药前应将炮孔内的石粉、泥浆除净，并将炮孔口周围打扫干净。为了防止炸药受潮，可在炮孔底部放上塑料薄膜或油纸。若为散装炸药，装药时用勺子或漏斗分几次装入，每装一次，用木棍或竹棍轻轻压紧。若炸药为药卷，装药时用炮棍将药卷一个一个地送入炮孔，并轻轻压紧。起爆药筒在炮孔内的位置要适中。起爆药卷装入炮孔时，要特别小心，不可撞击或挤压，以防触及雷管而发生事故。

装药后，需对炮孔进行堵塞。堵塞物可用 1 份黏土、2 份粗砂及含水适当的松散土料混合而成。若为水平炮孔或斜炮孔，则可用 2 份黏土、1 份粗砂做成比炮孔小 5～8mm、长 100～150mm 的圆柱形炮泥进行堵塞。在堵塞中注意不可碰坏导火索或雷管脚线。

（2）深孔爆破法。深孔爆破法的炮孔直径一般为 75～120mm（最大可达 270mm），深度为 5～15m（最大可达 30m）。这种爆破方法，需要大型凿岩机或露天潜孔钻。它的优点是效率高，一次爆破的土石方量大，但缺点是爆落的岩石大小不均匀，往往有 10%～25%的大石块要进行二次爆破。深孔爆破法主要用于深基坑的游挖或高阶梯的场地平整和土石方爆破。

3. 药壶爆破法

药壶爆破法是在已钻孔的炮孔底部放入少量炸药，经过几次爆破扩大成为圆球的形状，最后装入炸药进行爆破，如图 6.8 所示，此法与炮孔爆破法相比，具有爆破效果好、工效高、进度快、炸药消耗量少等优点。但爆扩药壶的操作较为复杂，爆落的岩石不均匀。由于在坚硬岩石中药壶爆破较为困难，故此法主要用于硬土和软石中爆破，爆破层的阶梯高度 H 一般为 3～8m。

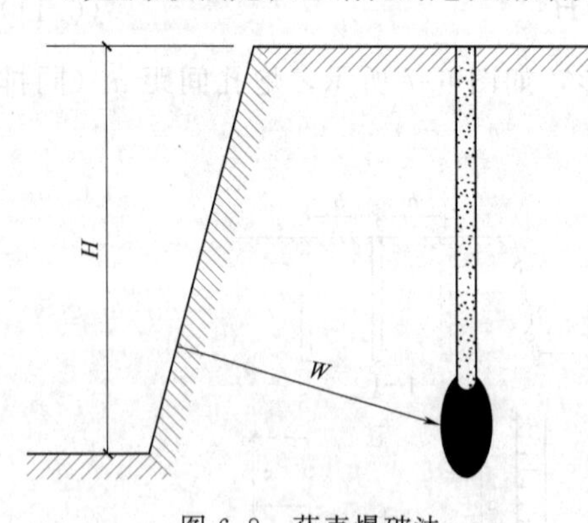

图 6.8 药壶爆破法

药壶爆破法的最小抵抗线 W 随爆破层阶梯高度而定，一般取 $W=(0.5\sim0.8)H$，H 较大时取小值；反之取大值。药壶爆破法的炮孔间距为 $(0.8\sim2.0)W$，一般取 $1.8W$；炮孔的排距为 $(1.2\sim1.7)W$，一般取 $1.5W$；药壶内的药包量 Q 为 $0.65Q$ [Q 为由式（6.5）计算出的松动药包量]。

4. 小洞室爆破法

小洞室爆破法就是在被爆破的岩土内挖横向或竖向的导洞和药室，然后装入集中药包进行爆破的一种方法，如图 6.9 所示。

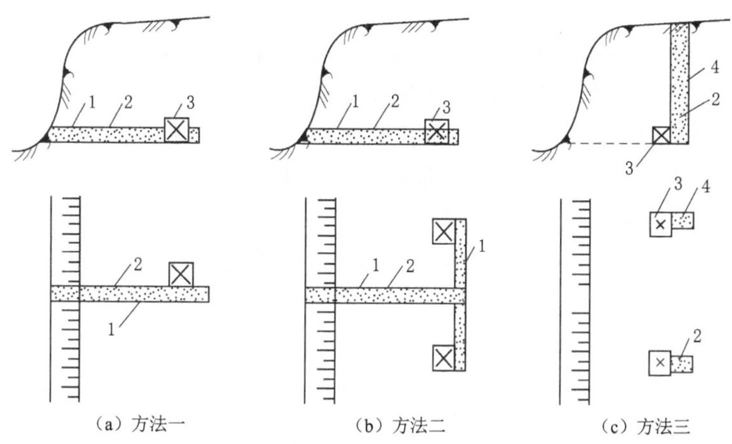

图 6.9　小洞室爆破法药包布置

1—横洞；2—堵塞物；3—药室；4—竖井

导洞截面的大小：对于横向导洞，一般为 1m×5m；竖井一般为直径 1.2m×1.2m。横洞长度一般为 5～7m，竖井深度为 (0.9～10)H（爆破层阶梯高度）。

此法的优点是操作简单，爆破效果比炮孔法好，同时，不受炸药品种限制，可用黑火药。其缺点是开洞工作量大，堵洞比较困难。

小洞室爆破法适用于六类土以上的较大量的坚硬石方的爆破。横洞适于爆破层高度不超过 6m 的软质岩石或有夹层的岩石爆松；竖井适于阶梯高度 3～6m 的场地平整、基坑开挖的松动爆破。

6.5.2　特殊爆破方法

在土方工程爆破施工中，为了达到某种预期的目的，如欲控制岩土的爆破区域、控制土石的散落方向或散塌范围，以及降低空气冲击波和噪声的强度，减小地震波影响等，往往需采取某种特殊的爆破方法。

特殊爆破方法通常有边线爆破法、定向爆破法、微差爆破法和静态爆破法等几种。

1. 边线爆破法

边线爆破法通常又区分为光面爆破法和预裂爆破法。这两种爆破方法是随着深孔爆破技术的发展和钻孔机械日益完善而发展起来的爆破技术。

采用光面爆破法时，先起爆主炮孔和辅助炮孔，后起爆光面炮孔，这样可使开挖的边坡面较为平整；采用预裂爆破法时，预裂炮孔需在主炮孔和辅助炮孔起爆前的瞬间先起爆，其起爆时差；预裂炮孔起爆时差需按岩性严格限定：坚硬岩石 50～80ms、中等坚硬岩石 80～150ms、松软岩石 150～200ms，确保沿设计线形成裂缝并控制爆破损伤。这样的起爆顺序，其作用是能够沿着设计开挖线预先爆开一条缝隙，以控制对边岩体产生破坏性的影响。

光面炮孔或预裂炮孔的装药量，为主炮孔和辅助炮孔装药量的 50%。

光面爆破法适用于在具有均质的层面破碎带和接合面很少的岩层中爆破，预裂爆破法则可用于各种岩层中爆破。

2. 定向爆破法

定向爆破法，就是利用爆破的作用，将岩土按照指定的方向和距离，准确地抛掷到预定的地点，并堆积成一定形状填方的一种抛掷爆破方法。

定向爆破的基本原理，就是炸药在岩土内爆炸时，岩土是沿着最小抵抗线，即沿着从药室中心到临空面最短距离的方向而抛掷出来的。因此，合理选择临空面并布置药室和炮孔是定向爆破的一个重要问题。临空面可以利用自然地形，也可以用人工方法造成任何需要的孔穴或沟槽作为临空面。其目的在于形成最小抵抗线的方向能够指向工程需要的方向，从而将爆破的岩土抛向指定的位置。

3. 微差爆破法

微差爆破法是随着爆破器材的发展而出现的一种深孔爆破新技术。它使用特制的毫秒延期雷管，把一次爆破从时间上分成若干段，每段之间以毫秒级的时差进行爆破，所以也称毫秒爆破法。

微差爆破法的主要优点在于，把普通齐发爆破的总炸药能量，分割为多个较小的能量，采取合理的装药结构、最佳的起爆顺序和微差间隔起爆时间，为每个药包创造多个临空面条件；同时，它能将齐发大量药包产生的震波，变成一长串长幅值的地震波，而且各个波相互干扰，从而降低地震效应，把爆破振动控制在预定的水平之内。

4. 静态爆破法

静态爆破又称无声爆破。它是一种采用静态破碎剂的控制性爆破，能做到在无噪声、无飞石、无爆破地震波、无冲击波、无有毒气体及无粉尘的情况下，将被爆破的岩土破碎。

静态破碎剂（SCA）是我国相关研究单位研究成功的一种爆破材料，也是由铝、镁、钙、铁、氧、硅、磷、钛等元素组成的灰白色无机盐粉末。使用时，加入适量水，调成流动状浆体，灌入炮孔中，经过 10～24h（最快 1～4h），由于 SCA 与水反应，生成膨胀性的结晶体，体积增大到原来的 2～3 倍，在炮孔中产生 30～50MPa 的膨胀压力。这种膨胀压力施加在被爆破的岩土上时，可使岩土产生的拉应力大大超过岩土的抵抗强度或裁剪强度，从而使岩土在无噪声、无飞石、无有害气体扩散等情况下被破碎。因此，采用静态爆破法既可达到爆破的目的，又可保证施工安全，并且不污染区域。

6.6 爆 破 安 全

爆破施工是一种危险作业。因此，对于爆破安全问题，必须予以高度重视。爆破的安全问题，贯穿于爆破材料的储存、保管、运输、爆破作业等整个过程中。无论哪个环节，一旦发生爆炸事故，轻者致伤致残，重者则造成人民生命财产的巨大损失。

为了防止爆破事故的发生，在整个爆破施工过程中，对于每一个环节，在技术和组织管理等各方面，都必须严格贯彻执行爆破安全规程及有关安全规定。

6.6.1 爆破材料的储存、保管与运输

1. 爆破材料的储存和保管

首先，对于炸药仓库和雷管仓库的库址的选择要慎重，炸药仓库的安全距离和雷管仓库至炸药仓库的安全距离必须满足规定。即使是临时放置爆破材料的仓库，同样也要按照

安全距离的要求选定，见表 6.7 和表 6.8。

表 6.7　　炸药仓库至保护对象的安全距离　　单位：m

保护对象	炸药库存容量/t					
	0.25	0.50	2	8	16	32
与有爆炸和易燃的工厂、车站、码头的距离	200	250	300	400	500	600
与居民区、工厂、集镇的距离	200	250	300	400	450	500
与铁路线的距离	50	100	150	200	250	300
与公路干线的距离	40	60	80	100	120	150

表 6.8　　雷管库与炸药库的安全距离　　单位：m

相隔距离和仓库名称	雷管库存量/个							
	5000	10000	20000	30000	50000	100000	200000	300000
雷管库与雷管库的安全距离	5	6	9	11	14	19	27	33
雷管库和与炸药库的安全距离	7	10	15	18	23	32	45	55

爆破材料储存和保管的主要安全规定如下。

(1) 炸药和雷管必须分仓库储存；不同性质的炸药不能放在一起，特别是硝化甘油炸药必须单独存放。

(2) 对仓库要设专人警卫，并严格执行保管、领用、消防等有关制度。严守仓库出入制度，严禁携带火种、带武器、持敞口灯、穿钉鞋进入仓库。

(3) 仓库内只准使用安全照明设施，固定灯具须采用防爆型的，移动灯具必须使用有绝缘外壳的蓄电池和手电筒。仓库须设避雷装置，其接地电阻不大于 10Ω。

(4) 仓库内应保持干燥、通风良好，温度应保持在 18～30℃之间，在仓库周围 5m 的范围以内，须清除一切树木和草皮，储存的爆破材料，还要严防虫、鼠的啃咬，以免引起爆炸或材料的失效。

2. 爆破材料的运输

爆破材料的装卸，均应轻拿轻放，不得有摩擦、撞击、抛掷、转倒、坠落发生。不同的爆破材料应分别装运。运输途中，不可在非指定地点休息或逗留。如中途需要停车，必须离开民房、桥梁、铁路 200m 以上。

运输爆破材料，各种车辆、人物相隔的距离不得小于表 6.9 的规定。

表 6.9　　爆破材料运输安全距离　　单位：m

道路情况	运　输　方　式			
	汽车	马车	驮运	人物
在平坦道路上	50	20	10	5
上、下山坡时	300	10	50	20

6.6.2 爆破施工作业的安全措施

爆破施工作业中的安全问题，涉及不同的爆破材料、不同的爆破方法和不同的环境条件。应认真贯彻执行爆破安全方面的有关规定，尤其应注意以下几个方面。

(1) 放炮前必须明确标画不定期警戒范围，立好标志，并有专人警戒，裸露药包、深孔、小洞室爆破法的安全距离不小于400m；浅孔、药壶爆破法不小于200m。

(2) 装药进炮孔必须用木棍将炸药轻轻送入，严禁使用金属棒，严禁冲捣。堵塞炮泥时，切不可撞击雷管。

(3) 若采用电力起爆，在雷闪时有可能导致电力起爆网络的早爆，应防止雷电直接击中、静电感应、电磁感应。因此，在闪电雷鸣到来之前，就要停止装药、安装电雷管和连接导线等操作，并迅速将雷管的脚步线和网络的主线连成短路。所有工作人员应立即离开装药地点，隐蔽于安全区。

(4) 禁止过早进入爆破后工作面，对于地下工程的爆破作业，若过早进入爆破后工作面，除了可能因炮孔误爆、退爆引起事故外，很可能发生炮烟（CO、NO、NO_2、N_2O_4 等）中毒事故。氮的氧化物有强烈的刺激性，能和水结合成硝酸，对人的肺组织会造成破坏，导致肺水肿死亡。因此，地下工程的爆破后工作面必须经过一定时间和一定风量的通风；露天爆破后工作面最后一个炮孔响后至少过20min才允许进入该范围检查和作业。

6.6.3 瞎炮的预防及处理措施

在爆破网络中所出现拒爆的炮孔（药包），通常称为瞎炮。对于瞎炮，需要慎重处理；否则，很容易酿成爆破事故。

1. 对瞎炮的预防措施

瞎炮产生的原因主要有：爆破材料质量差，如电雷管导电性差、炸药逾期或受潮失效、导爆索受潮变质等；爆破网络连接错误或连接不牢，接触电阻过大；药包制作不合要求，炸药与雷管分离未被发现；起爆电流不足或电压不稳；网络计算有错误，分支线电阻不平衡，其中某支线未达到所需的最小起爆电流；在同一网络中，使用了不同厂、不同批、不同品质和型号的电雷管；炮孔中有水，未采取防潮措施，药包受潮失效。

预防瞎炮的产生，主要采取以下一些措施。

(1) 严格检查起爆材料和炸药的质量，不合格的做报废处理。

(2) 严格检查爆破网络的敷设质量。

(3) 在炮孔装药和堵塞中，要防止雷管与炸药分离、防止损失雷管脚线。

(4) 对有水、有潮湿的药孔或药室，要采取有效的防水、防潮措施。

2. 对瞎炮的处理措施

应由原装炮人员进行处理，如不可能时，原装炮人员应到现场将有关详细情况向瞎炮处理人员交代。如果炮孔外的电线、导火索、导爆索等均检查合格，仅网络不合要求，经纠正后，可以重新起爆。如系硝铵炸药或黑火药不合要求，可在清除部分堵塞物后，向炮孔内灌水，使炸药溶解。清理炮孔后，重新装药爆破。可用木制或竹制工具，将堵塞物轻轻掏出后，另装入雷管或起爆药卷，集中起爆。也可在距炮孔近旁600mm处钻一个平行于原炮孔的炮孔，然后装药起爆，将瞎炮销毁。

处理瞎炮中，绝不可将带有雷管的药包从炮孔中拉出来，或者拉住电雷管的导线，把电雷管从药包中拔出来。

6.7 职业活动训练

观看爆破数字化教学资源。

第7章

基坑工程

【学习目标】

(1) 能编制基坑支护结构选型分析报告。

(2) 能设计基坑降排水系统方案。

(3) 能制订基坑开挖分层分段施工计划。

(4) 能编制基坑监测与应急预案。

(5) 能应用规范验算支护结构稳定性。

【学习任务】

(1) 基坑支护体系选型与技术经济比选。

(2) 基坑降水方案设计与止水帷幕施工控制。

(3) 深基坑土方开挖顺序与支护协同作业。

(4) 基坑变形监测布点与数据分析。

(5) 支护结构安全等级判定与风险防控。

【学习内容】

(1) 基坑工程支护形式（排桩/地连墙/内支撑等）适用性分析。

(2) 降水方法（管井/真空井点）及涌水量计算。

(3) 深基坑开挖“时空效应”控制技术。

(4) 监测项目（位移/沉降/轴力）预警阈值设定。

【任务描述】

基坑工程是高层建筑地下室、地铁车站等地下空间施工的关键环节。随着城市建设快速发展，深基坑工程数量激增、规模扩大（平面达数万平方米，深度至数十米），施工难度显著提升。组织基坑施工时，需重点解决两大矛盾：既要运用先进技术与机械缩短工期，又必须保障工程质量和周边环境安全。通过科学的设计方法（如支护结构选型）与精细化施工控制（如分层开挖时序），可有效降低工程风险，实现加快进度、保护环境、提升经济效益的综合目标。

7.1 基坑工程的特点和内容

7.1.1 基坑工程的特点

基坑工程是综合地质工程、岩土工程、结构工程和岩土测试技术学科的系统工程，具有以下特点。

(1) 较大的风险性。基坑支护体系一般为临时措施，其荷载、强度、变形、防渗、耐久性等方面的安全储备相对较小。

(2) 明显的区域特征。不同的区域具有不同的工程地质和水文地质条件，即使是同一城市的不同区域，也可能会有较大差异。

(3) 明显的环境保护。基坑工程的施工会引起周围地下水位变化和应力场的改变，导致周围土体的变形，对相邻环境会产生影响。

(4) 理论尚不完善。基坑工程是岩土、结构及施工相互交叉的学科，且受多种复杂因素相互影响，其在土压力理论、基坑设计计算理论等方面有待进一步发展。

(5) 时空效应规律。基坑的几何尺寸、土体性质等对基坑有较大影响。施工过程中，每个开挖步骤中的空间尺寸、开挖部分的无支撑暴露时间和基坑变形具有一定的相关性。

(6) 很强的个体特征。基坑所处区域地质条件的多样性、基坑周边环境的复杂性、基坑形状的多样性、基坑支护形式的多样性，决定了基坑工程具有明显的个性。

7.1.2 基坑工程的主要内容

基坑工程主要由基坑土方开挖、工程勘察、支护结构设计与施工、地下水控制、信息化施工及周边环境保护等内容构成。

基坑土方的开挖是基坑工程的一个重要内容，基坑土方如何组织开挖，不但影响工期、造价，而且影响支护结构的安全和变形值，直接影响环境的保护。为此，对较大的基坑工程一定要编制较详细的土方工程的施工方案，确定挖土机械、挖土的工况、挖土的顺序、土方外运方法等。基坑土方开挖最简单、最经济的办法是放坡大开挖，但经常会受到场地条件、周边环境的限制，所以需设计支护系统以保证施工的顺利进行，并能较好地保护周边环境。

基坑工程具有一定的风险，施工过程中应利用信息化手段，通过对施工监测数据的分析和预测，动态地调整设计和施工工艺。基坑土方开挖是基坑工程的重要内容，其目的是为地下结构施工创造条件。基坑支护系统分为围护结构和支撑结构，围护结构是指在开挖面以下插入一定深度的板墙结构，其常用材料有混凝土、钢材、木材等，形式一般是钢板桩、钢筋混凝土板桩、灌注桩、水泥：土搅排桩、地下连续墙等。根据基坑深度不同，围护结构可以是悬臂式的，但更多采用单撑或多撑式（单锚或多锚式）结构。支撑是为围护结构提供弹性支撑点，以控制墙体弯矩和墙体截面面积。为了给土方开挖创造适宜的施工空间，在水位较高的区域一般会采取降水、排水、隔水等措施，保证施工作业面在地下水位面以上，所以地下水位控制也是基坑工程重要的组成部分。

工程勘察是在进行支护结构设计之前，主要需要收集资料：工程地质和水文地质资料；场地周围环境及地下管线状况；地下结构设计资料。基坑工程的岩土勘察一般不单独进行，尽量与主体建筑的地基勘察同时进行。在制定地基勘察方案时，除满足主体建筑设计要求外，同时应满足基坑工程设计和施工要求。因此，宜统一布置勘察要求。如果已经有了勘察资料，但其不能满足基坑工程设计和施工要求时，宜再进行补充勘察。

7.1.3 基坑工程的设计与基坑安全等级的分级

1. 基坑支护结构的极限状态设计

根据中华人民共和国行业标准《建筑基坑支护技术规程》(JGJ 120—2012)的规定，基坑支护结构应采用以分项系数表示的极限状态设计方法进行设计。

基坑支护结构的极限状态，可以分为下列两类。

(1) 承载能力极限状态。这种极限状态，对应于支护结构达到最大承载能力或土体失稳、过大变形导致支护结构或基坑周边环境破坏。

(2) 正常使用极限状态。这种极限状态，对应于支护结构的变形已妨碍地下结构施工，或影响基坑周边环境的正常使用功能。

基坑支护结构均应进行承载能力极限状态的计算，对于安全等级为一级及对支护结构变形有限定的二级基坑侧壁，尚应对基坑周边环境及支护结构变形进行验算。

2. 基坑支护的功能要求和安全等级

基坑支护的实际使用期限不应少于1年，应满足下列功能要求。

(1) 保证基坑周边建(构)筑物，地下管线、道路的安全和正常使用。

(2) 保证主体地下结构的施工空间。

基坑支护设计，应综合考虑基坑周边环境和地质条件的复杂程度、基坑深度等因素，按表7.1采用支护结构的安全等级。对同一基坑的不同部位，可采用不同的安全等级。

表7.1　支护结构的安全等级

安全特级	破坏后果
一级	支护结构失效、土体过大变形对基坑周边环境或主体结构施工安全的影响很严重
二级	支护结构失效、土体过大变形对基坑周边环境或主体结构施工安全的影响一般
三级	支护结构失效、土体过大变形对基坑周边环境域主体结构施工安全的影响不严重

支护结构设计，应考虑结构水平变形、地下水的变化和对周边环境的影响。对于安全等级为一级和对周边环境变形有限定要求的二级基坑侧壁，应根据周边环境的重要性、对变形适应能力和土的性质等因素，确定支护结构的水平变形限值。

当地下水位较高时，应根据基坑及周边区域的工程地质条件、水文地质条件、周边环境情况和支护结构形式等因素，确定地下水的控制方法。当基坑周围有地表水汇流、排泄或地下水管渗漏时，应妥善对基坑采取保护措施。

对于安全等级为一级及对支护结构变形有限定的二级建筑基坑侧壁，应对基坑周边环境及支护结构变形进行验算。

基坑工程分级的标准，各种规范和各地也不尽相同，各地区、各城市根据自己的特点和要求做了相应的规定，以便进行岩土勘察、支护结构设计、审查基坑工程施工方案。

7.2 基坑工程勘察

为了正确地进行支护结构设计和合理地组织施工，基坑工程支护设计前，应对影响设计和施工的基础资料进行全面收集与深入分析，以便正确地进行基坑支护结构设计，合理地组织基坑工程施工。这些基础资料主要包括工程地质和水文地质勘察资料、周边环境勘察资料、地下结构设计资料等。

7.2.1 岩土勘察

1. 岩土勘察资料调查

基坑工程的岩土勘察一般应提供下列资料。

(1) 场地土层的成因类型、结构特点、土层性质及夹砂情况。

(2) 基坑及围护墙边界附近，场地填土、暗浜、古河道及地下障碍物等不良地质现象的分布范围与深度，并表明其对基坑的影响。

(3) 场地浅层潜水和坑底深部承压水的埋藏情况、土层的渗流特性及产生管涌、流砂的可能性。

(4) 支护结构设计和施工所需的土、水等参数。

岩土勘察测试的土工参数，应根据基坑等级、支护结构类型、基坑工程的设计和施工要求而定，一般基坑工程设计和施工所需的勘探资料和土工参数见表 7.2。

表 7.2　一般基坑工程设计和施工所需的勘探资料和土工参数

<table>
<tr><td>标高/m</td><td>压缩指数 C_c</td><td>液限 ω_L/%</td><td colspan="2">总应力抗剪强度</td></tr>
<tr><td>深度/m</td><td>固结系数 C_v</td><td>塑限 ω_P/%</td><td colspan="2">有效抗剪强度</td></tr>
<tr><td>层厚/m</td><td>回弹系数 C_S</td><td>塑性指数 I_P</td><td colspan="2">无侧限抗压强度 q_u/kPa</td></tr>
<tr><td>土的名称</td><td>超固结比 O_{CR}</td><td>空隙比 e</td><td colspan="2">十字板抗剪强度 c_u/kPa</td></tr>
<tr><td>土天然重度 γ_c/(kN/m^3)</td><td>内摩擦角 ψ/(°)</td><td>不均匀系数 (d_{60}/d_{10})</td><td rowspan="2">渗透系数 /(cm/m^3)</td><td>水平 k_h</td></tr>
<tr><td>天然含水量 ω/%</td><td>黏聚力 c/kPa</td><td>压缩模量 E_S/MPa</td><td>垂直 k_v</td></tr>
</table>

对特殊的不良土层，尚需查明其膨胀性、湿陷性、触变性、冻胀性、液化势等参数。

当基坑范围内土层夹砂变化较复杂时，宜采用现场抽水试验方法，测定土层的渗透系数。内摩擦角和黏聚力宜采用直剪固结快剪试验取得，要提供峰值和平均值。

总应力抗剪强度和有效抗剪强度宜采用三轴固结不排水剪试验、直剪慢剪试验取得。

2. 地下水位的勘察

基坑范围及附近的地下水位情况，对基坑工程设计和施工有直接影响，尤其在软土地区和附近有地下水时。为此在进行岩土勘察时，应提供下列数据和情况。

(1) 地下各含水层的视见水位和静止水位。

(2) 地下各土层中水的补给情况和动态变化情况，与附近水体的连通情况。

(3) 基坑坑底以下承压水的水头高度和含水层的界面。

(4) 当地下水对支护结构有腐蚀性影响时，应查明污染源及地下水流向。

3. 地下障碍物的调查

地下障碍物的勘察，对基坑工程的顺利进行十分重要。在基坑开挖之前，要弄清基坑范围内地下障碍的性质、规模、埋深等，以便采用适当措施加以处理。勘察重点内容如下。

(1) 是否存在旧建(构)筑物的基础和桩。

(2) 是否存在废弃的地下室、水池、设备基础、人防工程、废井等。

(3) 是否存在厚度较大的工业垃圾和建筑垃圾。

7.2.2 周边环境勘察

基坑开挖带来的水平位移和地层沉降会影响周围邻近建（构）筑物、道路和地下管线，影响如果超出一定范围，则会影响正常使用或带来严重的后果。所以基坑工程设计和施工，一定要采用措施保护周围环境，使影响限制在允许范围内。为限制基坑施工的影响，在施工前要对周围环境进行应有的调查，以便采取针对性的有效措施。

(1) 基坑周围邻近建（构）筑物状况调查。在城市建筑物稠密地区进行基坑工程施工，宜调查拟建建筑周围建（构）筑物的分布、距离，以及上部结构形式、基础结构及埋深、有无桩基和对沉降差异的敏感程度等，如周围建（构）筑物在基坑开挖之前已经存在倾斜、裂缝、使用不正常等情况，需通过拍片、绘图等手段收集有关资料。必要时要请有资质的单位事先分析鉴定。

(2) 基坑周围地下管线状况调查。在大中城市进行基坑工程施工，基坑周围的主要管线为煤气、上水，下水和电缆等。应调查掌握管线与基坑的相对位置、埋深、管径、管内压力、接头构造、管材、每个管节长度、与基坑的相对位置、埋深（或架空高度）、埋设年代等。对于电缆应通过调查规格型号、使用要求、保护装置等。

(3) 基坑周围邻近的地下构筑物及设施的调查。如基坑周围邻近有地铁隧道、地铁车站、地下车库、地下商场、地下通道、人防、管线等，应调查其与基坑的相对位置、埋设深度、基础形式与结构形式、对变形与沉降的敏感程度等。

(4) 周围道路状况调查。进行深基坑施工之前，应调查周围道路的性质、类型、与基坑的相对位置，交通状况及重要程度等内容。

(5) 周围的施工条件调查。事先调查施工现场周围的交通运输、商业模式等特殊情况，调查在基坑工程施工期间对土方和材料、混凝土等运输有无限制；调查施工现场附近对施工产生的噪声和振动的限制；调查施工场地条件，是否有足够场地供运输车辆运行、堆放材料、停放施工机械、加工钢筋等。以便确定是全面施工、分区施工还是用逆作法施工。

7.2.3 工程的地下结构设计资料调查

主体工程地下结构设计资料，是基坑工程设计的重要依据之一，应周密进行收集和了解。

基坑工程设计多在主体工程设计结束施工图完成之后、基坑工程施工之前进行。但为了使基坑工程设计与主体工程之间协调，使基坑工程的实施更加经济，对大型深基坑工程，应在主体结构设计阶段就着手进行，以便协调基坑工程与主体工程结构之间的关系。

进行基坑工程设计之前，应对下述地下结构设计资料进行了解。

(1) 主体工程地下室的平面布置和形状，以及与建筑红线的相对位置。这是选择支护结构形式、进行支撑布置等必须参考的资料。如基坑边线贴近建筑红线，便需选择厚度较小的支护结构的围护墙；如平面尺寸大、形状复杂，则在布置支撑时需加以特殊处理。

(2) 主体工程基础的桩位布置图。在进行围护墙布置和确定立柱位置时，必须了解桩位布置。尽量利用工程桩作为立柱桩，以降低支护结构费用，实在无法利用工程桩时，才另设立柱桩。

(3) 主体结构地下室的层数、各层楼板和底板的布置与标高，以及地面标高。根据天然地面标高和地下室底板底标高，便可确定基坑开挖深度，这是选择支护结构形式、确定降水和挖土方案的重要依据。

了解各层楼盖和底板的布置，则便于支撑的竖向布置和确定支撑的换撑方案，如楼盖局部缺少，还需考虑水平支撑换撑时如何传力等。

7.3 基坑支护结构选型

支护结构形式的选择应综合工程地质与水文地质条件、地下结构设计、基坑平面及开挖深度、周边环境和坑边荷载、场地条件、施工季节、支护结构使用期限等因素，选型时应考虑空间效应和受力条件的改善，采用有利于支护结构材料受力性状的形式。在软土场地可局部或整体对坑底土体进行加固，或在不影响基坑周边环境的情况下，采用降水措施提高土的抗剪强度和减小水土压力。设计时可按表 7.3 选用支挡式结构、土钉墙、重力式水泥土墙或采用上述形式的组合。支护结构的几种基本类型如图 7.1 所示。

表 7.3　　土的工程分类

结构类型	适用条件
支挡式结构	适用于一级、一级及三级的基坑安全等级；对需要隔水的基坑，挡土构件采用排桩时，应同时采用隔水帷幕；挡土构件采用地下连续墙，地下连续墙宜同时用于隔水；采用锚拉式结构时，应具备允许在土层中设置锚杆与不会受到局边地下建筑阻碍的条件。且应有能够提供足够锚固力的地层，采用支撑式结构时，应能够满足主体结构及防渗的设计与施工的要求；基坑周边环境复杂、环境保护的要求很严格时，宜采用支护与主体结合的逆作法支护，基坑深度较浅时，可采用悬臂式排桩、悬臂式地下连续墙或双排桩
土钉墙	适用于二级及三级的基坑安全等级；在基坑潜在滑动体内没有永久建筑或重要地下管线；土钉墙适于地下水位以上或经降水的非软土土层，且基坑深度不宜大于 12m；不宜用于淤泥质土，不应用于淤泥或没有自稳能力的松散填土；非软土地层中，对垂直复合型土钉墙，基坑深度不宜大于 12m；对坡度不大于 1∶0.3 的复合土钉墙，基坑深度不宜大于 15m；淤泥质土层中，对垂直复合土钉墙，基坑深度不宜大于 6m；复合土钉墙不应用于基坑潜在滑动范围内的淤泥厚度大于 3m 的地层
重力式水泥土墙	适用于二级及三级的基坑安全等级，软土地层中，基坑深度不宜大于 6m；水泥土桩底以上地层的硬度应满足水泥土桩施工能力的要求
放坡	适用于三级的基坑安全等级；具有放坡的场地；可与各类支护结构结合，在坑上部采用放坡

7.3.1 围护墙结构选型

支护结构包括围护墙和支撑，围护墙的类型见表 7.4。

表 7.4　　围护墙的类型

围护墙类型	基本做法	使用条件
重力式水泥土墙	在基坑侧壁形成一个具有相当厚度和重量的刚性实体结构（厚度一般在 2m 以），这种围护墙一般采用水泥土搅拌桩，也采用旋喷桩，使桩体相互搭接形成块状或格栅状等形式的重力结构	适用于淤泥质土、淤泥，也可用于黏性土、粉土、砂土等土类基坑，基坑深度不宜大于 6m

续表

围护墙类型		基本做法	使用条件
钢板桩	槽钢钢板桩	由槽钢正反扣搭接或并排组成，槽钢长6～8m；规格由计算确定	用于深度不超过4m的小型工程
	热轧锁口钢板桩	采用打桩机或挖土机沉入地下后，顶部设拉锚或支撑，基坑开挖时，由于板桩之间相互咬合，有一定的挡水能力	在软土地区打设方便，施工速度快而简便；常用的U形钢板桩，多用于周围环境要求不太高的深5～8m的基坑
钻孔灌注桩		在开挖基坑的周围，用钻机钻孔，现场灌注钢筋混凝土桩。达到设计要求强度后，在基坑中间用机械或人工挖土，下挖一定深度时在坑内装内置支撑或坑外拉杯、拉锚，然后继续挖土至要求深度，桩为间隔排列，缝隙不小于100mm	多用于深度7～15m的基坑工程，在土质较好地区已有8～9m悬臂桩的工程实践，在软土地区多加设内支撑，悬臂式结构不宜大于5m，桩径和配筋通过计算确定
挖孔桩		成孔采用人工挖土，成孔过程中，地面派专人修通排水沟，及时排掉桩孔内抽出的水，从桩孔内挖出的废土或石碴由专人负责及时运出场外	适用于桩直径800mm以上，无地下水或地下水较少的土质较好地区。对地下水位较高及近代沉积的含水量高的淤泥，淤泥质土层不宜使用
地下连续墙		基坑开挖前、用特殊挖槽设备在泥浆护壁之下开挖深槽，然后下钢筋笼浇筑混凝土形成的地下混凝土墙	适用于基坑侧壁安全等级为一、二、三级者；在软土中悬臂式结构不宜大于5m
型钢混凝土搅拌桩		在水泥搅拌桩内插入Ⅱ型钢，型钢的布置方式通常有密插、插二跳一和插一跳一三种。加筋水泥土桩的施工机械为三轴深层搅拌机	国外已用于坑深20m的基坑，我国多应用于8～12m基坑
土钉墙		由密集的土钉群、被加固的原位土体、喷射的混凝土面层和必要的防水系统组成，并通过主动嵌固作用增加边坡稳定性，施工时挖深1～1.5m，即钻孔插入钢筋或钢管并注浆，然后在坡面挂钢筋网，喷射细石混凝土面层，依次进行，直至坑底	适用于可塑、硬塑或坚硬的黏性上；胶结或弱胶结（包括毛细水黏结）的粉土、砂土和角砾。适用于基坑侧壁安全等级为二、三级者；采用土钉墙支护的基坑，深度不宜大于12m，使用期限不宜超过18个月
逆作拱墙		当基坑平面形状适当时，可采用拱墙作为围护墙。拱墙有圆形闭合拱墙、椭圆形闭合拱墙和组合拱墙。拱墙截面宜为Z字形，拱壁的上、下端宜加肋梁；当基玩较深且一道Z字形拱墙的支护高度不够时，可由数道拱墙叠合组成，沿拱墙高度应设置数道肋梁，其竖向间距不宜大于2.5m。当基坑边坡地较窄时，可不加肋梁但应加厚拱壁，拱墙结构水平方向应通常双面配筋，圆形拱墙壁厚不应小于400mm，其他拱墙壁厚不应小于500mm	宜用于基坑侧壁安全等级宜为三级者；淤泥和淤泥质土场地不宜采用；拱墙轴线的矢跨比不宜小于1/8；基坑深不宜大于12m；地下水位高于基坑地面时，应采取降水或隔水措施

7.3.2 支撑体系选型

对于排桩、板墙式支护结构，当基坑深度较大时，为使围护墙受力合理和受力后变形控制在一定范围内，需沿围护墙竖向增设支承点，以减小跨度。如在坑内对围护墙加设支承称为内支撑；如在坑外对围护墙设拉支承，则称为拉锚（土锚）。

内支撑受力合理、安全可靠、易于控制围护墙的变形，但内支撐的设置给基坑内挖土

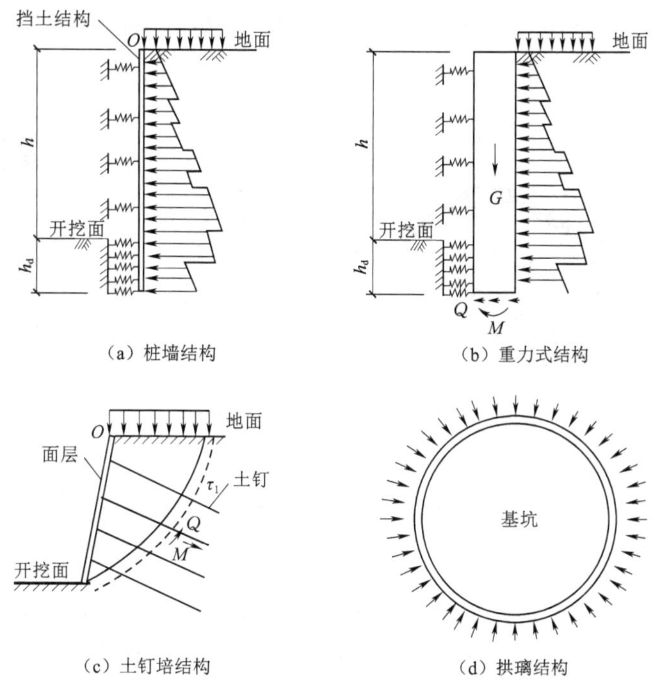

图 7.1 支护结构的几种基本类型

和地下室结构的支模与浇筑带来一些不便。需通过换撑加以解决。用土锚拉结围护墙，坑内施工无任何阻挡。位于软土地区土锚的变形较难控制，且土锚有一定长度，在建筑物密集地区如超出红线尚需专门申请。一般情况下，在土质好的地区，如具备锚杆施工设备和技术，应发展土锚；在软土地区为便于控制围护墙的变形，应以内支撑为主。对撑式的内支撑如图 7.2 所示。

支护结构的内支撑体系包括腰梁或冠梁（围檩)、支撑和立柱。腰梁固定在围护墙上，将围护墙承受的侧压力传给支撑（纵、横两个方向)。支撑是受压构件，长度超过一定限度时稳定性不好，所以，中间需加设立柱，立柱下端需稳固，立即插入工程桩内，实在对不准工程桩，只得另外专门设置桩（灌注桩)。

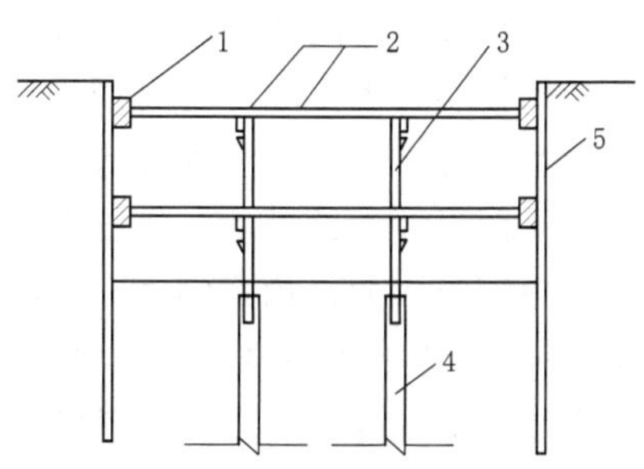

图 7.2 对撑式的内支撑

1—腰梁；2—支撑；3—立柱；4—桩（工程桩或专设桩)；5—围护墙

1. 内支撑分类

内支撑按照材料分为钢支撑和混凝土支撑两类。

(1) 钢支撑。钢支撑常用有钢管支撑和型钢支撑两种。钢管支撑多用 $\phi 609$ 钢管，有多种壁厚（10mm、12mm、14mm）可供选择，壁厚大者承载能力高。也有用较小直径钢管，如 $\phi 80$、$\phi 406$ 钢管等；型钢支撑多用 H 型钢，有多种规格以适应不同的承载力，如图 7.3 所示。不过作为一种工具式支撑，要考虑能适应多种情况。在纵、横向支撑的交叉部位，可用上下叠交固定：也可用专门加工的“十”字形定型接头，以便连接纵、横向支撑构件。前者纵、横向支撑不在一个平面上，整体刚度差；后者则在一个平面上，刚度大，受力性能好。

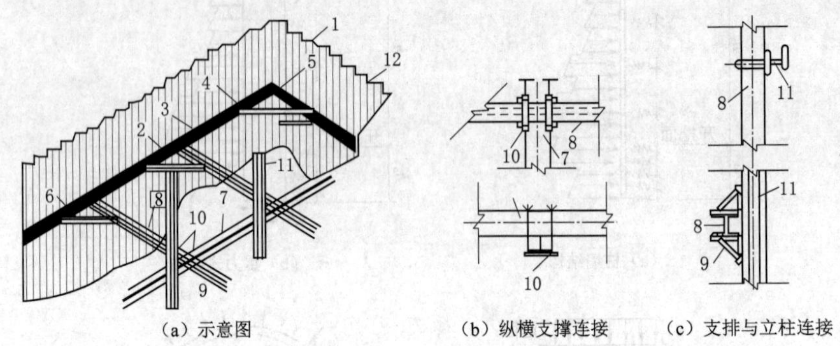

（a）示意图　（b）纵横支撑连接　（c）支排与立柱连接

图 7.3　型钢支撑构造

1—钢板桩；2—型钢围檩；3—连接板；4—斜撑连接件；5—角撑；6—斜撑；7—横向支撑；8—纵向支撑；9—三角托架；10—交叉部紧固件；11—立柱；12—角部连接件

钢支撑的优点是安装和拆除方便、速度快，能尽快发挥支撑的作用，减小时间效应，使围护墙因时间效应增加的变形减小；可以重复使用；多为租赁方式，便于专业化施工；可以施加预紧力，还可根据围护墙变形发展情况，多次调整预紧力值以限制围护墙变形发展。其缺点是整体刚度相对较弱，支撑的间距相对较小；由于两个方向施加预紧力，使纵、横向支撑的连接处处于铰接状态。

（2）混凝土支撑。随着挖土的加深，根据设计规定的位置现场支模浇筑而成。其优点是形状多样，可浇筑成直线、曲线构件。可根据基坑平面形状，浇筑成最优化的布置形式；整体刚度大，安全可靠，可使围护墙变形小，有利于保护周围环境；可方便地变化构件的截面和配筋，以适应其内力的变化。其缺点是支撑成型和发挥作用时间长，时间效应大，使围护墙因时间效应而产生的变形增大；属一次性的，不能重复利用；拆除相对困难，如用控制爆破拆除，有时周围环境不允许，如用人工拆除，时间较长、劳动强度大。

混凝土支撑的混凝土强度等级多为 C30，截面尺寸经计算确定。

对平面尺寸大的基坑，在支撑交叉点处需设立柱，在垂直方向支承平面支撑。立柱可为四个角钢组成的格构式钢柱，下端最好插入作为工程桩使用的灌注桩内，插入深度不宜小于 2m，如立柱不对准工程桩的灌注桩，立柱就要做专用的灌注桩基础。

在软土地区有时在同一个基坑中，上述两种支撑同时应用。为了控制地面变形、保护好周围环境，上层支撑用混凝土支撑；基坑下部为了加快支撑的装拆、加快施工速度，采用钢支撑。

2. 内支撑的布置

内支撑的布置要综合考虑下列因素。

（1）基坑平面形状、尺寸和开挖深度。

（2）基坑周围的环境保护要求和邻近地下工程的施工情况。

（3）主体工程地下结构的布置。

（4）土方开挖和主体工程地下结构的施工顺序和施工方法。

支撑布置不应妨碍主体工程地下结构的施工，为此事先应详细了解地下结构的设计图纸。

对于大的基坑，基坑工程的施工速度，在很大程度上取决于土方开挖的速度，为此，内支撑的布置应尽可能便于土方开挖，尤其是机械下坑开挖。

支撑体系在平面上的布置形式，有角撑、对撑、边桁架式、框架式、环形等，如图7.4所示。有时在同一基坑中混合使用，如角撑加对撑、环梁与边桁（框）架、环梁加角撑等。主要是因地制宜，根据基坑的平面形状和尺寸设置最适合的支撑。

一般情况下，对于平面形状接近方形且尺寸不大的基坑，宜采用角撑，使基坑中间有较大的空间，便于组织挖土。对于形状接近方形但尺寸较大的基坑，采用环形或桁架式、边框架式支撑，受力性能较好，也能提供较大的空间便于挖土。对于长方形的基坑宜采用对撑或对撑加角撑，安全可靠，便于控制变形。

钢支撑多为角撑、对撑等直线杆件的支撑，混凝土支撑由于为现浇，任何形式的支撑皆便于施工。支撑在竖向的布置（图7.5），主要取决于基坑深度、围护墙种类、挖土方式、地下结构各层楼盖和底板的位置等。基坑深度越大，支撑层数越多，使围护墙受力合理，不产生过大的弯矩和变形。支撑设置的标高要避开地下结构楼盖的位置，以便支模浇筑地下结构时换撑。支撑多数布置在楼盖之下和底板之上，其间净距离 B 最好不小于600mm。支撑竖向间距还与挖土方式有关，如人工挖土，支撑竖向间距 A 不宜小于3m，如挖土机下坑挖土，A 最好不小于4m，特殊情况例外。

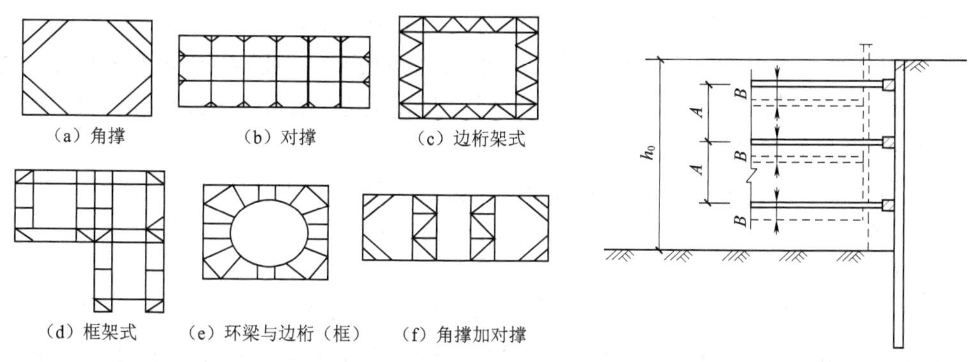

图7.4 支撑的平面布置形式

图7.5 支撑竖向布置

在支模浇筑地下结构时，在拆除上面一道支撑前，先设换撑，换撑位置都在底板上表面和楼板标高处。如靠近地下室外墙附近楼板有缺失时，为便于传力，在楼板缺失处要增设临时钢支撑。换撑时需要在换撑（多为混凝土板带或间断的条块）达到设计规定的强度、起支撑作用后才能拆除上面一道支撑，换撑工程在计算支护结构时亦需加以计算。

7.4 常见基坑支护工程设计与施工

7.4.1 重力式水泥挡土墙

重力式水泥挡土墙是利用加固后的水泥土体形成的块体结构，并以其自重来平衡土压力，使支护结构保持稳定。由于它具有施工简单、效果好的特点，并且还兼有止水作用，因此在基坑工程中得到了广泛应用。

重力式水泥挡土墙适用于黏性土、粉土、砂土等土类的基坑，基坑深度不宜大于6m。水泥土搅拌桩不适用于厚度较大的可塑及硬塑以上的软土、中密以上的砂土。加固区地下如有大量条石、碎砖、混凝土块、木桩等障碍，一般也不适用。对于泥炭土、泥炭质土及有机质土或地下水具有侵蚀性时，应通过试验确定其适用性。

1. 水泥土的主要物理力学性质

水泥土是通过搅拌机械钻进、喷浆，将水泥浆与土强制搅拌而形成的，它的物理力学性能比原状土改善很多。

(1) 水泥土的物理性质。水泥土的重度与水泥掺入比及搅拌工艺有关，水泥掺入比大，水泥土的重度也相应较大。水泥掺入比是单位重量土中的水泥掺量。当水泥掺入比在8%～20%，泥土重度比原状土增加2%～4%，而其含水率 w 比原状土降低7%～15%。

水泥土具有较好的抗渗性能，其渗透系数 k 一般在 10^{-8}～10^{-7}cm/s，水泥土的抗渗性能随水泥掺入比提高而提高。

(2) 水泥土主要力学性质。

1) 抗压强度和抗拉强度。实验室试验在水泥掺量12%～15%的情况下，水泥土无侧限抗压强度 q_u 可达0.5～2.0MPa，工程中在原位钻心取样的试验强度一般在0.5～0.8MPa，比原状土提高几十倍乃至几百倍。水泥土强度随龄期的增长而提高，可持续增长至120d，以后增长才呈缓慢趋势。

水泥土抗拉强度 q_t 与抗压强度有一定关系，一般情况下，$q_t=(0.15\sim0.25)q_u$。

2) 抗剪强度。水泥土抗剪强度随抗压强度增加而提高，但随着抗压强度增大，抗剪强度增幅减小。当水泥土 $q_u=0.5\sim2.0$MPa时，其黏聚力 c 在0.1～1.1MPa，即为 q_u 的20%～50%。其摩擦角 ϕ 在20°～30°。

3) 变形特性。试验表明，水泥土的变形模量与无侧限抗压强度有一定关系，当 $q_u=0.5\sim2.0$MPa时，其50d的变形模量 $E=(120\sim150)q_u$。

2. 重力式水泥土墙的设计

(1) 稳定性验算。重力式水泥土墙稳定性验算包括倾覆稳定性、滑移稳定性和整体稳定性等的验算。水泥土墙的倾覆和滑移稳定都有赖于重力和主、被动土压力的平衡，因此，重力式水泥土墙的位移一般较大，有时会达到开挖深度的1/100甚至更多。

(2) 位移计算。重力式支护结构的位移在设计中应引起足够重视，由于重力式支护结构的倾覆和滑移稳定都有赖于被动土压力的作用，而被动土压力的产生是建立在挡土墙一定位移基础上的。因此，重力式支护结构发生一定量的位移是必然的，设计的目标是将该位移量控制在工程许可的范围内。水泥土墙的位移可用“m”法等计算，但其计算较复杂。

3. 水泥土搅拌桩的施工

(1) 施工机械。水泥土搅拌桩机的组成由深层搅拌机（主机）、机架及灰浆搅拌机、灰浆泵等配套机械组成，如图7.6所示。

水泥土搅拌桩机常用的机架有三种形式：塔架式、桅杆式及履带式。前两种构造简便、易于加工，在我国应用较多，但其搭设及行走较困难。履带式的机械化程度高，塔架高度大，钻进深度大，但机械费用较高。

(2) 施工工艺。搅拌桩成桩工艺可采用“一次喷浆、二次搅拌”或“二次喷浆、三次搅拌”工艺，主要依据水泥掺入比及土质情况而定。水泥掺量较小，土质较松时，可用前者，反之可用后者。

“一次喷浆、二次搅拌”的施工工艺流程如图 7.7 所示。当采用“二次喷浆、三次搅拌”工艺时可在图示步骤 5 作业时也进行注浆，以后再重复步骤 4 与步骤 5 的过程。

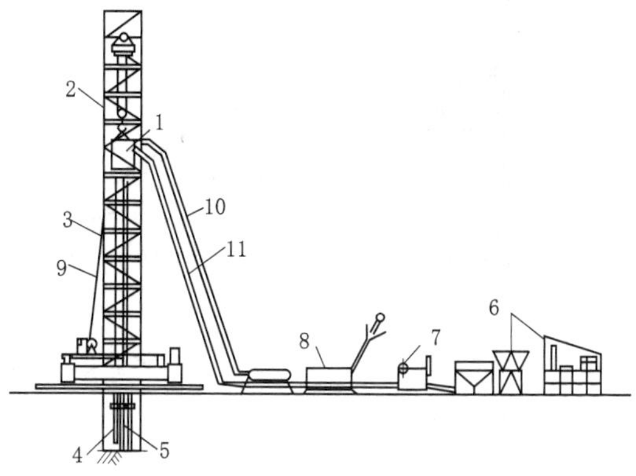

图 7.6 水泥土搅拌桩机

1—主机；2—机架；3—搅拌轴；4—搅拌叶；5—注浆孔；6—灰浆拌制机组；7—灰浆泵；8—储水池；9—电缆；10—输浆管；11—水管

水泥土搅拌桩施工中应注意水泥浆配合比及搅拌速度、水泥浆喷射速率与提升速度的关系及每根桩的水泥浆喷注量，以保证注浆的均匀性与桩身强度。施工中还应注意控制桩的垂直度及桩的搭接等，以保证水泥土墙的整体性与抗渗性。

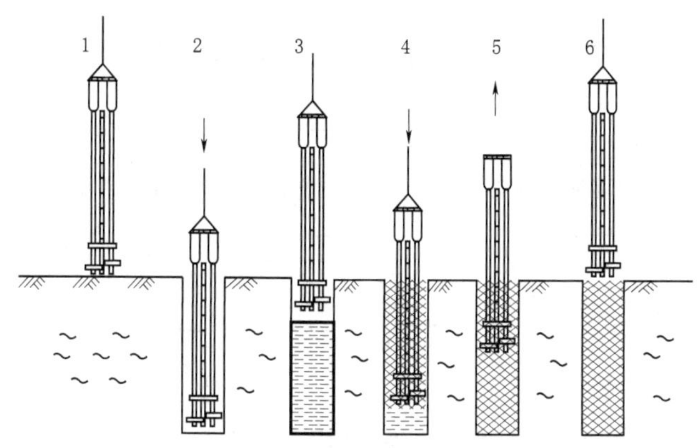

图 7.7 “一次喷浆、二次搅拌”施工流程

1—定位；2—预埋下沉；3—提升喷浆搅拌；4—重复下沉搅拌；5—重复提升搅拌；6—成桩结束

7.4.2 板桩式围护结构

板式支护结构由两大系统组成：挡围护墙和支撑（或拉锚），如图 7.8 所示，悬臂式板桩支护结构则不设支撑（或拉锚）。

围护墙系统常用的材料有槽钢、钢板桩、钢筋混凝土板桩、灌注桩及地下连续墙等。

钢板桩之间通过锁口互相连接，形成一道连续的挡墙。由于锁口的连接，使钢板桩连接牢固，形成整体，同时也具有一定的隔水能力。钢板桩截面积小，易于打入。U 形、Z 形等波浪式钢板桩截面抗弯能力较好。

支撑系统一般采用大型钢管、H 型钢或格式钢支撑，也可采用现浇钢筋混凝土支撑。

拉锚系统的材料一般用钢筋、钢索、型钢或土锚杆。根据基坑开挖的深度及挡墙系统

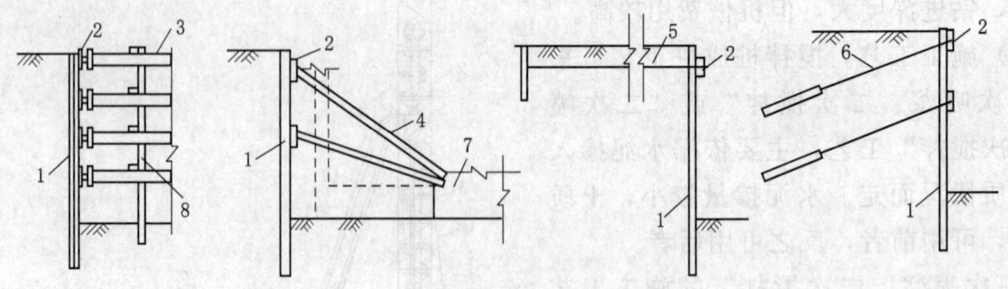

图 7.8 板式支护结构

1—板桩墙；2—围檩；3—钢支撑；4—斜撑；5—拉锚；6—土锚杆；7—先施工的基础；8—竖撑

的截面性能可设置一道或多道支点。基坑较浅、挡墙具有一定刚度时，可采用悬臂式挡墙而不设支点。支撑或拉锚与挡墙系统通过围檩、冠梁等连接成整体。

以下介绍有关板桩的计算方法，其他形式的板式支护结构计算也与其类似。

1. 板桩计算

由于悬臂板桩弯矩较大，所需板桩的截面大，且悬臂板桩的位移也较大，故多用于较浅基坑工程。一般基坑工程中广泛采用支撑式板桩。

总结板桩的工程事故，其失败的原因主要有五个方面（图 7.9）。

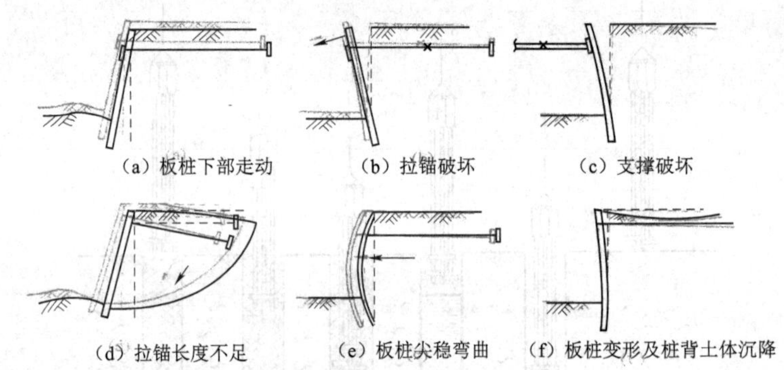

（a）板桩下部走动　（b）拉锚破坏　（c）支撑破坏

（d）拉锚长度不足　（e）板桩失稳弯曲　（f）板桩变形及桩背土体沉降

图 7.9 板桩的工具事故

（1）板桩的入土深度不够，在土压力作用下，板桩的入土部分移动而出现坑壁滑坡。

（2）支撑或拉锚的强度不够。

（3）拉锚长度不足，锚碇失去作用而使土体滑动。

（4）板桩本身刚度不够，在土压力作用下失稳弯曲。

（5）板桩位移过大，造成板桩变形及桩背土体沉降。

为此，板桩的入土深度、截面弯矩、支点反力、拉锚长度及板桩位移称为板桩的设计五大要素。

板桩的精确计算较为困难，主要是插入地下部分属超静定问题，其土压力分布状态难以精确确定，目前的计算方法也有多种，如弹性曲线法、竖向弹性地基梁法、相当梁法等。

2. 板桩墙的施工

板桩墙的施工根据挡墙系统的形式选取相应的方法。一般钢板桩、混凝土板桩采用打入法，而灌注桩及地下连续墙则采用就地成孔（槽）现浇的方法。下面介绍钢板桩的施工方法。

板桩施工要正确选择打桩方法、打桩机械和流水段划分，以便使施工后的板桩墙有足够的刚度和良好的防水作用，且板桩墙面平直，以满足基础施工的要求，对封闭式板桩墙还要求封闭合拢。

对于钢板桩，通常有三种打桩方法，具体如下。

（1）单独打入法。此法是从一角开始逐块插打，每块钢板桩自起打到结束中途不停顿。因此，桩机行走路线短，施工简便，打设速度快。但是，由于单块打入，易向一边倾斜，累计误差不易纠正，墙面平直度难以控制。一般在钢板桩长度不大（小于 10m）、工程要求不高时可采用此法。

（2）围檩插桩法。要用围檩支架做板桩打设导向装置，如图 7.10 所示。围檩支架由围檩和围檩桩组成，在平面上分单面围檩和双面围檩，高度方向有单层和双层之分。在打设板桩时起导向作用。双面围檩之间的距离，比两块板桩组合宽度大 8～15mm。

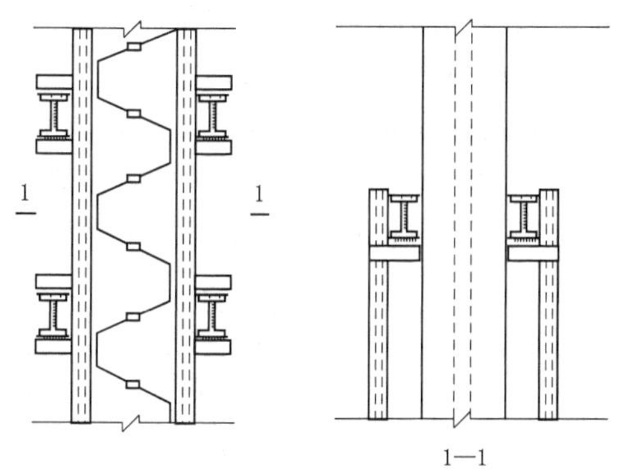

图 7.10 围檩插桩法

双层围檩插桩法是在地面上，离板桩墙轴线一定距离先筑起双层围檩支架，而后将钢板桩依次在双层围檩中全部插好，成为一个高大的钢板桩墙，待四角实现封闭合拢后，再按阶梯形逐渐将板桩块块打入设计标高。此法的优点是可以保证平面尺寸准确和钢板桩垂直度，但施工速度慢、不经济。

（3）分段复打桩。此法又称屏风法，是将 10～20 块钢板桩组成的施工段沿单层围檩插入土中一定深度形成较短的屏风墙，先将其两端的两块打入，严格控制其垂直度，打好后用电焊固定在围檩上，然后将其他的板桩按顺序以 1/2 或 1/3 板桩高度打入。此法可以防止板桩过大的倾斜和扭转，防止误差积累，有利实现封闭合拢，且分段打设，不会影响邻近板桩施工。

打桩锤根据板桩打入阻力确定，该阻力包括板桩端部阻力，侧面摩阻力和锁口阻力。桩锤不宜过重，以防因过大锤击而产生板桩顶部纵向弯曲，一般情况下，桩锤重量约为钢板桩重量的 2 倍。此外，选择桩锤时还应考虑锤体外形尺寸，其宽度不能大于组合打入板桩块数的宽度之和。

地下工程施工结束后，钢板桩一般都要拔出，以便重复使用。钢板桩的拔除要正确选择方法与顺序，由于板桩拔出时带土，往往会引起土体变形，对周围环境造成危害。必要时还应采取注浆填充等方法。

7.4.3 土钉墙

土钉墙是一种边坡稳定式的支护，其作用与被动起挡土作用的上述围护墙不同，它是起主动嵌固作用，增加边坡的稳定性，使基坑开挖后坡面保持稳定。土钉墙具有结构简单、施工方便、造价低廉特点，因此在基坑工程中得到广泛应用。土钉墙是通过钢筋、钢管或其他型钢对原位土进行加固的一种支护形式。在施工上，土钉墙是随着土方逐层开挖、逐层而将土钉体设置到土体中。此外，在土钉墙中复合水泥土搅拌桩、微型桩、预应力锚杆等可形成复合土钉墙。

施工时，每挖深 1.5m 左右，挂细钢筋网，喷射细石混凝土面层厚 50～100mm，然后钻孔插入钢筋（长 10～15m 左右，纵、横间距 1.5m×1.5m 左右），加垫板并灌浆，依次进行直至坑底。基坑坡面有较陡的坡度。

土钉墙用于基坑侧壁安全等级宜为二、三级的非软土场地；基坑深度不宜大于 12m；当地下水位高于基坑底面时，应采取降水或截水措施，目前在软土场地也有应用。

1. 土钉墙的设计

(1) 整体稳定性验算。整体滑动稳定性可按图 7.11 所示，采用圆弧滑动条分法进行验算。当基坑面以下存在软弱下卧土层时，整体稳定性验算滑动面中尚应包括由圆弧与软弱土层层面组成的复合滑动面。

(2) 坑底隆起稳定性验算。对基坑底面下有软弱下卧土层的土钉墙坑底隆起稳定性验算（图 7.12）是将抗隆起计算平面作为极限承载力的基准面，根据普朗特尔（Prandtl）及太沙基（Terzaghi）极限荷载理论对土钉墙进行验算。

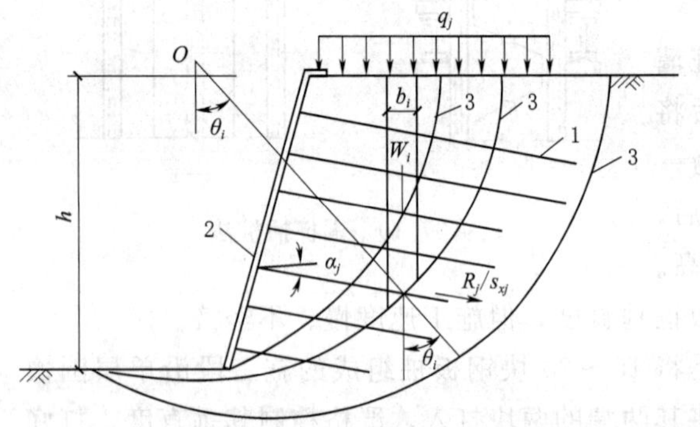

图 7.11 土钉墙整体稳定性验算图式

1—土钉；2—喷射混凝土面层；3—滑动面

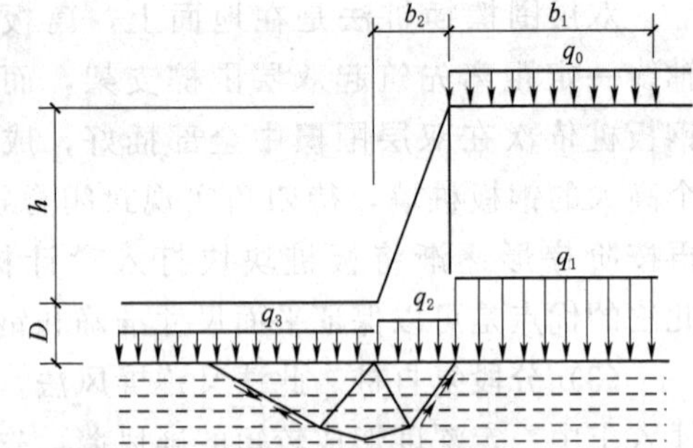

图 7.12 基坑底面下有软弱下卧土层的隆起稳定性验算

(3) 土钉抗拔承载力。土钉极限抗拔承载力由土钉侧表的土体与土钉的摩阻力确定，土钉的锚固段不考虑圆弧滑动面以内的长度。单根土钉的极限抗拔承载力应通过抗拔试验确定，工程中也可按有关经验公式估算，但应通过土钉抗拔试验进行验证。

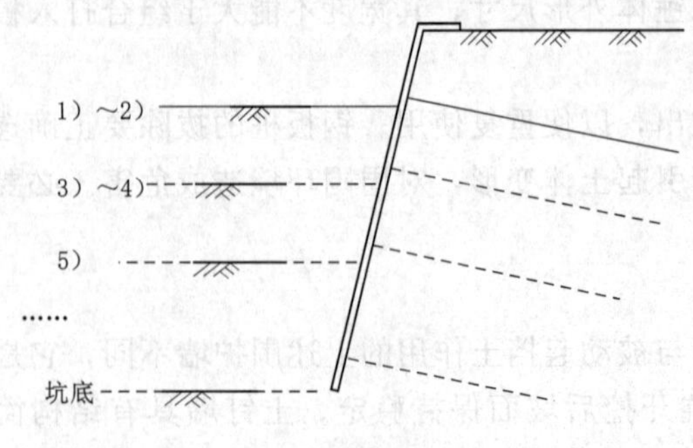

图 7.13 土钉墙的施工步骤

2. 土钉墙的施工

(1) 土钉墙的施工步骤。土钉墙的施工一般从上到下分层构筑，施工中土方开挖应与土钉施工密切结合，并严格遵循“分层分段，逐层施作，限时封闭，严禁超挖”的原则。土钉墙基本施工步骤，如图 7.13 所示。

1) 基坑开挖第一层土体，开挖深度为第一道土钉至第二道土钉的竖向间距加作业距高（一般为 0.5m）。

2）在这一深度的作业面上设置一排土钉、喷射混凝土面层，并进行养护。

3）向下开挖第二层土体，其深度为第二道土钉至第三道的竖向间距，并加上作业距离。

4）设置二排土钉并养护、喷射混凝土面层，并进行养护。

5）重复上述 3)～4）步骤，向下逐层开挖直至设计的基坑深度。

每层土钉及喷射混凝土面层施工后应养护一定时间，养护时间不应小于 48h。如土钉没有得到充分养护就继续开挖下层土方，则因上层土钉难以达到一定抗拔力而留下隐患。

当基坑面积较大时，一般采用“岛式开挖”的方式，先沿在基坑四周内约 10m 宽度范围内分段开挖形成土钉墙，待四周土钉墙全部完成后再开挖中央土体。

（2）土钉和喷锚网施工。根据土层特性及工程要求可选用不同的施工工艺，土钉按设置的施工工艺可分为成孔注浆土钉和打入钢管土钉。前者是先进行钻孔，而后植入土钉，再进行注浆。钻孔植入的土钉杆体可采用钢筋、钢绞线或其他型材。打入式土钉的杆体多为钢管，我国工程常采用 ϕ48/3mm 的钢管。

土钉注浆采用压力注浆，注浆材料可选用水泥浆或水泥砂浆。对成孔注浆土钉宜采用二次注浆方法，其中第一次注浆宜采用水泥砂浆，第二次则采用水泥浆。打入式土钉注浆一般采用一次注浆，浆液为水泥浆。浆液的水灰比宜取 0.40～0.55，灰砂比宜取 0.5～1.0。

喷射混凝土面层的厚度一般为 80～100mm，混凝土强度等级不低于 C20，钢筋网的钢筋为 ϕ6～ϕ10mm，网格尺寸 150～300mm。喷射混凝土一般借助喷射机械，利用压缩空气作为动力，将制备好的拌合料通过管道输送并以高速喷射到受喷面上凝结硬化而成的一种混凝土。其施工工艺分为干喷、湿喷及半湿式喷射法三种形式。

7.5 职业活动训练

（1）组织学生参观基坑开挖与支护现场。

（2）组织学生学习某典型工程的基坑工程勘察方案。

第8章

地基处理技术及桩基工程施工

【学习目标】

(1) 初步认识地基与地基处理的相关概念、分类及适用条件。

(2) 掌握天然地基局部处理的常用方法及原理。

(3) 掌握人工地基处理技术的处理方法、原理、作用及适用范围。

(4) 掌握常见的地基处理质量检验方法和标准。

【学习任务】

(1) 学习地基处理与桩基工程的规范标准及相关概念。

(2) 能根据地质勘察报告选择合适的地基处理技术与桩基类型，编制专项施工方案。

(3) 分析常见地基处理方法（如换土垫层法、强夯法、振冲法等）的加固原理、要点与参数设计。

(4) 能进行地基与桩基工程从选型、施工到验收的全流程管控，为结构工程安全奠定基础。

【学习内容】

(1) 地基与地基处理的相关概念、地基处理的原则。

(2) 天然地基局部处理的原理与方法。

(3) 人工地基处理技术。

【任务描述】

当建筑物下的土层为软弱土时，为保证建筑物地基的强度、稳定性和变形要求，以及结构的安全和正常使用，就必须采用适当的地基处理方法。其目的是改善地基土的工程性质，达到满足建筑物对地基稳定和变形要求的目的，包括改善地基土的变形特性和渗透性，提高其抗剪强度和抗液化能力，消除其他的不利影响。

8.1 地基处理概述

8.1.1 地基的定义

1. 场地

场地指原材料质量检测工程建设所占有并直接使用的有限面积的土地。

2. 地基

地基是承托建筑物基础的这一部分很小的场地，指建筑物荷载作用下基底下方产生的变形不可忽略的那一部分地层。

（1）天然地基：不加处理就可以满足要求的地基。

（2）人工地基：需要采取人工加固处理措施才能满足要求的地基，如换土垫层、深层密实、排水固结等方法处理的地基。

3. 基础

基础物是指建筑物向地基传递荷载的下部结构。

（1）浅基础：通常把埋置深度不大，只需经过挖槽、排水等施工的普通程序就可以建造起来的基础统称为浅基础，如独立柱基础、筏板基础等。

（2）深基础：若浅层土质条件差，必须把基础埋置于深处的好土层时，需要考虑借助特殊的施工方法来建造的基础即为深基础，如桩基础、沉井和地下连续墙等。

4. 地基处理

天然地基软弱，不能满足地基承载力和变形等要求，需经人工处理（包括改善地基土的变形特性和渗透性，提高其抗剪强度和抗液化能力，消除其他的不利影响等）后再建造基础。

8.1.2 建筑对地基的要求

1. 稳定性要求

要求通过基础而作用在地基上的荷载不能超过地基的承载力，才能保证地基不因地基土中的剪应力超过地基土的强度而产生整体或局部剪切破坏，而且应有足够的安全储备。

2. 变形要求

基础的设计还应该保证地基在荷载作用下产生的变形（沉降、水平位移等）不超过建筑物的允许值，才能保证上部结构不因沉降或其他特征变形过大而受损或影响建筑物正常的使用。

3. 渗透要求

地基中水力比降超过其允许值，导致地基侵蚀、管涌，产生稳定性破坏，引起建（构）筑物的破坏。要求地基具有足够的抗渗性，能够避免发生严重的渗漏和渗透破坏。

4. 耐久性要求

要具有足够的耐久性，能够防止在地下水长期作用下发生侵蚀破坏。

8.1.3 地基处理的原则

将局部软弱层/硬物尽可能挖除，回填与天然土压缩性相近的材料，分层夯实；处理后的地基应保证建筑物各部位沉降量趋于一致（均匀），以减少地基的不均匀下沉。

8.2 天然地基局部处理

8.2.1 松土坑、古墓、坑穴处理

松土坑、古墓、坑穴处理方法参见表 8.1。

表 8.1　　松土坑、古墓、坑穴处理方法

地基情况	处理简图	处理方法
松土坑在基槽范围内	1:9或2:8灰土 1—1	将坑中松软土挖除，使坑底及四壁均见天然土为止，回填与天然土压缩性相近的材料。当天然土为砂土时，用砂或级配砂石回填，当天然土为较密实的黏性土，用 3：7 灰土分层回填夯实：天然土为中密可塑的黏性土或新近沉积黏性土，可用 19 或 2：8 灰土分层回填夯实，每层厚度不大于 20cm
松土坑在基槽中范围较大，且超过基槽边沿时	软润土 2—2 2:8灰土	因条件限制，槽壁挖不到天然土层时，则应将该范围内的基槽适当加宽，加宽部分的宽度可按下述条件确定：当用砂土或砂石回填时，基槽壁边均应按 $l_1:h_1=1:1$ 坡度放宽；用 1：9 或 2：8 灰土回填时，基槽每边应按 $l_1:h_1=0.5:1$ 坡度放宽；用 3：7 灰土回填时，若坑的长度≤2m，基槽可不放宽，但灰土与槽壁接触处应夯实
松土坑范围较大，且长度超过 5m 时	5000　1000　500 3—3 （单位：mm）	如坑底土质与一般槽底土质相同，可将此部分基础加深，做 1：2 踏步与两端相接，每步高不大于 50cm，长度不小于 100cm，如深度较大，用灰土分层回填夯实至坑（槽）底齐平
松土坑较深，且大于槽宽 1.5m 时	B　B或1500　60　4ϕ8～12 （单位：mm）	按以上要求处理挖到老土，槽底处理完毕后还应适当考虑加强上部结构的强度，方法是在灰土基础上 1～2 皮砖处或混凝土基础内防潮层下 1～2 皮砖处及首层顶板处，加配 4ϕ8～12mm 钢筋跨过该松土坑两端各 1m，以防产生过大的局部不均匀沉降
松土坑下水位较高时	地下水位线　3:7灰土 砂土或砂石　砂和碎石混合物	当地下水位较高，坑内无法夯实时，可将坑（槽）中软弱的松土挖去后，再用砂土、砂石或混凝土代替灰土回填，如坑底在地下水位以下时，回填前先用粗砂与碎石（比例为 1：3）分层回填夯实，地下水位以上用 3：7 灰土回填夯实至要求高度
基础下压缩土层范围内有古墓、地下坑穴	基础　3:7灰土　500　墓穴　压缩层范围 基础　墓穴　3:7灰土　压缩层范围 （单位：mm）	（1）基坑开挖时，应沿坑边四周每边加宽 50cm，加宽深入自然地面下 50cm，重要建筑物应将开挖范围扩大，沿四周每边加宽 50cm 开挖深度。当墓坑深度小于基础压缩土层深度，应挖到坑底；如墓坑深度大于基层压缩土层深度，开挖深度应不小于基础压缩土层深度。 （2）墓坑和坑穴用 3：7 灰土回填夯实。回填前应先打 2～3 遍底夯，回填土料宜选用粉质黏土分层回填。每层厚 20～30cm，每层夯实后用环刀逐点取样检查，土的密度应不小于 1.55t/m³

续表

地基情况	处理简图	处理方法
基坑下有古墓、地下坑穴	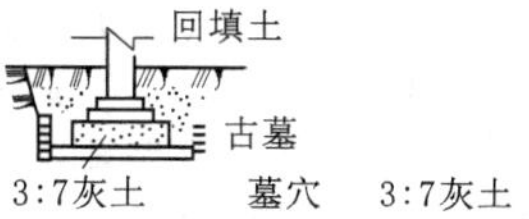 回填土 古墓 3:7灰土 墓穴 3:7灰土	(1) 墓穴中填充物如已恢复原状结构的可不处理。 (2) 墓穴中填充物如为松土，应将松土杂物挖出分层回填素土或3∶7灰土夯实到土的密度达到规定要求。 (3) 如古墓中有文物，应及时报主管部门或当地政府处理

8.2.2 土井、砖井、非矿井处理

土井、砖井、非矿井处理方法参见表8.2。

表8.2　　土井、砖井、非矿井处理方法

井的部位	处理简图	处理方法
土井、砖井在室外，距基础边缘5m以内	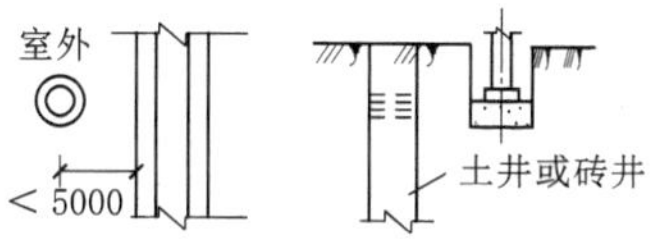 室外 < 5000 土井或砖井 （单位：mm）	先用素土分层夯实，回填到室外地坪以下1.5m处，将井壁四周砖圈拆除或松软部分挖去，然后用素土分层回填并夯实
土井、砖井在室内基础附近	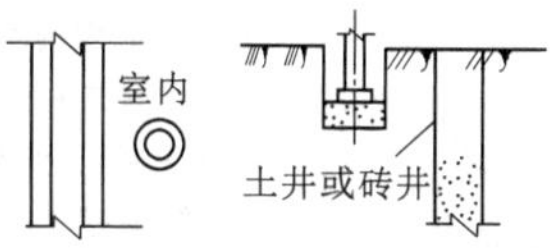 室内 土井或砖井	将水位降到最低可能的限度，用中、粗砂及块石、卵石或碎砖等回填到地下水位以上50cm，并应将四周砖圈拆至坑（槽）底以下1m或更深些，然后再用素土分层回填并夯实，如井已回填，但不密实或有软土，可用大块石将下面软土挤紧，再分层回填素土夯实
土井、砖井在基础下或条形基础3B或柱基2B范围内	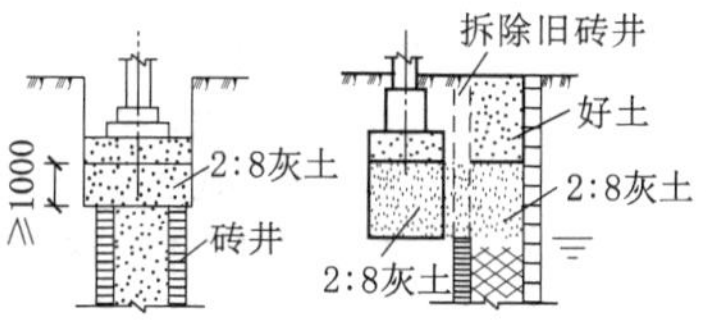 ≥1000 2:8灰土 砖井 拆除旧砖井 好土 2:8灰土 2:8灰土 （单位：mm）	先用素土分层回填夯实，至基础底下2m处，将井壁四周松软部分挖去，有砖井圈时，将井圈拆至槽底以下1～1.5m。当井内有水，应用中、粗砂及块石、卵石或碎砖回填至水位以上50cm，然后再按上述方法处理。当井内已填有土，但不密实，且挖除困难时，可在部分拆除后的砖石井圈上加钢筋混凝土盖封口，上面用素土或2∶8灰土分层回填、夯实至槽底
土井、砖井在房屋转角处，且基础部分或全部压在井上	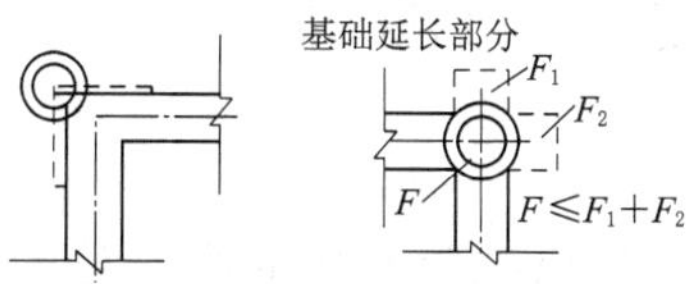 基础延长部分 F_1 F_2 F $F \leqslant F_1+F_2$	除用以上办法回填处理外，还应对基础加固处理。当基础压在井上部分较少，可采用从基础中挑钢筋混凝土梁的办法处理。当基础压在井上部分较多，用挑梁的方法较困难或不经济时，则可将基础沿墙长方向向外延长出去，使延长部分落在天然土上，落在天然土上基础总面积应等于或稍大于井圈范围内原有基础的面积，并在墙内配筋或用钢筋混凝土梁来加强

8.2.3 软硬地基处理

软硬地基处理方法参见表8.3。

表8.3 软硬地基处理方法

地基情况	处理简图	处理方法
基础下局部遇基岩、旧墙基、大孤石、老灰土或圬工构筑物	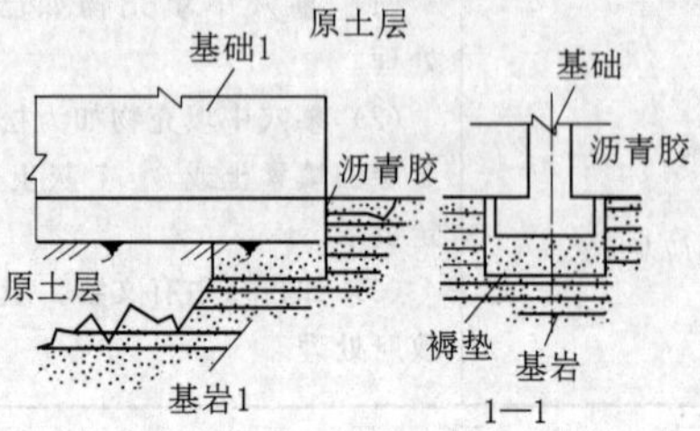	尽可能挖去，以防建筑物由于局部落于坚硬地基上，造成不均匀沉降而使建筑物开裂；或将坚硬地基部分凿去 30～50cm 深，再回填土砂混合物或砂做软性褥垫，使软硬部分可起到调整地基变形作用，避免裂缝
基础一部分落于原土层上，一部分落于回填土地基上	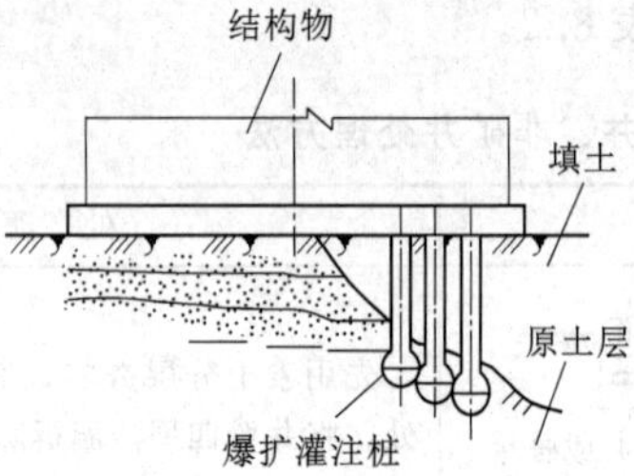	在填土部位用现场钻孔灌注桩或钻孔爆扩桩直至原土层，使该部位上部荷载直接传至原土层，以避免地基的不均匀沉降
土井、砖井在基础下或条形基础 3B 或柱基 2B 范围内	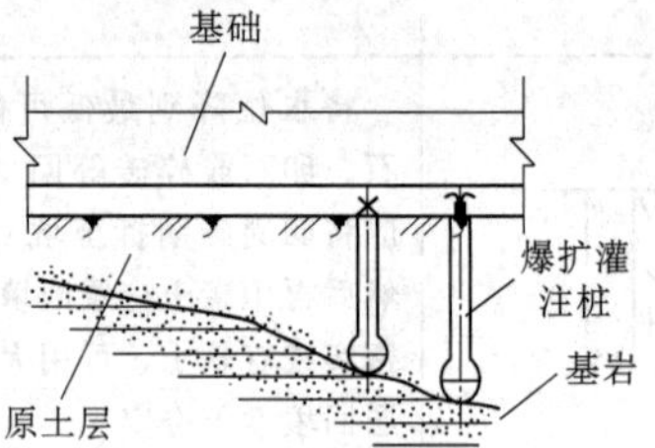 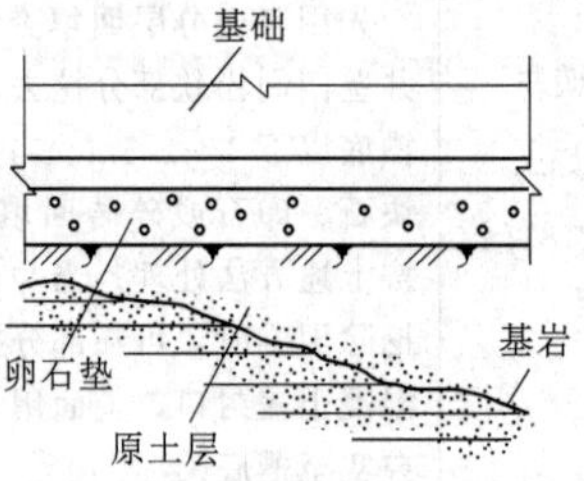	为了防止建构筑物倾斜，可在软土层采用现场钻孔灌注钢筋混凝土短桩直至基岩，或在基础底板下作砂石垫层处理，使应力扩散，减低地基变形；亦可调整基础的底宽和埋深，如将条形基础沿基岩倾斜方向分阶段加深，做成阶梯形基础，使其下部土层厚度基本一致，以使沉降均匀。 如建筑物下外基岩呈八字形倾，地基变形将为两侧大，中间小，建（构）筑物较易在两个倾斜面交界部位出现开裂，此时在倾斜面交界处，建（构）筑物还宜设沉降缝分开

8.3 人工地基处理技术

8.3.1 地基处理的目的

地基处理的目的是采取各种地基处理方法以改善地基条件，主要改善以下五个方面的内容。

(1) 提高地基的抗剪强度，增加其稳定性。

(2) 降低地基土的压缩性，减少地基的沉降变形。

(3) 改善地基土的渗透特性，减少地基渗漏或加强其渗透稳定。

(4) 改善地基土的动力特性，提高地基的抗震性能。

(5) 改善特殊土地基的不良特性，满足工程设计要求。

8.3.2 地基处理方法分类及适用范围

地基处理方法，可以按地基处理原理、地基处理目的、地基处理性质、地基处理时效及地基处理动机等不同角度进行分类。一般多采用根据地基处理原理进行分类方法，可分为换土垫层处理、预压（排水固结）处理、夯实（密实）法、深层挤密（密实）处理、化学加固处理、加筋处理、热学处理等。将地基处理方法进行严格分类是很困难的，不少地基处理方法具有几种不同的作用。例如，振冲法具有置换作用和挤密作用；在挤密法里，砂桩挤密法、水泥土挤密桩、深层挤密法等常兼具置换作用。此外，还有一些地基处理方法的加固机理、计算方法目前还不是十分明确，尚需进一步探讨。随着地基处理技术的不断发展、功能不断扩大，分类也变得更加困难。常见的地基处理方法分类及适用范围见表 8.4。

表 8.4　常见的地基处理方法分类及适用范围

<table>
<tr><th>分类</th><th>处理方法</th><th>原 理 及 作 用</th><th>试 用 范 围</th></tr>
<tr><td rowspan="3">换填垫层法</td><td>灰土垫层</td><td rowspan="3">挖除浅层软弱土或不良土，回填灰土、砂、石等材料再分层碾压或夯实。它可提高持力层的承载力，减少变形量，消除或部分消除土的湿陷性和胀缩性，防止土的冻胀作用，以及改善土的抗液化性，提高地基的稳定性</td><td rowspan="3">一般适用于处理浅层软弱地基、不均匀地基、湿陷性黄土地基、膨胀土地基，季节性冻土地基、素填土和杂填土地基</td></tr>
<tr><td>砂和砂石垫层</td></tr>
<tr><td>粉煤灰垫层</td></tr>
<tr><td rowspan="2">预压法
（排水固结）</td><td>堆载预压法</td><td rowspan="2">通过布置垂直排水竖井、排水垫层等，改善地基的排水条件，采取加载、抽气等措施，以加速地基土的固结，增大地基土强度，提高地基土的稳定性，并使地基变形提前完成</td><td rowspan="2">适用于处理厚度较大的、透水性低的饱和淤泥质土、淤泥和软黏土地基，但堆载预压法需要有预压的荷载和时间的条件。对泥炭土等有机质沉积物地基不适用</td></tr>
<tr><td>真空预压法</td></tr>
<tr><td rowspan="2">夯实法</td><td>强夯法</td><td>强夯法系利用强大的夯击能，迫使深层土压密，以提高地基承载力，降低其压缩性</td><td>适用于处理碎石土、砂土、低饱和度的粉土与黏性土、湿陷性黄土、素填土和杂填土等地基</td></tr>
<tr><td>强夯置换法</td><td>采用边强夯，边填块石、砂粒、碎石，边挤淤的方法，在地基中形成碎石磁体，以提高地基承载力和减小地基变形</td><td>适用于高饱和度的粉土与软塑、流塑的黏性土等地基上对变形控制要求不严的工程</td></tr>
<tr><td rowspan="2">深层挤密法</td><td>振冲法</td><td rowspan="2">挤密法系通过挤密或振动使深层土密实，并在振动挤密过程中，回填砂、砾石、灰土、土或石灰等形成砂桩、碎石桩灰土桩、二灰桩、土桩或石灰桩，与桩间土一起组成复合地基，减少沉降量，消除或部分消除土的湿陷性或液化性</td><td>适用于处理砂土、粉土、粉质黏土、素填土和杂填土等地基。对于处理不排水抗剪强度不小于 20kPa 的饱和黏性土和饱和黄土地基，应在施工前通过现场试验确定其适用性。不加填料振冲加密适用于处理黏粒含量不大于 10%的中砂、粗砂地基</td></tr>
<tr><td>砂石桩复合地基</td><td>适用于挤密松散砂土、粉土、黏性土、素填土、杂填土等地基。对饱和黏土地基上对变形控制要求不严的工程也可采用砂石桩置换处理。砂石桩复合地基也可用于处理可液化地基</td></tr>
</table>

续表

分类	处理方法	原理及作用	试用范围
深层挤密法	水泥粉煤灰碎石桩法	挤密法系通过挤密或振动使深层土密实，并在振动挤密过程中，回填砂、砾石、灰土、土或石灰等形成砂桩，碎石桩灰土桩、二灰桩、土桩或石灰桩，与桩间土一起组成复合地基，减少沉降量，消除或部分消除土的湿陷性或液化性	适用于处理黏性土、粉土、砂土和已自重固结的素填土等地基。对淤泥质土应按地区经验或通过现场试验确定其适用性
	夯实水泥土桩法		适用于处理地下水位以上的粉土、素填土、杂填土、黏性土等地基。处理深度不宜超过10m
	石灰桩法		适用于处理饱和黏性土、淤泥、淤泥质土、素填土和杂填土等地基；用于地下水位以上的土层时，宜增加掺合料的含水量并减少生石灰用量，或采取土层浸水等措施
	灰土挤密桩法和土挤密桩法		适用于处理地下水位以上的湿陷性黄土、素填土和杂填土等地基，可处理地基的深度为5～15m。当以消除地基土的湿陷性为主要目的时，宜选用土挤密桩法。当以提高地基土的承载力或增强其水稳性为主要目的时，宜选用灰土挤密桩法，当地基土的含水率大于24%、饱和度大于65%时，不宜选用土桩、灰土桩复合地基
化学（注浆）加固法	水泥土搅拌法	分为分湿法（亦称深层搅拌法）和干法（亦称粉体喷射搅拌法）两种。湿法是利用深层搅拌机，将水泥浆与地基土在原位拌合；干法是利用喷粉机，将水泥粉或石灰粉与地基土在原位拌合。搅拌后形成柱状水泥土体，可提高地基承载力，减少地基变形，防止渗透，增加稳定性	适用于处理正常固结的淤泥与淤泥质土、粉土、饱和黄土、素填土、黏性土及无流动地下水的饱和松散砂土等地基。当地基土的天然含水率小于30%（黄土含水率小于25%）、大于70%或地下水的pH小于4时不宜采用干法
	旋喷桩法	将带有特殊喷嘴的注浆管通过钻孔置入要处理的土层的预定深度，然后将浆液（常用水泥浆）以高压冲切土体。在喷射浆液的同时，以一定速度旋转、提升，即形成水泥土圆柱体；若喷嘴提升不旋转，则形成墙状固化体可用以提高地基承载力，减少地基变形，防止砂土液化、管涌和基坑隆起，建成防渗帷幕	适用于处理淤泥、淤泥质土、流塑、软塑或可塑黏性土、粉土、砂土、黄土、素填土和碎石土等地基。当土中含有较多的大粒径块石、大量植物根茎或有较高的有机质时，以及地下水流速过大和已涌水的工程，应根据现场试验结果确定其适用性
	硅化法和碱液法	通过注入水泥浆液或化学浆液的措施，使土粒胶结，用以改善土的性质，提高地基承载力，增加稳定性，减少地基变形，防止渗透	适用于处理地下水位以上渗透系数为0.10～2.00m/d的湿陷性黄土等地基。在自重湿陷性黄土场地，当采用碱液法时，应通过试验确定其适用性
	注浆法		适用于处理砂土、粉土、黏性土和人工填土等地基

续表

分类	处理方法	原 理 及 作 用	试 用 范 围
加筋法	土工合成材料	通过在土层中埋设强度较大的土工聚合物、拉筋、受力杆件等达到提高地基承载力，减少地基变形，或维持建筑物稳定的地基处理方法，使这种人工复合土体，可承受抗拉、抗压、抗剪和抗弯作用，借以提高地基承载力、增加地基稳定性和减少地基变形	适用于砂土、黏性土和软土地基
	加筋土		适用于人工填土地基
	树根桩法		适用于淤泥、淤泥质土、黏性土、粉土、砂土、碎石土、黄土和人工填土等地基
托换	锚杆静压桩法	在原建筑物基础下设置钢筋混凝土桩以提高承载力、减少地基变形达到加固目的，按设置桩的方法，可分为锚杆静压桩法和坑式静压桩法	适用于淤泥、淤泥质土、黏性土、粉土和人工填土等地基
	坑式静压桩法		适用于淤泥、淤泥质土、黏性土、粉土和人工填土和湿陷性黄土等地基

8.3.3 地基处理方案确定步骤

1. 在选择地基处理方案前应具备的资料

(1) 选择地基处理方案应有必要的勘察资料，如果勘察资料不全，则必须根据可能采用的地基处理方法所需的勘察资料做必要的补充勘察；收集地下管线和地下障碍物分布情况的资料；对地基处理施工时可能对周围环境造成影响进行评估。

(2) 地基处理设计时，必须满足地基土强度、变形、抗液化和抗渗等要求，同时应确定地基处理的范围。

(3) 某一地区常用的地基处理方法往往是该地区的设计和施工经验的总结，它综合体现了材料来源、施工机具、工期、造价和加固效果，故应重视类似场地上同类工程的地基处理经验至为重要。

2. 在确定地基处理方案时的进行步骤

(1) 对初步选定的几种地基处理方案，应分别从预期处理效果、材料来源和消耗、施工机具和进度、对周围环境影响等各种因素，进行技术、经济、安全性分析和对比，从中选择最佳的地基处理方案。

(2) 选择地基处理方案时，尚应同时考虑加强上部结构的整体性和刚度。

(3) 对已选定的地基处理方案，根据建筑物的地基基础设计等级和场地复杂程度，可在有代表性的场地上进行相应的现场实体试验，以检验设计参数、选择合理的施工方法（其目的是调试机械设备，确定施工工艺、用料及配比等各项施工参数）和确定处理效果。

8.3.4 地基处理效果检验

加固后地基必须满足有关工程对地基土的强度和变形要求，因此必须对地基处理效果进行检验。对地基处理效果检验，应在地基处理施工结束后经一定时间的休止恢复后再进行检验。效果检验的方法有钻孔取样、静力触探试验、轻便触探试验、标准贯入试验、载荷试验、取芯试验等措施。有时需要采用多种手段进行检验，以便综合评价地基处理。常见的地基处理质量检验方法和标准见表 8.5～表 8.8。

表8.5 砂和砂石地基质量检验方法和标准

项目	序号	检查项目	允许值或允许偏差		检 查 方 法
			单位	数值	
主控项目	1	地基承载力	不小于设计值		静载试验
	2	配合比	设计值		检查拌和时的体积比或重量比
	3	压实系数	不小于设计值		灌砂法、灌水法
一般项目	1	砂石料有机质含量	%	≤5	灼烧减量法
	2	砂石料含泥量	%	≤5	水洗法
	3	砂石料粒径	mm	≤50	筛析法
	4	分层厚度	mm	±50	水准测量

表8.6 粉煤灰地基质量检验方法和标准

项目	序号	检查项目	允许值或允许偏差		检 查 方 法
			单位	数值	
主控项目	1	地基承载力	不小于设计值		静载试验
	2	压实系数	不小于设计值		环刀法
一般项目	1	粉煤灰粒径	%	0.001～2.000	筛析法、密度计法
	2	氧化铝及二氧化硅含量	%	≥70	实验室试验
	3	烧失量	mm	≤120	灼烧减量法
	4	分层厚度	mm	±50	水准测量
	5	含水量	最优含水量±40%		烘干法

表8.7 素土、灰土地基质量检验方法和标准

项目	序号	检查项目	允许值或允许偏差		检 查 方 法
			单位	数值	
主控项目	1	地基承载力	不小于设计值		静载试验
	2	配合比	设计值		检查拌和时的体积比
	3	压实系数	不小于设计值		环刀法
一般项目	1	石灰粒径	mm	≤5	筛析法
	2	砂石料有机质含量砂石料含泥量	%	≤5	灼烧减量法
	3	土颗粒粒径	mm	≤150	筛析法
	4	含水量	最优含水量±12%		烘干法
	5	分层厚度	mm	±50	水准测量

表8.8 强夯地基质量检验方法和标准

项目	序号	检 查 项 目	允许值或允许偏差		检 查 方 法
			单位	数值	
主控项目	1	地基承载力	不小于设计值		静载试验
	2	处理后地基土的强度	不小于设计值		原位测试
	3	变形指标	设计值		原位测试

续表

项目	序号	检 查 项 目	允许值或允许偏差		检 查 方 法
			单位	数值	
一般项目	1	夯锤落距	mm	±300	钢索设标志
	2	夯锤质量	kg	±100	称重
	3	夯击遍数	不小于设计值		计数法
	4	夯击顺序	设计要求		检查施工记录
	5	夯击击数	不小于设计值		计数法
	6	夯点位置	mm	±500	用钢尺量
	7	夯击范围（超出基础范围距离）	设计要求		用钢尺量
	8	前后两边间歇时间	设计值		检查施工记录
	9	最后两击平均夯沉量	设计值		水准测量
	10	场地平整度	mm	±100	水准测量

8.3.5 常见地基处理方法

1. 换土垫层法施工

换土垫层法是先将基础地面以下一定范围内的软弱土层挖去，然后回填强度较高、压缩性较低，并且没有侵蚀性的材料，如中粗砂、碎石或卵石、灰土、素土、石屑、矿渣等，再分层夯实，作为低级的持力层。它的作用在于提高地基的承载力，并通过垫层的应力扩散作用，减小垫层下天然土层所承受的压力，这样就可以减小基础的沉降量。如在软土上采用透水性较好的热层（如砂垫层）时，软土中的水分可以通过它较快地排出去，能够有效地缩短沉降稳定时间。实践证明，换土垫层法对于解决荷载较大的中小型建筑物的地基问题比较有效。这种方法取材方便，无须特殊的机械设备，施工简便，造价低廉，因此得到广泛应用（图8.1）。

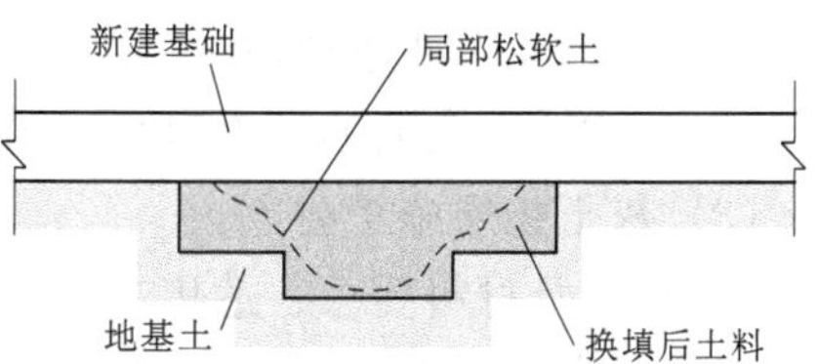

图 8.1 换土垫层法示意图

（1）垫层厚度。

1）应根据需置换软弱土（层）的深度或下卧土层的承载力确定，并应符合下式要求。

$$p_z + p_{cz} \leqslant f_{az} \tag{8.1}$$

式中：p_z 为相应于作用的标准组合时，垫层底面处的附加压力值，kPa；p_{cz} 为垫层底面处土的自重压力值，kPa；f_{az} 为垫层底面处经深度修正后的地基承载力特征值，kPa。

2）垫层底面处的附加压力值 p_z 可分别按式（8.2）和式（8.3）计算：

a. 条形基础：

$$p_z = \frac{b(p_k - p_c)}{b + 2z\tan\theta} \tag{8.2}$$

b. 矩形基础：

$$p_z = \frac{bl(p_k - p_c)}{(b + 2z\tan\theta)(l + 2z\tan\theta)} \tag{8.3}$$

式中：b 为矩形基础或条形基础底面的宽度，m；l 为矩形基础底面的长度，m；p_k 为相应于作用的标准组合时，基础底面处的平均压力值，kPa；p_c 为基础底面处土的自重压力值，kPa；z 为基础底面下垫层的厚度；θ 为垫层的压力扩散角，(°)，宜通过试验确定。无试验资料时，可按表 8.9 采用。

表 8.9　　土和砂石材料压力扩散角 θ　　单位：(°)

z/b 换填材料	中砂、粗砂、砾砂、圆砾、角砾、石屑、卵石、碎石、矿渣	粉质黏土、粉煤灰	灰土
0.25	20	6	28
≥0.50	30	23	

注　1. 当 $z/b<0.25$ 时，除灰土取 $\theta=28°$ 外，其他材料均取 $\theta=0°$，必要时宜由试验确定。
2. 当 $0.25<z/b<0.50$ 时，θ 值可以内插。
3. 土工合成材料加筋垫层其压力扩散角宜由现场静载荷试验确定。

(2) 垫层的宽度。

1) 垫层的宽度应满足基础底面应力计算的要求，可按式 (8.4) 或根据当地经验确定。

$$b'b+2z\tan\theta \tag{8.4}$$

式中：b'为垫层底面宽度，m；b 为矩形基础或条形基础底面的宽度，m；z 为基础底面下垫层的厚度，m；θ 为垫层的压力扩散角，(°)，可按表 8.9 采用，当 $z/b\leqslant0.25$ 时，仍按 $z/b=0.25$ 取值。

2) 垫层顶面每边超出基础底边缘不应小于 300mm，且从垫层底面两侧向上，按当地基坑开挖的经验及要求放坡。

3) 整片垫层底面的宽度可根据施工的要求适当加宽。

(3) 灰土垫层施工要点。

1) 组成及材料要求、适用范围。

a. 灰土垫层系用一定量石灰与土拌合夯实而成。其强度随时间缓增长。28d 强度为 0.8～1.0N/mm^2，并具有一定水稳性和不渗透性（为原土的 10～13 倍）。

b. 土料可采用就地挖出的黏性土，不得用表面耕植土，土料应过筛，粒径不应大于 25mm；石灰应用块灰，使用前 1～2d 消解并过筛，粒径不应大于 5mm，不得夹有未熟化的生石灰块粒。

c. 灰土垫层具有一定水稳性和抗渗性。取材较易，施工操作简单，费用较低。是一种最经济实用的地基处理方法。适于加固深 2m 以内的各种地基，还可用于大面积结构辅助防水层，但不宜用于地下水位以下的地基加固。

2) 操作方法要点。

a. 铺设灰土前应验槽，清除松土，积水淤泥应晾干，并夯两遍。在槽两侧钉标桩（钎），拉线控制下灰厚度。

b. 灰土一般用体积比，配合比例为 2：8 或 3：7（石灰：土）；多用人工拌合，要求达到均匀颜色一致，含水率以手握土料成团，两指轻捏即散为宜，如含水分过多或过少时，应稍晾干或洒水混润，如有球团应打碎。

c. 铺灰应分段分层，并夯筑。每层铺灰厚度可参见表8.10。夯实机具可根据工程大小和现场机具条件选用人力或机械。夯打或碾压遍数，按设计要求的干密度由试夯压确定，一般不少于4遍。

表8.10 灰土最大虚铺厚度

项目	夯实机具种类	重量	厚度/mm	备　注
1	小木夯	5～10kg	150～200	人力送夯，落高400～500mm，一夯压半夯
2	石夯木夯	40～80kg	200～250	
3	轻型夯实机械	6～10t	200～250	蛙式打夯机、柴油打夯机、双轮压路机
4	压路机	机重	200～300	

d. 灰土分段施工时，不得在墙角、柱基及承重窗间墙下接缝。当灰上地基高度不同时。应做成阶梯形，每阶宽不少于500mm，上下两层土接缝应相互错开500mm。并做或直槎。对做辅助防水层的灰土层应将水位以下结构包围，并处理好接缝。同时注意接槎质量每层虚土均从留槎处往前延伸，接搓时将其挖除，重新铺好夯实。

e. 入槽灰土不得隔日夯打，夯实3d内不得浸泡。夯打完后。应及时进行上部结构施工，避免日晒雨淋，遇雨应将松软灰土除去并补填夯实。

3）质量控制。

a. 灰土应逐层检验（每10m^3抽查一处），用环刀取样测定干密度。对土料一般要求：黏土不小于1.55～1.60g/cm^3，粉质黏土不小于1.50～1.55g/cm^3，黏土不小于1.45～1.50g/cm^3。

b. 控制夯打遍数，夯打坚实之灰土声音清脆。

（4）砂石及碎石垫层施工要点。

1）组成及材料要求、适用范围。

a. 砂垫层和砂石垫层系用砂或砂石混合物或石子加以地基。可使基础及上部荷载对地基的压力扩散开，降低对地基的压应力减少变形，提高基础下地基强度。同时可起排水作用。加速下部土层的沉降和固结。

b. 砂石宜用颗粒级配良好、质地坚硬的中砂、粗砂。砾砂、卵石或碎石、石屑，也可用细砂，但宜掺加一定数量的卵石或碎石。砂粒中石子粒径应在50mm以下，其含量应在50%以内，碎石粒径宜为5～40mm，砂、石子中均不得含有草根、垃圾等杂物。含泥量应小于5%，兼做排水垫层时，含泥量不得超过3%。

c. 适于处理2.5m以内软弱透水性强的黏性土地基，但不宜用于加固湿陷性黄土地基及渗透系数极小的黏性土地基。

2）构造要求。

a. 砂、砂石和碎石垫层的厚度，根据作用在垫层底面处的土重应力与附加应力之和，应不大于软弱土层的承载力设计值，以及土层范围内的水文地质条件等来确定，一般为0.5～2.5m，大于2.5m则不够经济。

b. 垫层的顶宽应较基础底面每边大0.4～0.5m，底宽可和它的顶宽相同，也可和基础底宽相同；大面积垫层常按自然倾斜角控制。

c. 如两个相邻基础，一个用天然地基，另一个用碎石（或卵石）垫层时，应做成斜坡过渡。当软弱土层厚度不同时，垫层应做成阶梯形，但两垫层的厚度高差不得大于1m，同时阶梯须大于其高度2倍。

3）操作工艺方法。

a. 铺设垫层前应验槽，清除基底浮土、淤泥、杂物，两侧应设一定坡度。

b. 垫层深度不同时应按先深后浅的顺序施工，土面应挖成踏步或斜坡搭接。分层铺设时，接头应做成阶梯形搭接，每层错开0.5～1.0m，并注意充分捣实。

c. 人工级配的砂石，应先将砂石拌和均匀后，再铺垫层夯压实。

d. 垫层应分层铺设，分层挤压密实。振压要做到交叉重叠，防止漏振漏压，夯实、碾压遍数、振实时间应通过试验确定。

e. 当地下水位较高或在饱和的软弱地基上铺设垫层时，应采取排水或降低地下水位措施，使地下水降低到基层500mm以下；当采用水撼法或插振法施工时，应采取措施使有控制地注水和排水。

4）质量控制。

a. 砂垫层每层夯（振）实后的密实度应达到中密标准，即孔隙比不应小于0.65，干密度不小于1.55～1.60g/m^3（压实度≥90%～95%，依设计）。测定方法采用容积不小于200cm^{3}的环刀取样，如为砂石垫层，则在砂石垫层中设纯砂检验点，在同样条件下用环刀取样鉴定。现场简易测定方法是将直径20mm、长1250mm的平头钢筋距离砂面700mm自由下落，插入深度不大于根据该砂的控制干密度测定的深度为合格。

b. 碎石垫层可用短钢管（下设垫板）或钢盒预埋于垫层中，碾压后取出烘干，测定其干密度为2100kg/m^{3}左右为合格，或在垫层中预埋入标钉，用沉落差控制，方法是在每次碾压后，用精密水准仪进行测定，记录其沉落值，直至最后两遍压实的沉落相差不大于1mm为合格。

2. 强夯法施工

强夯施工方法是一种快速用重锤夯实地基，提高软地基承载力的地基快速固结方法（图8.2）。

图8.2 强夯法施工

(1) 加固原理。强夯是用起重机械(起重机或龙门架、三脚架)起吊大吨位(10t 以上)夯锤,提升到 10～40m 高度后,自由落下,给地基以强大的冲击能量的夯击,使土中出现冲击波和很大的冲击应力,迫使土体孔隙压缩,土体局部液化,排除孔隙中的气和水,使土粒重新排列,迅速达到固结,从而提高地基强度,降低其压缩性的一种有效地基加固方法。

(2) 加固特点。

1) 使用工地常用简单设备,施工工艺、操作简单,适用土质范围广。

2) 加固效果显著,可取得较高的承载力,一般地基强度可提高 2～5 倍。

3) 变形沉降量小,压缩性降低 200%～500%,加固影响深度可达 6～10m。

4) 土粒结合紧密,有较高的结构强度,节省加固原材料。

5) 工效高,施工速度快(一套设备每月可加固 5000～10000m^2 地基),较换土回填和桩基缩短工期一半。

6) 施工费用低,节省投资,比换土回填节省 60%费用,与预制桩加固地基相比可节省投资 50%～70%,与砂桩相比可节省投资 40%～50%,同时耗用劳动力少和现场施工文明等。

(3) 使用范围。

1) 适于加固软弱土、碎石土、砂土、黏性土、湿陷性黄土,高填土及杂填土等地基,也可用于防止粉土及粉砂的液化;对于淤泥与饱和软黏土,如采取一定措施,也可以采用。

2) 强夯不得用于不允许对工程周围建筑物的设备有一定震动影响的地基加固,必要时,应采取防震措施。

(4) 强夯使用机具设备的选择。

1) 夯锤。用钢板作外壳,内部焊接骨架后灌筑混凝土,或用钢板制作成装配式的,夯锤底面有圆形或方形,圆形不易旋转,定位方便,重合性好,使用较多;锤底尺寸取决于表层土质,对于砂质土和碎石类土为 3～4m^2,对于黏性土或淤泥质土不宜小于 6m^2,锤重一段为 10～40t,夯锤中宜设 1～4 个上下贯通的排气孔,以利空气排出或减小坑底的吸力。

2) 起重设备。多使用 150kN、200kN、250kN、300kN、500kN 履带式起重机(带摩擦离合器)如图 8.3 所示,亦可采用三脚架或龙门架做起重设备,当履带式起重机起重能力不足时,亦可采取加钢辅助檐杆的方法,以加大起重能力,如图 8.4 所示。

起重机械的起重能力:当直接用钢丝绳悬吊夯锤时,应大于夯锤的 3～4 倍:当采用自动脱钩装置,起重能力取大于 1.5 倍锤重。

3) 脱钩装置。要求有足够强度,使用灵活,脱钩快速安全。常用自动脱钩器,由吊环、耳板、锁孔、吊钩等组成,拉绳一端固定在锁柄上,另一端穿过转向滑轮,固定在臂杆底部横轴上,当夯锤起吊到要求高度,开钩绳随即拉开锁柄,脱钩装置开启,夯锤下落,同时可控制每次夯击落距一致。

4) 锚系设备。当用起重机起吊夯锤时,为防止夯锤突然脱钩,起重臂应后倾和减少对臂杆的振动。应用 T_1-100 型推土机一台设在起重机的前方做地锚,在起重机臂杆的顶部与推土机之间用两根钢丝绳联系、锚固。当用龙门架、三脚架或起重机加辅助桅杆起吊夯锤时，则不用设锚系设备。

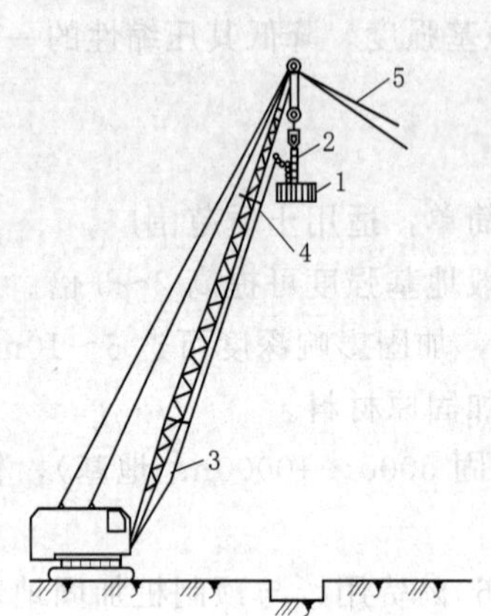

图8.3 履带式起重机强夯

1—夯锤；2—自动脱钩器；3—拉绳；4—废轮胎；5—锚拉绳接推土机

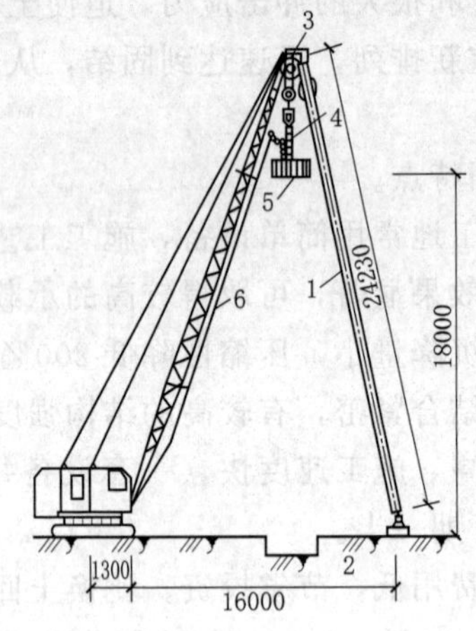

图8.4 150kN履带式起重机加辅助桅杆吊12t重夯锤强夯（单位：mm）

1—ϕ28×8mm钢管辅助桅杆；2—底座；3—弯脖接头；4—自动脱钩器；5—12t重夯锤；6—拉绳

（5）强夯施工技术参数的选择。

1）锤重和落距。锤重G与落距h是影响夯击能和加固深度的重要因素。锤重一般不宜小于8t，常用的为10t、13t、15t、17t、18t、25t、30t。落距一般不小于8m，多采用10m、11m、13m、15m、17m、18m、20m、25m等几种。

2）夯击能和平均夯击能。锤重G与落距h的乘积称为夯击能E，一般取1000～6000kJ夯击能的总和（由锤重、落距、夯击坑数和每一夯击点的夯击次数算得）除以施工面积称为平均夯击能，一般对砂质土取500～1000kJ/m^2。对黏性土取1500×3000kJ/m^2。夯击能过小，加固效果差，夯击能过大，对于饱和黏土，会破坏土体形成橡皮土，降低强度。

3）夯击点布置及间距。夯击点布置对大面积地基，一般采用梅花形成正方形网格排列，对条形基础夯点可成行布置；对工业厂房独立柱基础可按柱网设置单夯点，夯击点间距取夯锤直径的3倍，通常为5～15m，一般第一遍夯点的间距宜大，以便夯击能向深部传递。

4）夯击遍数与夯能。一般为2～5遍，前2～3遍为“间夯”，最后1遍以低能量（为前几遍能量的1/4～1/5）进行“满夯”（锤即彼此搭接），以加固前几遍夯点之间的松土和被振松的表土层每夯击点的夯击数，以使土体竖向压缩量最大而侧向移动最小，或最后两击沉降量之差小于试夯确定的数值为准。一般软土控制瞬时沉降量为50～80mm；废渣填石地基控制的最后两击下沉量之差为20～40mm。每夯击点之夯击数，一般为3～10击，开始两遍夯击数宜多些，随后各遍击数逐渐减小，最后一遍只夯1～2击。

5）两遍间隔时间。一遍夯完后，通常待土层内超孔隙水压力大部分消散，地基稳定后再夯下一遍，一般时间间隔 1～4 周，对黏土或冲积土常为 3 周，若无地下水或地下水位在 5m 以下，含水量较少的碎石类填土或透水性强的砂性土，可采取间隔 1～2d 或连续夯击而不需要间歇。

6）加固范围。对于重要工程应比设计地基长 L、宽 B 各大出一个加固深度，即 $(L+H)\times(B+H)$。对于一般建筑物，在各地基轴线以外 3m 布置一圈夯击点即可。

7）加固影响深度。加固影响深度 H 与强夯工艺有密切关系，一般按梅那氏（法）公式估算：

$$H=K\sqrt{Gh} \tag{8.5}$$

式中：K 为经验系数，对饱和软土为 0.45～0.50，对饱和砂土为 0.5～0.6，对填土为 0.6～0.8，对黄土为 0.4～0.5；G 为夯锤重，t；H 为落距，m。

8）操作方法要点。强夯前应平整场地，周围做好排水沟，按夯点布置测骨放线。确定夯位。地下水位较高在表面铺 0.5～2.0m 中（粗）砂或砂石垫层，以防设备下陷和便于消散强夯产生的孔隙水压，或采取降低地下水位后再强夯。

强夯应分段进行，顺序从边缘夯向中央。对厂房柱基亦可一排一排夯，起重机直线行驶，从一边向另一边进行，每夯完一遍，用推土机整平场地，放线定位，即可接着进行下一遍夯击。

夯击时应按试验和设计确定的强夯参数进行，落锤应保持平稳，夯位应准确。夯击坑内积水应及时排除，坑底土含水量过大时，可铺砂石后再进行夯击，离建筑物小于 10m 时应挖防震沟。

9）质量控制。强夯前场地应进行地质勘察，通过现场试验确定强夯参数（试夯区面积不小于 20m×20m）。

夯击前后应对地基土进行原位测试，包括室内土分析试验、野外标准贯入、静力（轻便）触探、旁压仪（或野外荷载试验）、测定有关数据，以检验地基的实际影响深度。检验点数，每个建筑物的地基不少于 3 处，检测深度和位置按设计要求确定。

3. 堆载预压法

堆载预压法是指在饱和软土地基上施加荷载后，孔隙水被缓慢排出，孔隙体积随之缩小，地基发生固结变形。同时随着超静水压力逐渐消散，有效应力逐渐提高，地基土强度逐渐增长，达到预定标准后再卸载，使地基土压实、沉降、固结的方法。

（1）加固原理及构造。堆载预压加固地基系在软弱地基中人工设置排水通道，在地基上堆载加荷使孔隙水能较迅速排走，达到固结，提高承载力。

堆载预压法又分水平排水垫层堆载预压法和竖向排水堆载预压法两种。前者系在地表铺一层 0.5～1.0m 厚的砂垫层形成通畅的排水面，如图 8.5（a）所示；后者系在地基中设竖向砂井，砂井直径一般为 30～50cm，间距不小于 1.5m，深度应穿越压缩层或地基可能的滑动面。为保证排水畅通，在砂井顶部设置排水垫层［图 8.5（b）］或纵横连通砂井的排水砂沟，砂垫层及砂沟的厚度为 0.5～1.0m，砂沟的宽度可取砂井直径的 2 倍，是应用较广泛的一种方式。近年在这一方法基础发展还出现了袋装砂井新方法，使砂井直径和间距大大缩小，可加快地基固结，砂袋井的直径为 7～12cm，间距为 1.5～2.0m，用相应的机械埋设，工效成倍增长。

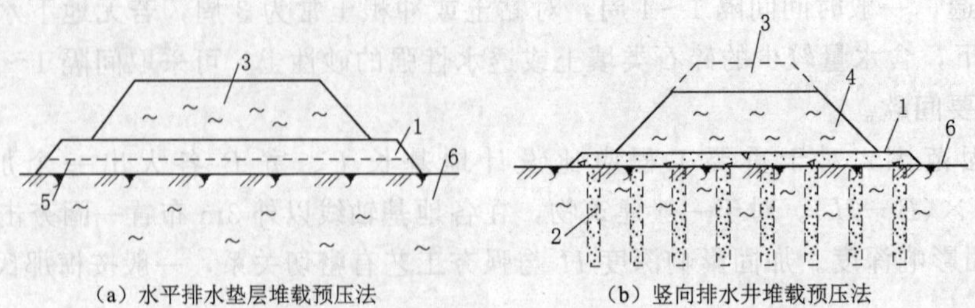

(a) 水平排水垫层堆载预压法　　(b) 竖向排水井堆载预压法

图 8.5　水平排水垫层堆载预压法和竖向排水井堆载预压法

1—砂垫层；2—砂井；3—临时性填土；4—永久性填土；5—遇很软弱地基时，埋设的荆笆、塑料编织网或土工织物；6—原土层

(2) 特点。堆载预压地基可加速饱和软黏土的排水固结，使沉降及早完成和稳定，同时可大大提高地基的抗剪强度和承载力，防止基土滑动破坏；施工机具方法简单，操作方便。

(3) 适用范围。适于透水性低的饱和软弱黏性土，地基多用于处理机场跑道、水工结构、道路、路堤、堤坝、码头岸坡等工程地基，对于泥炭等有机质沉积土地基则不适用。

(4) 工艺方法。

1) 砂井的成孔方法。

a. 沉管法（即用沉管灌注桩类似的机械和方法）。

b. 水冲法（用高压射水的水冲法），砂用中、粗砂，其含泥量不大于3%。

2) 砂井施工要求。保证达到要求的灌砂密实度，自上而下保持连续，不出现颈缩，且不扰动砂井周围土的结构；砂井的长度、直径和间距应满足设计要求；砂井位置的允许偏差为该井的直径，垂直度的允许偏差为1.5%，其实际灌砂量不得少于计算的95%。

3) 堆载方式。

a. 在正式建筑物施工前，在建筑物范围内堆载（如堆土或砂石等材料），待沉降基本完成后，再把堆载卸走，再行施工上部结构。

b. 利用建筑物自身的重量（如筑堤坝、油罐试水等），更加直接、简便、经济，不用卸载。

(5) 质量控制。施工期间应进行现场测试，包括：①边桩水平位移观测，主要用于判断地基的稳定性，决定安全的加荷速率，要求边桩位移速率应控制在3～5mm/d；②地面沉降观测，主要控制地面沉降速度，要求沉降速率不宜超过10mm/d；孔隙水压力观测，用计算土体固结度、强度及强度增长分析地基的稳定，从而控制堆载速率，防止堆载过多、过快而导致地基破坏。

4. 振冲法

振冲法又称振动水冲法，是指砂土地基通过加水振动可以使之密实的原理发展起来的地基加固方法。

(1) 加固原理。以起重机吊起振冲器，启动潜水电机带动偏心块，使振动器产生高频振动，同时启动水泵，通过喷嘴喷射高压水流，在边振边冲的共同作用下，将振动器沉到土中的预定深度，经清孔后，从地面向孔内逐段填入碎石，使其在振动作用下被挤密实，达到要求的密实度后即可提升振动器，如此反复直至地面，在地基中形成一个大直径的密实桩体与原地基构成复合地基，提高地基承载力，减少沉降。

(2) 特点。振冲桩加固地基可节省三材，施工简单，加固期短，可因地制宜，就地取材，用碎石、卵石砂、矿渣等填料，费用低廉。

(3) 材料要求。骨料可采用坚硬不受侵蚀影响的砾石、碎石、卵石、粗砂或砂渣等，粒径以5～50mm较合适，含泥量不宜大于10%，不得含有杂质和土块。

(4) 适用范围。适于加固松散砂土地基；对黏性土和人工填土地基，经试验证明加固有效时，方可使用：对于粗砂土地基，可利用振冲器的振动和水冲过程使砂土结构重新排列挤密，而不必另加砂石填料（亦称振冲挤密法）。

(5) 施工机具设备。

1) 振冲器为一类似插入式混凝土振捣器的设备，其构造示意图如图8.6所示。

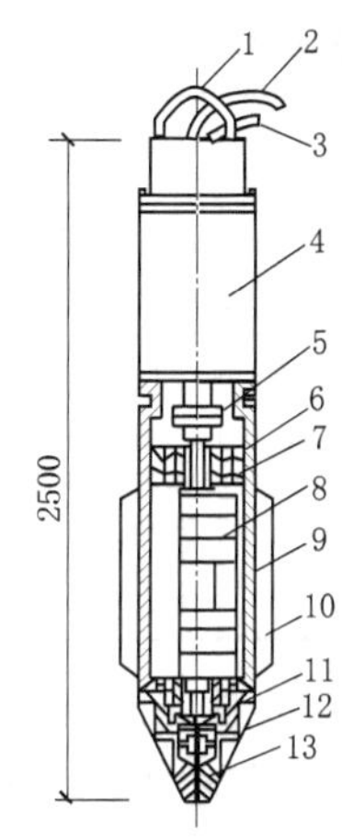

图8.6 振冲器构造（单位：mm）

1—吊具；2—水管；3—电缆；4—电机；5—联轴器；6—轴；7—轴承；8—偏心块；9—壳体；10—翅片；11—轴承；12—头部；13—水管

2) 起重设备采用80～150kN履带式起重机或自制起重机具。

3) 水泵要求流量20～30m，水压0.6～0.8N/mm²。

4) 控制设备包括控制电流操作台、150A电流表、500V电压表及供水管道、加料设备（吊斗或翻斗车）。

(6) 操作工艺方法。

1) 施工前应先进行振冲试验，以确定成孔施工合适的水压、水量、成孔速度及填料方法，达到土体密实度时的密实电流值和留振时间等。

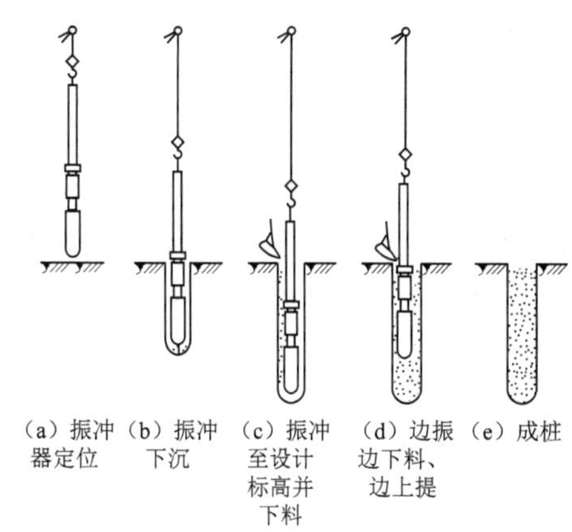

图8.7 振冲施工工艺

2) 振冲施工工艺如图8.7所示，先按图定位，然后振冲器对准孔点以1～2m/min的速度沉入土中，每沉入0.5～1.0m，在该段高度悬留振冲5～10s进行扩孔，当孔内泥浆溢出时再继续沉入，使形成0.8～1.2m的孔洞。当下沉达到设计深度时，留振并减少射水压力（一般保持0.1N/mm²），以便排出泥浆进行清孔。亦可将振冲器以1～2m/min的均速沉至设计深度以上30～50cm，然后以3～5m/min的均速提出孔口，再同法沉至孔底，如此反复1～2次，达到扩孔目的。

3) 成孔后应立即往孔加料，把振冲器沉入孔内的填料中进行振密，至密实电流值达到规定值为止。如此提出振冲器、加料、沉入振冲器振密、反复进行直至桩顶，每次加料高度0.5～0.8m。在砂性土中制桩时，亦可采用边振边加料的方法。

4) 在振密过程中，宜采用小水量的喷水补给，以降低孔内泥浆密度，有利于填料下沉，便于振捣密实。

振冲造孔顺序方法可按表 8.11 选用。

表 8.11　振冲造孔方法的选择

造孔方法	步　骤	优　缺　点
排孔法	由一端开始，依次逐步造孔到另一端结束	易于施工，且不易漏掉孔位，但当孔位较密时，后打的桩易发生倾斜和位移
跳打法	同一排孔采取隔一孔造一孔	先后造孔影响小易保证桩的垂直度，但要防止漏掉孔位，并应注意桩位准确
围幕法	先造外围 2～3 圈（排）孔，然后造内圈（排）。采用隔圈（排）造一圈（排）或依次向中心区造孔	能减少振冲能量的扩散，振密效果好，可节约进数 10%～15%，大面积施工常采用此法，但施工时应注意防止漏掉孔位和保证其位置准确

(7) 质量控制。

1) 每根桩的填料总量和密实度（包括桩顶）必须符合设计要求或施工规范规定，一般每米桩体直径达 0.8m 以上所需碎石量为 0.6～0.7m^3。

2) 桩顶中心位移不得大于 $D/5$（D 为桩的直径），按桩数 5% 抽查。

3) 待桩完半月（砂土）或一月（黏性土）后方可进行载荷试验，用标准贯入、静力触探及土工试验等方法来检验桩的承载力，以不小于设计要求的数值为合格。

5. *水泥粉煤灰碎石桩*

水泥粉煤灰碎石桩（CFG），是由碎石、石屑、砂、粉煤灰掺水泥加水拌合，用各种成桩机制成的可变强度桩。CFG 桩的适用范围很广，在砂土、粉土、黏土、淤泥质土、杂填土等地基均有大量成功的实例。

(1) 加固原理及构造。水泥粉煤灰碎石桩（简称“CFG 桩”）是由水泥、粉煤灰、碎石、石屑或砂加水拌和，用各种成桩机制成的可变高黏结强度桩，和桩间土、褥垫层一起形成复合地基，共同承担上部结构荷载。

桩顶和基础之间应设置褥垫层，褥垫层厚度宜取桩径的 0.4～0.6。耐热层材料宜用中砂、粗砂、级配砂石和碎石等，最大粒径不宜大于 30mm。

桩径：长螺旋钻中心压胀、干成孔和振动沉管成桩宜取 350～600mm；泥浆护壁钻孔灌注桩混凝土宜取 600～800mm，对于桩长范围或桩端有承压水的土层，应首选泥浆护壁成孔灌注桩。

(2) 特点及适用范围。

1) 承载力提高幅度大，可调性强。CFG 桩长可从几米至 20 多米，并可全桩长发挥桩的侧阻力。当地基承载力较好、荷载又不大时，可将桩长设计得短一些，荷载大时，桩长可以长一些。特别是天然地基承载力较低而设计要求的承载力较高，柔性桩难以满足时，CFG 桩复合地基相对容易达到要求。

2) 适用范围广。CFG 桩复合地基具有较大适用范围。对基础型式而言，CFG 桩可适用于独立基础和条形基础，也可适用于筏基和箱形基础。就土性而言，其适用于处理黏土、粉土砂土和已自重固结的素填土等地基。

(3) 机具及材料要求。

1）水泥粉煤灰碎石桩的施工设备常用长螺旋钻机、振动沉管打桩机。常用的长螺旋钻头可分为四类：尖底钻头（适用于黏性土）、平底钻头（松散土层）、耙式钻头（含有大量砖瓦块的杂填土层）、筒式钻头含有大量砖瓦块的杂填土层（混凝土块、条石等障碍物）。

2）施工前应按设计要求由实验室进行配合比试验，施工时按配合比配制混合料。长螺旋钻孔管内泵压混合料成桩施工的混合料坍落度为160～200mm；振动沉管灌注成桩施工的混合料坍落度为30～50mm。

（4）工艺操作要点。

1）水泥粉煤灰碎石桩复合地基施工，根据地下土质和水位情况，成桩工艺包括长螺旋钻孔灌注成桩、长螺旋钻孔管内泵压混合料灌注成桩、振动沉管灌注成桩、泥浆护壁成孔灌注成桩等。

2）应合理安排打桩顺序。从一侧向另一侧由中心向两边顺序施打，避免桩机碾压已施工完的桩，或使底面隆起造成断桩。

3）待桩施工完成并达到一定强度后（一般为桩体设计强度的70%），方可进行开挖。开挖时，宜采用人工开挖，也可采用小型机械和人工联合开挖，但应有专人指导，保证机械不碰撞桩头，同时也避免扰动桩间土。

4）褥垫层施工：当厚度大于500mm，宜分层铺设，每层虚铺厚度 $H=h/\lambda$，其中 h 为褥垫层设计厚度，λ 为夯实度（取0.87～0.90），宜采用静力压实至设计厚度。

5）施工过程中，保证钻杆（沉管）与地面垂直，垂直度偏差不大于1%。掌握好提拔钻杆的时间和速度。

6）成孔过程中，抽样做混合料试块。每台机械每台班应做一组（3块）试块（边长150mm立方块），标准养护，测定其立方体28d抗压强度。施工中应抽样混合料的坍落度。

（5）质量要求。

1）施工结束后，应对桩顶标高、桩位、桩体质量、地基承载力及褥垫层的质量做检查。

2）复合地基承载力试验应在施工结束28d后进行。试验数量宜为点桩数的0.5%～1%，但不应少于3处。有单桩强度检验要求时，数量为总数的0.5%～1%，且每个单体工程不应少于3点。

3）应抽取不少于总桩数的10%的桩进行低应变动力试验，检测桩身完整性。

6. 深层搅拌桩

（1）加固原理。深层水泥搅拌桩利用水泥作为固化剂，通过深层搅拌机械在地基将软土或沙等和固化剂强制拌和，使软基硬结而提高地基强度。

（2）特点。

1）可将固化剂和原地基软土就地搅拌混合，因而最大限度地利用了原土。

2）搅拌时较少使地基侧向挤出，所以对周围原有建筑物的影响较小。

3）按照不同地基土的性质及工程设计要求，合理选择固化剂及其配方，设计比较灵活。

4）施工时无振动、无噪声、无污染，可在市区内和密集建筑群中进行施工。

5）根据上部结构的需要，可灵活地采用独立状、条形状、成片状等加固形式。

(3) 适用范围。适用于处理淤泥、砂土、淤泥质土、泥炭土和粉土。当用于处理泥炭土或地下水具有侵蚀性时，应通过试验确定其适用性。冬季施工时应注意低温对处理效果的影响。

(4) 工艺操作流程。深层水泥搅拌桩的工艺流程如图 8.8 所示。

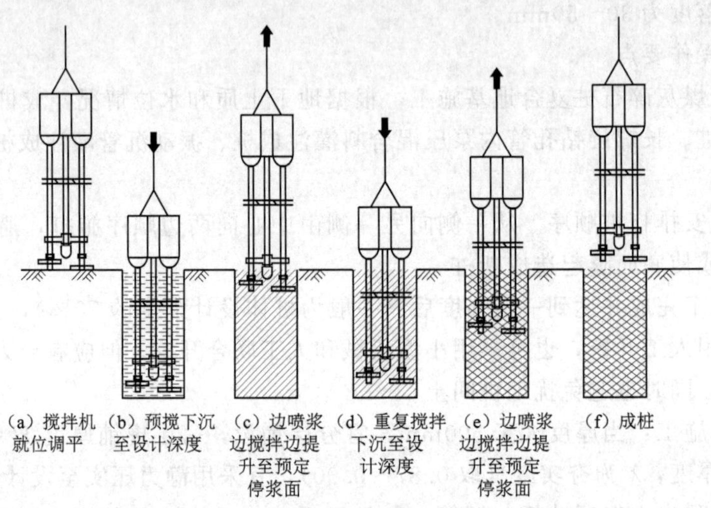

图 8.8 深层水泥搅拌桩的工艺流程

(5) 工艺操作要点。

1）水泥土搅拌法施工现场事先应予平整，必须清除地上和地下的一切障碍物。明浜、塘及场地低洼时应抽水和清淤，分层夯实回填黏性土料，不得回填杂填土或生活垃圾。开机前必须调试，检查桩机运转和输料管畅通情况。

2）承重水泥土桩施工时，设计停浆（灰）面一般高出基础底面标高 300～500mm，在开挖基坑，应将该施工质量较差段挖去。

3）为保证水泥土桩的垂直度，要注意起吊设备的平整度和导向架的垂直度，水泥土桩的垂直度偏差不得超过 1.0%，桩位布置偏差不得大于 50mm，桩径偏差不得大于 4%。

8.4 职业活动训练

(1) 组织学生学习某典型工程地基加固与处理方案与参观地基处理施工过程。

(2) 依据某工程施工图及地质勘察报告编制地基加固与处理方案。

第9章

绿 色 施 工

【学习目标】

（1）掌握绿色施工技术要点和要求。

（2）能根据具体情况选择绿色施工技术方案。

（3）树立环保意识与可持续发展理念，明确绿色施工在“双碳”目标中的作用。

【学习任务】

（1）熟悉土石方工程绿色施工的政策文件与技术标准。

（2）理解绿色施工的基本概念、总体框架、原则。

（3）掌握土方工程的绿色施工技术的具体方法和爆破施工绿色技术要求。

【学习内容】

（1）绿色施工概念。

（2）土方工程的绿色施工技术要点。

（3）爆破施工绿色技术要求。

【任务描述】

针对某具体土石方工程（如基坑开挖、道路路基施工），分析工程特点（如开挖方量、周边环境敏感点），编制包含环境保护、节材、节能、节水、节地等绿色施工技术与专项方案爆破施工绿色技术要求的专项绿色施工。

9.1 绿 色 施 工 概 述

9.1.1 绿色施工的概念

绿色施工是指工程建设中，在保证质量、安全等基本要求的前提下，通过科学管理和技术进步，最大限度地节约资源并减少对环境负面影响的施工活动，实现节能、节地、节水、节材和环境保护（“四节一环保”）。实施绿色施工，应根据因地制宜的原则，贯彻执行国家、行业和地方相关的技术经济政策。

绿色施工应是可持续发展理念在工程施工中全面应用的体现，绿色施工并不仅仅指在工程施工中实施封闭施工，没有尘土飞扬，没有噪声扰民，在工地四周栽花、种草，实施定时洒水等这些内容，它还涉及可持续发展的各个方面，如生态与环境保护、资源与能源利用、社会与经济的发展等内容。

9.1.2 绿色施工总体框架

绿色施工总体框架由施工管理、环境保护、节材与材料资源利用、节水与水资源利用、节能与能源利用、节地与施工用地保护六个方面组成，如图 9.1 所示。这六个方面涵盖了绿色施工的基本指标，同时包含施工策划、材料采购、现场施工、工程验收等各阶段的指标的子集。

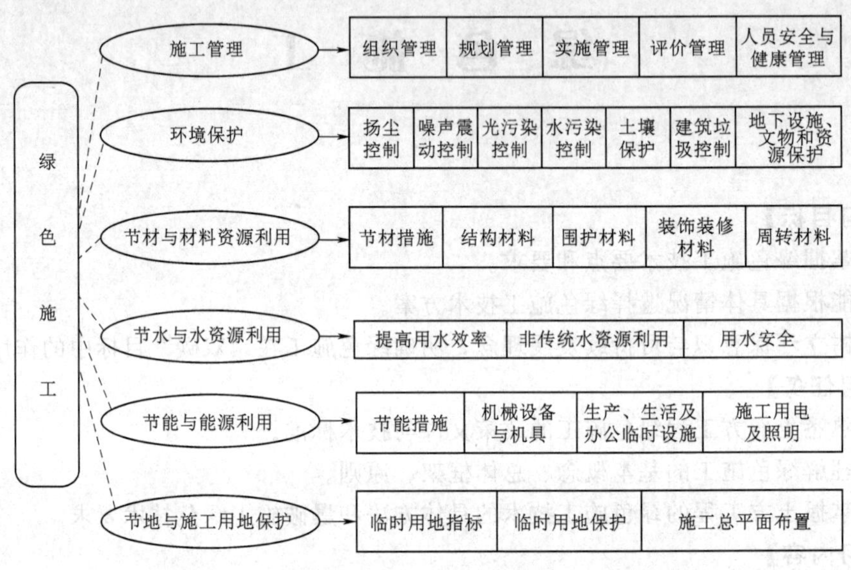

图 9.1　绿色施工总体框架

9.1.3 绿色施工原则

绿色施工是建筑全寿命周期中的一个重要阶段。实施绿色施工，应进行总体方案优化。在规划、设计阶段，应充分考虑绿色施工的总体要求，为绿色施工提供基础条件。

实施绿色施工，应对施工策划、材料采购、现场施工、工程验收等各阶段进行控制，加强对整个施工过程的管理和监督。

9.2 土方工程的绿色施工技术

9.2.1 环境保护的技术要点

1. 扬尘控制

(1) 运送土方、垃圾、设备及建筑材料等，不污损场外道路。运输容易散落、飞扬、流漏物料的车辆，必须采取措施封闭严密，保证车辆清洁，施工现场出口应设置洗车槽。

(2) 土方作业阶段，采取洒水、覆盖等措施；对粉末状材料应封闭存放；机械剔凿作业时可用局部遮挡、掩盖、水淋等防护措施。

(3) 清理垃圾应搭设封闭性临时专用道或采用容器吊运，严禁随意凌空抛撒，能有效避免扬尘和坠落污染。

(4) 改进施工工艺，采用逆作法施工地下结构可以降低施工扬尘对大气环境的影响，降低基础施工阶段噪声对周边的干扰。

(5) 对易产生扬尘的堆放材料应采取覆盖措施；对粉末状材料应封闭存放；场区内可能引起扬尘的材料及建筑垃圾搬运应有降尘措施，如覆盖、洒水等。

(6) 浇筑混凝土前清理灰尘和垃圾时尽量使用吸尘器，避免使用吹风器等易产生扬尘的设备；机械剔凿作业时可用局部遮挡、掩盖、水淋等防护措施；高层或多层建筑清理垃圾应搭设封闭性临时专用道或采用容器吊运。

(7) 施工现场非作业区达到目测无扬尘的要求。对现场易飞扬物质采取有效措施，如洒水、地面硬化、围挡、密网覆盖、封闭等，防止扬尘产生。

(8) 构筑物爆破拆除前，做好扬尘控制计划。可采用清理积尘、淋湿地面、预湿墙体、屋面敷水袋、楼面蓄水、建筑外设高压喷雾状水系统、搭设防尘栏栅和直升机投水弹等综合降尘。选择风力小天气进行爆破作业。

(9) 在场界四周隔挡高度位置测得的大气总悬浮颗粒物（TSP）月平均浓度与城市背景值的差值不大于 0.08mg/m^2。

2. 噪声与振动控制

(1) 现场噪声排放不得超过国家标准《建筑施工场界噪声排放标准》（GB 12523—2011）规定。

(2) 在施工场界对噪声进行实时监测与控制。监测方法执行《建筑施工场界噪声排放标准》(GB 12523—2011)。

(3) 使用低噪声、低振动的机具，采取隔音与隔振措施，避免或减少施工噪声和振动。

3. 光污染控制

尽量避免或减少施工过程中的光污染。夜间室外照明灯加设灯罩，透光方向集中在施工范围；电焊作业采取遮挡措施，避免电焊弧光外泄。

4. 水污染控制

施工现场污水排放应达到《污水综合排放标准》（GB 8978—1996）的要求；施工现场应针对不同的污水，设置相应的处理设施，如沉淀池、隔油池、化粪池等；污水排放应委托有资质的单位进行废水水质检测，提供相应的污水检测报告；在缺水地区或地下水位持续下降的地区，基坑降水尽可能少地抽取地下水；当基坑开挖抽水量大于 50 万 m^3 时，应进行地下水回灌，并避免地下水被污染；对于化学品等有毒材料，油料的储存地，应有严格的隔水层设计，做好渗漏液收集和处理。

5. 土体保护

保护地表环境，防止土体侵蚀、流失。因施工造成的裸土，及时覆盖砂石或种植速生草种，以减少土体侵蚀；因施工造成容易发生地表径流土体流失的情况，应采取设置地表排水系统、稳定斜坡、植被覆盖等措施，减少土体流失；沉淀池、隔油池、化粪池等不发生堵塞、渗漏、溢出等现象，及时清掏各类池内沉淀物，并委托有资质的单位清运；对于有毒有害废弃物如电池、墨盒、油漆、涂料等应回收后交有资质的单位处理，不能作为建筑垃圾外运，避免污染土体和地下水。

施工后应恢复施工活动破坏的植被（一般指临时占地内）。与当地园林、环保部门或当地植物研究机构进行合作，在先前开发地区种植当地或其他合适的植物，以恢复剩余空地地貌或科学绿化，补救施工活动中人为破坏植被和地貌造成的土壤侵蚀。

6. 建筑垃圾控制

(1) 制订建筑垃圾减量化计划，如住宅建筑，每万平方米的建筑垃圾不宜超过400吨。

(2) 加强建筑垃圾的回收再利用，力争建筑垃圾的再利用和回收率达到30%。建筑物拆除产生的废弃物的再利用和回收率大于40%。对于碎石类、土石方类建筑垃圾，可采用地基填埋、铺路等方式提高再利用率，力争再利用率大于50%。

(3) 施工现场生活区设置封闭式垃圾容器，施工现场生活垃圾实行袋装化，及时清运。对建筑垃圾进行分类，并收集到现场封闭式垃圾站，集中运出。

7. 地下设施、文物和资源保护

施工前应调查清楚地下各种设施，做好保护计划，保证施工场地周边的各类管道、管线、建筑物、构筑物的安全运行；施工过程中一旦发现文物，立即停止施工，保护现场通报文物部门并协助做好工作；避让、保护施工场区及周边的古树名木。

9.2.2 节材与材料资源利用的技术要点

1. 节材措施

(1) 图纸会审时，应审核节材与材料资源利用的相关内容，达到材料损耗率比定额损耗率降低30%。

(2) 根据施工进度、库存情况等合理安排材料的采购、进场时间和批次，减少库存。

(3) 现场材料堆放有序。储存环境适宜，措施适当。保管制度健全，责任落实。

(4) 材料运输工具适宜，装卸方法得当，防止损失和遗漏。根据现场平面布置情况就近卸载，避免和减少二次搬运。

(5) 采取技术和管理措施提高模板、脚手架等的周转次数。

(6) 优化安装工程的预留、预埋、管线路径等方案。

(7) 应就地取材，施工现场500km以内生产的建筑材料用量占建筑材料总重量的70%以上。

2. 结构材料

尽量使用散装水泥；推广使用高强钢筋和高性能混凝土，减少资源消耗；推广钢筋专业化加工和配送；优化钢筋配料和钢构件下料方案；优化钢结构制作和安装方法，钢支撑宜采用工厂制作，现场拼装；宜采用分段吊装安装方法，减少方案的措施用材量；基坑逆作法施工时，采用“二墙合一”地下连续墙作围护结构，一柱一桩竖向支撑，地下水平结构兼做支撑等措施，通过一料多用的方法减少结构材料的投入。

(1) 推广使用预拌混凝土和商品砂浆。准确计算采购数量、供应频率、施工速度等，在施工过程中动态控制。结构工程使用散装水泥。

(2) 推广使用高强钢筋和高性能混凝土，减少资源消耗。

(3) 推广钢筋专业化加工和配送。

(4) 优化钢筋配料和钢构件下料方案。钢筋及钢结构制作前应对下料单及样品进行复核，无误后方可批量下料。

(5) 优化钢结构制作和安装方法。大型钢结构宜采用工厂制作，现场拼装；宜采用分装吊装、整体提升、滑移、顶升等安装方法，减少方案的措施用材量。

(6) 采用数字化技术，对大体积混凝土、大跨度结构等专项施工方案进行优化。

3. 周转材料

应选用耐用、维护与拆卸方便的周转材料和机具；优先选用制作、安装、拆除一体化的专业队伍进行模板工程施工；模板应以节约自然资源为原则，推广使用定型钢模、钢框竹模、竹胶板；在施工过程中应注重钢构件材料的回收，包括围护工法桩和逆作法施工阶段的一柱一桩所采用的钢材料。

9.2.3 节水与水资源利用的技术要点

1. 提高用水效率

(1) 施工中采用先进的节水施工工艺。

(2) 施工现场喷洒路面、绿化浇灌不使用市政自来水。现场搅拌用水、养护用水采取有效的节水措施，严禁无措施浇水养护混凝土。

(3) 施工现场供水管网应根据用水量设计布置，管径合理、管路简洁，采取有效措施减少管网和用水器具的漏损。

(4) 现场机具、设备、车辆冲洗用水设立循环用水装置。施工现场办公区、生活区的生活用水采用节水系统和节水器具，提高节水器具配置比率。项目临时用水应使用节水型产品，安装计量装置，采取针对性的节水措施。

(5) 施工现场建立可再利用水的收集处理系统，使水资源得到梯级循环利用。

(6) 施工现场分别对生活用水与工程用水确定用水定额指标，并分别计量管理。

(7) 大型工程的不同单项工程、不同阶段、不同分包生活区，凡具备条件的应分别计量用水量。在签订不同标段分包或劳务合同时，将节水定额指标纳入合同条款，进行计量考核。

(8) 对混凝土搅拌站点等用水集中的区域和工艺点进行专项计量考核。施工现场建立雨水、中水或可再利用水的收集利用系统。

2. 非传统水源利用

处于基坑降水阶段的工地，宜优先采用地下水作为混凝土搅拌用水、养护用水、冲洗用水和部分生活用水；现场机具、设备、车辆冲洗、喷洒路面、绿化浇灌等用水，优先采用非传统水源，尽量不使用市政自来水；大型施工现场，尤其是雨量充沛地区的大型施工现场建立雨水收集利用系统，充分收集自然降水用于施工和生活中适宜的部位。

9.2.4 节能与能源利用的技术要点

1. 节能措施

制定合理施工能耗指标，提高施工能源利用率；优先使用国家、行业推荐的节能、高效、环保的施工设备和机具，如选用变频技术的节能施工设备等；施工现场分别设定生产、生活、办公和施工设备的用电控制指标，定期进行计量、核算、对比分析，并有预防与纠正措施；在施工组织设计中，合理安排施工顺序、工作面，以减少作业区域的机具数量，相邻作业区充分利用共有的机具资源；安排施工工艺时，应优先考虑耗用电能的或其他能耗较少的施工工艺，避免设备额定功率远大于使用功率或超负荷使用设备的现象根据当地气候和自然资源条件，充分利用太阳能、地热等可再生能源。

2. 机械设备与机具

建立施工机械设备管理制度，开展用电、用油计量，完善设备档案，及时做好维修保养工作，使机械设备保持低耗、高效的状态；选择功率与负载相匹配的施工机械设备，避免大功率施工机械设备低负载长时间运行。机电安装可采用节电型机械设备，如逆变式电焊机和能耗低、效率高的手持电动工具等，以利节电；机械设备宜使用节能型油料添加剂，在可能的情况下，考虑回收利用，节约油量；合理安排工序，提高各种机械的使用率和满载率，降低各种设备的单位耗能。

3. 施工用电及照明

临时用电优先选用节能电线和节能灯具，临电线路合理设计、布置，临电设备宜采用自动控制装置。采用声控、光控等节能照明灯具；照明设计以满足最低照度为原则，照度不应超过最低照度的20%。

4. 生产生活及办公临时设施

利用场地自然条件，合理设计生产、生活及办公临时设施的体形、朝向、间距和窗墙面积比，使其获得良好的日照、通风和采光；临时设施宜采用节能材料，墙体、屋面使用隔热性能好的材料，减少夏天空调、冬天取暖设备的使用时间及耗能量；合理配置采暖、空调、风扇数量，规定使用时间，实行分段分时使用，节约用电。

9.2.5 节地与施工用地保护的技术要点

1. 临时用地指标

根据施工规模及现场条件等因素合理确定临时设施、临时加工厂、现场作业棚及材料堆场、办公生活设施等的占地指标。临时设施的占地面积应按用地指标所需的最低面积设计。要求平面布置合理、紧凑，在满足环境、职业健康与安全及文明施工要求的前提下尽可能减少废弃地和死角。

2. 临时用地保护

应对深基坑施工方案进行优化，减少土方开挖和回填量，最大限度地减少对土地的扰动，保护周边自然生态环境；红线外临时占地应尽量使用荒地、废地，少占用农田和耕地；工程完工后，及时对红线外占地恢复原地形、地貌，使施工活动对周边环境的影响降至最低；利用和保护施工用地范围内原有绿色植被。对于施工周期较长的现场，可按建筑永久绿化的要求，安排场地新建绿化。

3. 施工总平面布置

(1) 施工总平面布置科学、合理，充分利用原有构筑物、道路、管线为施工服务。

(2) 施工现场搅拌站、仓库、加工厂、作业棚、材料堆场等布置应尽量靠近已有交通线路或即将修建的正式或临时交通线路，缩短运输距离。

(3) 临时办公和生活用房采用经济、美观、占地面积小、对周边地貌环境影响较小，且适合于施工平面布置动态调整的多层轻钢活动板房。生活区与生产区分开布置。

(4) 施工现场围墙可采用连续封闭的轻钢结构预制装配式活动围挡，减少建筑垃圾，保护土地。

(5) 施工现场道路按照永久道路和临时道路相结合的原则布置。施工现场内形成环形通路，减少道路占用土地。

(6) 临时设施布置应注意远近结合，努力减少和避免大量临时建筑拆迁和场地搬迁。该最大限度地减少对原有土地生态环境的影响。

9.3 爆破施工绿色技术要求

9.3.1 爆破地震的控制

爆破地震对环境的影响可能造成对周围建（构）筑物的损伤和影响，为人们所关注，是爆破危害控制的主要项目。

1. 爆破地震强度预报

我国采用保护对象所在地振动速度作为爆破振动判据的主要指标。按式（9.1）计算：

$$V=K\left(\frac{Q^{1/3}}{R}\right)^{\alpha} \tag{9.1}$$

式中：Q 为最大一段安全起爆药量，kg；R 为爆源到保护物的距离，m；K、α 可按表 9.1 选取，也可通过类似工程选取或现场试验确定。

表 9.1　砂爆区不同岩性的 K、α 值与岩性的关系

岩性	K	α
坚硬岩石	50～150	1.3～1.5
中硬岩石	150～250	1.5～1.8
软岩石	250～350	1.8～2.0

2. 爆破振动安全允许标准

爆破安全规程规定，采用保护对象所在地振动速度和主振频率。爆破振动安全允许标准表 9.2。

表 9.2　爆破振动安全允许标准

序号	保护对象类别		安全允许振速/(cm/s)		
			<10Hz	10～50Hz	50～100Hz
1	土窑洞、土坯房、毛石房屋①		0.5～1.0	0.7～1.2	1.1～1.5
2	一般砖房、非抗震的大型砖块建筑物①		2.0～2.5	2.3～2.8	2.7～3.0
3	钢筋混凝土结构房屋①		3.0～4.0	3.5～4.5	4.2～5.0
4	一般古建筑与古迹②		0.1～0.3	0.2～0.4	0.3～0.5
5	水工隧道③		7～15		
6	交通隧道③		10～20		
7	矿山巷道③		15～30		
8	水电站及发电厂中心控制室设备		0.5		
9	新浇大体积混凝土④	龄期：初凝～3d	2.0～3.0		
		龄期：3～7d	3.0～7.0		
		龄期：7～28d	7.0～12		

注　①选取建筑物安全允许振速时，应综合考虑建筑物的重要性、建筑质量、新旧程度、自振频率、地基条件等因素。

②省级以上（含省级）重点保护古建筑与古迹的安全允许振速，应经专家论证选取，并报相应文物管理部门批准。

③选取隧道、巷道安全允许振速时，应综合考虑构筑物的重要性、围岩状况、断面大小、爆源方向、地震振动频率等因素。

④非挡水新浇筑大体积混凝土的安全允许振速，可按本表给出的上限值选取。

3. 降低爆破地震效应的措施

（1）采用微差爆破，与齐发爆破相比，平均降振率为50%，微差段数越多，降振效果越好。

（2）采用预裂爆破，起到降振效果，降振率可达30%～50%。

（3）限制一次爆破的最大用药量。

9.3.2 爆破空气冲击波的控制

（1）爆破冲击波的传播及危害范围，受地形因素的影响。因此，在不同地形条件下其安全距离可适当增减。如峡谷地形爆破，沿沟的纵深方向或沟的出口方向增大50%～100%；山坡一侧爆破，山后影响较小，在有利的地形条件可减小30%～70%。

（2）降低爆破冲击波的主要措施。露天爆破，合理确定爆破参数、选择微差起爆方式、保证合理的填塞长度和填塞质量等；对建筑物拆除爆破、城镇浅孔爆破，做好爆破部位的覆盖防护；井巷掘进爆破，要重视爆破空气冲击波的影响。实际工作中，可采用许多措施防护空气冲击波，如在爆区附近垒砖墙、砂袋墙，砌石墙等，还可以砌筑中间注满水的两道混凝土墙——“夹水墙”。

9.3.3 爆破个别飞散物的控制

1. 爆破个别飞散物的安全允许距离

爆破个别飞散物主要在高速爆轰气体作用下，介质碎块自填塞不良的炮孔及介质裂隙（缝）中加速抛射所造成。爆破安全规程规定：爆破个别飞散物对人员的安全距离不应小于表9.3的规定；对设备或建筑物的安全允许距离，应由设计确定，并报单位总工程师批准。

表9.3 爆破个别飞散物对人员的安全允许距离表

<table>
<tr><th colspan="3">爆破类型和方法</th><th>个别飞散物对人员的安全允许距离/m</th></tr>
<tr><td rowspan="11">1. 露天土岩爆破①</td><td rowspan="2">破碎大块岩矿</td><td>裸露药包爆破法</td><td>400</td></tr>
<tr><td>浅孔爆破法</td><td>300</td></tr>
<tr><td colspan="2">浅孔爆破</td><td>200（复杂地质条件下或未形成台阶工作面时不小于300）</td></tr>
<tr><td colspan="2">浅孔药壶爆破</td><td>300</td></tr>
<tr><td colspan="2">蛇穴爆破</td><td>300</td></tr>
<tr><td colspan="2">深孔爆破</td><td>按设计，但不小于200</td></tr>
<tr><td colspan="2">深孔药壶爆破</td><td>按设计，但不小于300</td></tr>
<tr><td colspan="2">浅孔孔底扩壶</td><td>50</td></tr>
<tr><td colspan="2">深孔孔底扩壶</td><td>50</td></tr>
<tr><td colspan="2">硐室爆破</td><td>按设计，但不小于300</td></tr>
<tr><td colspan="2"></td><td></td></tr>
<tr><td colspan="3">2. 爆破树墩</td><td>200</td></tr>
<tr><td colspan="3">3. 森林救火时，堆筑土壤防护带</td><td>50</td></tr>
<tr><td colspan="3">4. 爆破拆除沼泽地的路堤</td><td>100</td></tr>
<tr><td colspan="3">5. 拆除爆破、城市浅孔爆破及复杂环境深孔爆破</td><td>由设计确定</td></tr>
</table>

注 ①沿山坡爆破时，下坡方向的飞石安全允许距离应增大50%。

施工条件对个别飞散物距离的影响很大。当单耗药量过高或抵抗线过小，以及药包位置不当时，容易产生爆破飞散物。若填塞质量不好，或药包起爆间隔时间过大，造成后排抵抗线大小与方向失控，个别飞散物距离往往大于设计安全距离，甚至出现严重的后果。

2. 爆破个别飞散物的控制和防护

(1) 精心设计，选择合理的抵抗线 W 和爆破作用指数 n；精心施工，药室、炮孔位置测量验收严格，是预防飞散物事故的基础工作。装药前，应校核各药包的抵抗线，如有变化，修正装药量。

(2) 注意避免药包位于岩石软弱夹层或基础的接打面，以免薄弱面冲出飞散物。慎重对待断层、软弱带张开裂隙、成组发育的节理、覆盖层等地质构造，采取间隔填塞、避免过量装药等措施。

(3) 保证填塞质量、填塞长度，填塞物中不能夹杂碎石。采用不耦合装药、挤压爆破和毫秒延时爆破等措施。选择合理的延迟时间，防止前排爆破后，造成后排最小抵抗线大小与方向失控。

(4) 控制爆破施工中，应对爆破体采取覆盖和对保护对象采取防护措施；覆盖范围，应大于炮孔的分布范围；覆盖时要注意保护起爆网络，捆扎牢固，防止覆盖物滑落和抛散，分段起爆时，防止覆盖物受先爆药包影响，提前滑落、抛散。

(5) 在重点保护物方向及飞散物抛出主要方向上，设立屏障。材料可以用木板、荆笆或铁丝网，屏障的高度和长度，应完全挡住飞散碎块。

9.3.4 爆破对环境影响的控制

对露天深孔爆破，有害气体、粉尘、噪声对环境、人体影响应引起重视，特别是凿岩粉尘的控制，对具体操作人员影响不可忽视，应用新技术、新设备，坚持湿式凿岩作业。隧道施工中，实行标准化施工，严格按表 9.4～表 9.6 中要求控制有害气体的含量，防止人员中毒。

表 9.4　中毒程度与 CO 浓度的关系

中毒程度	中毒时间	CO 浓度	
		mg/L	%（按体积计算）
无征兆或有轻微征兆	数小时	0.2	0.016
轻微中毒	1h 以内	0.6	0.048
严重中毒	0.5～1h	1.6	0.128
致命中毒	短时间内	5.0	0.400

表 9.5　中毒程度与 NO_2 浓度的关系表

NO_2 浓度/%	人体中毒反应
0.004	经过 2～4h 还不会引起中毒反应现象
0.006	短时间呼吸器官有刺激作用，咳嗽，胸部发痛
0.01	短时间内对呼吸器官起强烈刺激作用，剧烈咳嗽，声带痉挛性收缩、呕吐、神经系统麻木
0.025	短时间内很快死亡

表 9.6 地下爆破作业点有害气体允许浓度表浓度的关系表

有害气体名称		CO	N_nO_m	SO_2	H_2S	NH_3
允许浓度	按体积/%	0.00240	0.00025	0.00050	0.00066	0.00400
	按质量/(mg/m^3)	30	5	15	10	30

9.4 职业活动训练

(1) 针对某具体土石方工程（如基坑开挖、道路路基施工），编制包含环保措施、资源利用、监测计划的专项方案。

(2) 通过模拟或现场实践，掌握绿色施工设备操作并分析监测数据。

参 考 文 献

［1］ 中华人民共和国住房和城乡建设部，中华人民共和国国家质量监督检验检疫总局. 建筑地基基础工程施工质量验收规范：GB 50202—2018［S］. 北京：中国计划出版社，2018.

［2］ 中华人民共和国住房和城乡建设部. 建筑基坑支护技术规程：JGJ 120—2012［S］. 北京：中国建筑工业出版社，2012.

［3］ 张小林. 土石方工程施工与组织［M］. 北京：中国水利水电出版社，2013.

［4］ 李大华，邵先锋，朱克亮，等. 大型土石方工程施工技术及案例［M］. 北京：中国电力出版社，2018.

［5］ 袁光裕，胡志根. 水利工程施工［M］. 北京：中国水利水电出版社，2012.

［6］《水利水电工程建设技术标准汇编》编委会. 水利水电工程建设技术标准汇编·质量验收卷：上、中、下册［M］. 北京：中国水利水电出版社，2019.